中国现代出版家论著丛书

主编 郝振省

陕西出版资金资助项目

文坛故旧录
——编辑忆旧续集

赵家璧 著

西北大学出版社

作者简介

赵家璧，中国编辑出版家、作家、翻译家。1908年10月27日生于上海松江。在光华大学附中时，即主编《晨曦》季刊。大学时期，为良友图书印刷公司主编《中国学生》。1932年在光华大学英国文学系毕业后，进良友图书印刷公司任编辑、主任。其间，结识鲁迅、郑伯奇等左翼作家，陆续主编"一角丛书""良友文学丛书"等，以装帧讲究闻名。1936年，组织鲁迅、茅盾、胡适、郑振铎等著名作家分别编选出版的"中国新文学大系"，由蔡元培作总序。煌煌十大卷，矗立了一座丰碑。

1949年后，先后担任上海人民美术出版社、上海文艺出版社副总编辑，中国作家协会上海协会顾问，上海市政协常委。编审。1972年退休，曾获第二届韬奋出版奖。1997年3月12日在上海逝世。

编辑说明

赵家璧是一位现代著名的编辑出版家、作家、翻译家。在20世纪三四十年代,他入职不久就展现出自己是一位非常有为的青年编辑的才华,他当时利用图书公司阵地,在鲁迅、茅盾、巴金、老舍、郑伯奇等前辈帮助下,广泛联系进步作家群——尤其一些"左联"革命作家,编辑和翻译出版了一大批中外文学作品、美术作品,揭露黑暗,鼓吹光明,鼓舞抗战士气,保存下了不少文化资料,影响巨大。

这三本《编辑忆旧》(三联书店1984年8月版)《文坛故旧录》(三联书店1984年8月版)《编辑生涯忆鲁迅》(人文社1981年9月版)分别是编辑出版"良友文学丛书""中国新文学大系",编译出版《苏联作家七人集》"美国文学丛书"、几本外国木刻集等的编辑札记、书信往来以及从业经验谈、回忆录等。它可以帮助我们了解过去,认识历史。

这次整理重版,主要是改正了一些明显的错讹之处,并针对原版中有关譬如"新中国成立前后""解放前后""建国前后"的不严谨表述词句根据新规更正为"1949年前后"或"中华人民共和国成立前后";对有关丛书、文库、大系等非书名而是集成的图书,根据新规把原有的书名号《》更正为引号" "予以标示。特此说明。

总　序

"中国现代出版家论著丛书",选集张元济等中国现代出版拓荒者14人之代表性作品19部,展示他们为中国现代出版奠基所作出的拓荒性成就和贡献。这套书由策划到编辑出版已有近六个年头了,遴选搜寻作品颇费周折,繁简转化及符合现今阅读习惯之编辑加工亦费时较多。经过多方努力,现在终于要问世了,作为该书的主编,我确实有责任用心地写几句话,对作者、编者和读者有个交代。尽管自己在这个领域里并不是特别有话语权。

首先想要交代的是这套选集编辑出版的背景是什么,必要性在哪里?很可能不少读者朋友,看到这些论著者的名字:张元济、王云五、陆费逵、钱君匋、邹韬奋、叶圣陶等会产生一种错觉:是不是又在"炒冷饭",又在"朝三暮四"或者"朝四暮三"?如此而然,对作者则是一种失敬,对读者则完全是一种损失,就会让笔者为编者感到羞愧。而事情恰恰相反,西北大学出版社的同仁们用心是良苦的,选编的角度是精准的,是很注意"供给侧改革"的。就实际生活而言,对待任何事物,怕的就是"一叶障目,不见泰山",怕的就是浮光掠影,道听途说;怕的就是想当然,而不尽然。对待出版物亦是这样,更是这样。确实不少整理性出版物、资料性出版物,属于少投入、多产出的克隆性出版;属于既保险、又赚线的懒人哲学?而这套论著确有它独到的价值。论著者不是那种"两耳不闻窗外事,闭门只读圣贤书"的出版家,而是关注中华民族命运,焦急民族发展困境的一批进步知识分子。他们面对着国家的积贫积弱,民众的一盘散沙,生活的饥寒交迫,列强的大举入侵,和"道德人心"的传统文化与知识体系不能拯救中国的危局,在西学东渐,重塑知识体系的过程中,固守着民族优秀文化的品格,秉承"为国难而牺牲,为文化而奋斗"的使命,整理国故,传承经典,评介新知,昌明教育,开启民智,发表了一系列的论著,为我们国家和民族的现代出版文化事业进行了拓荒性奠基。如果再往历史的深层追溯,不难看出,他们身上所体现的代表中国传统知识分子心胸与志向的使命追求,正如北宋思想家张载所倡言的:"为天地立心,为生民立命,为往圣继绝学,为万世开太平"。我们为中华民族这些前仆后继、生生不息的思想家们肃然起敬。以张元济等为代表的民国进步出版家们,作为现代出版文化的拓荒奠基者,其实就是一批忧国忧民的思想大家、文化大家。挖掘、整理、选萃他们的出版文化思想,其实就是我们今天继承和弘扬优秀传统文化的必然之举,也是为新时代实现古今会通、中西结合的创造性转化与创新性发展提供借鉴的必须之举。

不仅如此,这套论著丛书的出版价值还在于作者是民国时期我们这个国家和民族最有代表性的一个文化群体,一批立足于出版的文化大家和思想大家;14位民国出版家的19部作品中,有相当部分未曾出版,具有重要的填补史料空白的性质,对于这个领域的研究者、耕耘者都是一笔十分重要的文化财富之集聚。通过对拓荒和奠基了中国现代出版事业的这些出版家部分重要作品的刊布,让我们了解这些出版家所特有的文化理念、文化视野、人文情怀,反思现在出版人对经济效益的过度追求,而忘记出版人的文化使命与精神追求等等现象。

之所以愿意出任该套论著丛书的主编还有一层考虑在里面。这些现代出版事业拓荒奠基的出版家们,其实也是一批彪炳于史册的编辑名家与编辑大家。他们几乎都有编辑方面的极深造诣与杰出成就。作为中国编辑学会的会长,也特别想从中寻觅和探究一位伟大的编辑家,他的作派应该是怎样的一种风格。张元济先生的《校史随笔》其实就是他编辑史学图书的原态轨迹;王云五的《新目录学的一角落》其实就是编辑工作的一方面集大成之结果;邹韬奋的《经历》中,就包含着他从事编辑工作的心血智慧;张静庐的《在出版界二十年》也不乏他的编辑职业之体验;陆费逵的《教育文存》、章锡琛的《<文史通义>选注》、周振甫的《诗词例话》等都有着他们作为一代编辑家的风采与灼见;赵家璧的三部论著中有两部干脆就是讲编辑故事的,一部是《编辑忆旧》,一部是《编辑生涯忆鲁迅》,其实鲁迅也是一位伟大的编辑家。只要你能认真地读进去,你就会发现一位职业编辑做到极致就会成为一位学者或名家,进而成为大思想家、大文化家,编辑最有条件成为思想家、文化家。"近水楼台先得月,就看识月不识月"。我们的编辑同仁难道不应该从中得到启发吗?难道我们不应该为自己编辑职业的神圣性而感到由衷的自豪与骄傲吗?

这套丛书真正读进去的话,容易使人联想到正是这一批民国时期我国现代出版事业的拓荒者和奠基者,现代出版文化的开创者与建树者,为西学东渐,为文明传承,作出了巨大的历史性贡献。他们昌明教育、开启民智的出版努力,他们所举办的现代书、报、刊社及其载体实际上成为马克思主义向中国传输的重要通道,成为中西文化发展交融的重要枢纽,成为当时的中国先进知识分子寻求和探究救国、救民真理的重要精神园地。甚至现代出版事业的快速发展与现代出版文化的初步形成,乃是中国共产党成立、诞生的重要思想文化渊源。一些早期共产党人就是在他们旗下的出版企业担任编辑出版工作的,有的还是他们所在出版单位的作者或签约作者。更多的早期共产党人正是受到他们的感染和影响,出书、办报、办刊而走上职业革命道路的。从这个意义上讲,我们对民国出版家及其拓荒性论著的价值的重视还很不够。而这套论著丛书恰恰可以对这个问题有所补救,我们为什么不认真一读呢?

是为序。

郝振省

2018.3.20

目 录

总序 ······················ 郝振省（1）

编辑与作家

鲁迅印象记 ·· 3
鲁迅书简"完璧"归赵 ·· 8
关于《北平五讲》和《三十年集》 ······························ 14
鲁迅逝世两周年纪念时的一件往事 ······························ 21
曹靖华与鲁迅 ·· 27
编辑生涯忆茅盾 ·· 30
从茅盾给我最后一信想起的 ·· 63
老舍和我 ··· 78
老舍《四世同堂》的坎坷命运 ···································· 160
巴金与"良友" ·· 166
和靳以在一起的日子 ·· 170
悼念郑伯奇 ··· 219
蔡元培先生二三事 ··· 223

哀胡愈老 ………………………………………………………… 228
忆往事学叶圣老 ………………………………………………… 234
回忆郁达夫与我有关的几件事 ………………………………… 241
回忆徐志摩与陆小曼 …………………………………………… 271
与夏衍的一封通信 ……………………………………………… 284
写我故乡的一部长篇创作——罗洪 …………………………… 288
葛琴有话要说 …………………………………………………… 293
尼采译者徐梵澄正在研究佛学 ………………………………… 305
李桦、野夫与《新中国版画集》 ……………………………… 323

国际文化交流

关于"美国文学丛书" …………………………………………… 337
"中国新文学大系"日译本的苦难历程 ………………………… 343
怀念仓石武四郎 ………………………………………………… 361
内山书店两兄弟 ………………………………………………… 367
访日归来谈连环画的改革 ……………………………………… 373
麦绥莱勒的木刻连环图画故事到中国 ………………………… 384

后记 ……………………………………………………………… 393

编辑与作家

鲁迅印象记

我有幸认识鲁迅先生是在一九三二年秋,当时我刚从大学毕业,在以出版画报、画册为专业的良友图书公司当编辑,总经理伍联德委托我专管文艺书,他打算在这一领域开辟一个新局面,这正符合我想干一番事业的志愿。正巧创造社老将、"左联"重要成员郑伯奇,为了躲避敌人耳目,改名君平,来编辑《电影画报》。从此。我在他的教育和帮助下开始懂得了一点革命的道理,产生了要多出有益于革命的文艺书的想法。我最先计划编一套"良友文学丛书",不但要在外形上独创一格,而且在内容上要找第一流作家执笔。谁来带个头呢?自然想到大名鼎鼎的鲁迅。九月初,一个秋高气爽的下午,由伯奇陪我去内山书店谒见鲁迅。

文坛上当时流行一种说法,把鲁迅说成是严峻、怪癖,不易接近的老人,所以那天去看望他,虽怀有崇敬之情,还不免心存畏惧。当我们在内山的会客室一起坐下时,我的紧张情绪才松弛下来。其实,伯奇早把良友公司和我的情况向鲁迅介绍了。当我恳求他为丛书写稿时,他就亲切地问我为什么对文艺编辑工作发生了兴趣。接着他谈了他自己过去办未名社、朝花社等几个出版社的甘苦经历,最后说:"这是对今天的社会极为需要的事业,也是非常有意义的工作,其中也大有学问啊!"那天谈话的结果,鲁迅慷慨地给了我两部翻译苏联短篇集。临别时,他风趣地对我说:"你要回去向老板说清楚,出鲁迅的书是要准备有人来找他麻烦的。"果然不出所料,因为我们还在另一套"一角丛书"里连续出了丁玲、周起应(周扬)、钱杏邨(阿英)、沈端先(夏衍)等的作品,白色恐怖的魔掌也伸到"良友"头上来了。一九三三年十一月十三日,我们的门市部大玻璃被国民党反动派的文化特务用大铁锤击破,还以良友公司为例,向同业散发了恐吓信。不久,文化特务姓汤的,以卖稿为名敲去了大洋二百元。当我把后一件事告诉鲁迅时,他一方面安慰我,鼓励我不要害怕,要敢于斗争,善于斗争,切勿莽撞硬拼,并经常赠书给我,予以精神上的鼓励;另一方面,他把上述两件事都写进了文章中去,揭露了反动派的丑恶嘴脸,起了"立此存照"的作用。直到今天,读者还可以从《中国文坛的鬼魅》和《准风月谈·后记》中,看到这两件小小的史迹。

鲁迅对左翼青年作家,关心他们的创作,为他们修改文稿,有的为之作序,有的介绍出版。我就从鲁迅手中接受出版过好几部青年作者的文稿。鲁迅还关心左翼青年作家的生活,其中对丁玲的事,给我印象最深。一九三三年五月十四日丁玲被捕,鲁迅通过郑伯奇,要我把丁玲未完成的长篇小说《母亲》立即出版,并且要在《申报》上大登广告,作为对国民党反动派的一种斗争方式。丁玲被幽禁于南京期间,该书大受读者欢迎。年底结账,作者应得版税为数可观,但作者湖南常德家乡来信要求领取版税者不止一人,会计科颇感为难。一九三四年一月十五日,鲁迅有事来良友公司看我,我顺便把此事请教他。他回去替我们打听到了丁玲母亲蒋慕唐老太太的确切地址，写信给我说："如来信地址与此无异，那就不是别人假冒的，但又闻她的周围，穷本家甚多，款项一到，顷刻被分尽，所以最好是先寄一百来元，待回信收到，再行续寄为妥。"当时丁玲的老母幼儿住在常德，生活极为困难，鲁迅对她们亲切的关怀，周到的设想，多么感人啊！无怪一九七九年冬我在北京参加四届文代会期间去医院看望丁玲，第一次把这件发生在四十余年前的旧事告诉她时，她久久地说不出话来，然后嘘了一口气，轻轻地自语着："对这些事，我过去一点都不知道啊！"说话时，眼里满含着晶莹的泪花。

　　鲁迅重视文艺读物的教育作用，也就是我们今天所说的社会效果。当时旧连环图画这一普及形式，内容大都宣传封建迷信、神怪武侠之类；有一种极左论调，认为"旧瓶不能装新酒"，必须探求一种新形式的大众文艺读物。鲁迅不同意这一看法，主张这一文艺形式是值得利用，"加以导引"而逐步改造的。他除了支持良友公司出版麦绥莱勒作《木刻连环图画故事》外，一九三四年夏，曾指示我设法打进旧连环图画出版商的圈子，找一两位有进步要求的旧连环画画家，由我们供应新内容的文字脚本，以便"挤掉一些陈腐的劳什子"。可惜限于当时的社会条件，我经过两次尝试，一事无成。我把失败经过告诉鲁迅时，他劝我不要再去找那些专出旧连环图画的"霸头"了。他开玩笑似地对我说："你再去的话，可能把你痛打一顿。"接着他对我说："这条路，今天走不通，将来总会有人走过来的！"这次任务虽未完成，对我教育意义也还是很大的。

　　一九三六年四月七日，鲁迅来良友编辑部为《苏联版画集》选画。在我那只有十多个平方米的编辑室里，他坐在我的写字椅上，把入选的放在左边，不要的放在右边。等他工作完毕，已近下班时分。我请他休息一下，他站起身，伸了一下腰，频频地用手帕拭去额上的汗水，接连咳嗽起来，我才发觉这个下午把他老人家累坏了。这一天，为了介绍十月革命的辉煌业绩抱病选画的情景，一直铭刻在我的记忆中，因为这是他最后一次来"良友"，也是我和他最后一次见面。此后他就病倒了。鲁迅曾答应为画集写序，但到六月中，他已病得连每天必写的日记都停了；美国医生发现他的肺病已进入最后期，也在这个时候完全出于我意料之外的是，他竟在六月二十三日的病榻上，口授序文四段，由许广平代笔书写。序文中说："参加选画是做到了，但后来却生了病，缠绵月余，什么事也不能做。"最后说："要请读者见恕的是，我竟偏在这时候生病，不能写出一点新东西来。"我们可以想象他虽在大病之中，天天发高烧，还念念不忘于这部版画集的出版。鲁迅把出版工作看作是崇高的革命工作的一个组成部分，因此虽然经受着重病的折磨，还要在病榻上如约地写出新序，真正做到了"鞠躬尽瘁，死而后已"。

八月初，病情略有好转，鲁迅又为老朋友曹靖华编译的《苏联作家七人集》的出版热心起来了。经过函商，八月底，我们接受出版。鲁迅又忘我地为住在北平的译者代为编选、设计插图，并写信告诉我，因为译者"学校已开课，他教的是新项目，一定忙于预备"，所以要我把清样送鲁迅校阅，他还要为此书写一篇序文。他处处想到的是别人，唯独没有想到他自己。九月五日，他觉得自己的病可能不起，写下了那篇立下七条遗嘱的《死》。九月七日，我复他信中曾答应过一个月内可把清样送校，但到十月十二日，译稿清样尚未寄去。鲁迅等得不耐烦了，写了一封简信给我。信中说："靖华所译小说，曾记先生前函，谓须乘暑中排完,但今中秋已过,尚无校稿寄示,不知公司是否确已付排,或是否确欲出版,希便中示及为荷。"这最后几句话,带有质问的意味,老人家第一次对我生气了。在鲁迅给我的四十九封来信中,这样的话是极为少见的。我虽然立即向排字房讲妥,十五日去信表示歉意,并保证二十日送校。不料十九日晨,鲁迅先生遽然长逝,终于来不及看到这份清样,这已成为我生平最大的遗憾了。

从第一次见到鲁迅那天起,他给我的印象,就和当时外界传说的完全两样。经过四年多时间通信和见面的接触,我越来越觉得他是一位可敬可爱的老人,有说,有笑,偶尔也对我生气。对文学青年,鼓励、帮助,指出努力的方向。鲁迅对文艺编辑出版工作的热爱和重视,随处表现的认真负责的态度,始终鼓舞着我。在鲁迅诞生一百周年的日子里,选叙以上几件给我印象最深的事,表达我对鲁迅先生的崇敬、感谢和纪念。

1981.9.1

鲁迅书简"完璧"归赵

一九三二年离开大学正式开始我的文学编辑生涯后,鲁迅先生一共写给我四十九封信,最后一封是一九三六年十月十二日发出的,离他逝世之日仅七天。现在查对《鲁迅日记》所载,被我不慎丢了三封,仅存四十六封。抗战爆发,接着"孤岛"沦陷,我工作的良友复兴图书公司遭日寇查封。离沪去桂林前,曾把这批书信放入中国银行保管库中,得以安然无恙。

一九四五年年底,抗战胜利,从重庆回沪,暂住愚园路俭德坊旧寓。次年三月间,老舍和曹禺受美国国务院邀请去美讲学,途经上海,我在寓所为两位老友设宴饯行。应邀作陪者有郑振铎、许广平、靳以、巴金、凤子和赵清阁等。那天除了为出国的两位朋友祝酒,祝愿他们旅途愉快外,我们这些不久之前才先后分别从重庆回来的人,对孤岛时期坚守岗位备受日寇迫害或威胁的许广平和郑振铎两位深表敬意,都希望听听沦陷期间文艺界的情况,和他们目前的编写工作。许广平就谈到这几年,她向各方友好搜集到的鲁迅书信已达八百余封,正在排校中。她说,鲁迅逝世后,她曾把六十九封交吴朗西,于一九三七年由文化生活出版社用大开本宣纸影印出版,颇得好评。以后曾计划把已搜集到的全部影印成集，由蔡元培介绍，已征得商务印书馆的同意，不料抗战爆发，影印之举完全落了空。一九三八年编印《鲁迅全集》时，未把书信部分列入，还是为了将来不影响书简手迹影印本的销路。现在一搁十年，只能赶在鲁迅逝世十周年纪念前，先出版一部铅印本了。席间，她向在座者呼吁，希望大家支援，如手头还有，时间虽极紧迫，还赶得及的。

郑振铎听了就指着我说："鲁迅先生曾有许多信给你，你是否带到内地去了？"靳以还记得《文季月刊》出版纪念鲁迅逝世专号时，他曾向我借用一封作为插图，因此也敦促我成全这件好事。我当然乐意这样做，但信件都不藏在家中。许广平听我说到总数约有五十封左右，她高兴得眉飞色舞，马上与我约定去霞飞坊交信的日期。当时大家谈起鲁迅先生所用的信笺，三十年代，才大量用北平彩色笺纸，可能是受当时鲁迅、西谛（郑振铎）合编《北平笺谱》的影响。我才记起鲁迅写给我的信，有半数是写在彩色笺纸上的，我因而对郑振铎说："单色影印白纸黑字，不能说已还以'历史的真面目'，有朝一日，把鲁迅书信全部按原有笺纸的色彩套印，像你们印的《北平笺谱》一样，那才算是保持真迹了。"振铎拍拍我的肩膀，含笑地说："家璧，你这个要求未免太高了！"大家一笑置之，这在当时确实是一个梦想而已。

一九四六年鲁迅逝世十周年纪念期间，厚一千余页、红绸面精装本的《鲁迅书简》问世了。许广平在《编后记》中提了这样一笔："我们还得感谢一些朋友，如赵家璧先生，他听说我们在印书简，就连忙亲自借送给我他自己珍藏的信件，里面还有鲁迅写给郑伯奇先生和他的三封信。"合共四十九封。她在还我原件时，把她在付排时亲笔写的一张加注字条也夹入在内，这是她所不知道的。

一九五三年春，为便于保藏，我把散页的鲁迅书信，托装订厂用蝴蝶式精裱，共五十六面，册页板上裱以仿古缎，装在一只漆木匣中，外加纸匣。这四十九封鲁迅手迹，除一部分写在白宣纸或稿纸上者外，其他所用笺纸，都刻印着各种不同色彩的花草虫鱼，文房四宝，也有古色古香的人物画。加上"鲁迅先生无心作书家，所遗手迹，自成风格……远逾宋唐，直攀魏晋"（郭沫若语），整部册页就是一件艺术品。其中更具有史料价值的是一九三六年七月间的两封。现查《鲁迅手稿全集》中从一九〇四年开始所写的一千多封书信中，简直没有不用毛笔的，而这两封却用的是钢笔，内一封仍由鲁迅用毛笔署名。原来那正是他每天发烧，病体垂危之际，为了不误出书日期，仍在病榻上向许广平口授代写的。许广平在把这两封信编入《鲁迅书简》时，在纸条上加了注解说："七月七日、十五日二信，因鲁迅正患大病，由他逐字口述，广平代笔写寄。"我把这张无意中得来的字条，也裱在此信之旁。这些是铅印本所无法表现，而读者也见不到的。因此，"文革"前，各地文坛友好每到我家作客，我总像小孩子爱在生客面前献宝那样，从书柜中小心地取出，坐下来共同鉴赏。我还曾拿给当时任上海鲁迅纪念馆副馆长的谢澹如过目；我说："暂时由我保管，将来一定送给纪念馆。"他说，时间迟早不重要，他一样表示感谢。

这本匣装册页的鲁迅书简，一直在我书柜里安睡到史无前例的文化大浩劫。造反派在把我关入牛棚后不到半个月，一纸"勒令"贴在上海文艺出版社的大门口一块白墙上，限我次日上班前，把我珍藏的三十年代"文艺黑线人物"的全部书信上缴。原来本单位早已有人知道我藏有著名作家书信六七百封，内有茅盾、郁达夫、郑振铎、沈从文、张天翼等的，我早已分别捆扎，整理齐全，特别是老舍书信约二百封，我已按时间先后装订成册。第一次来抄家时未被发现，这一不及掩耳的迅雷，我只有服从"命令"，乖乖地送去了（这批重要文物至今未还）。当我交给那个造反派小头目时，他还恶狠狠地问我，还藏有其他的同类"黑材料"否？我坦白说："还有鲁迅的四十九封，已裱成册页。"那个家伙板起面孔对我大吼一声："鲁迅的信是革命的，我们不要！"这样，我在牛棚期间，家里阁楼上还藏着这匣册页，放在一堆破棉絮里。因为书房、书柜和大批图书，都已不属吾有了。

一九六九年十月底，林彪"第一号命令"下达时，我们早已下放到奉贤柘林农村了；白天田间劳动，入夜，睡在铺上薄薄一层稻草的烂泥地上。一个晚上，大伙十来人席地而坐；开会讨论如何响应这道命令，据说私人藏有革命文物者，都要上缴组织代为保管。大家面面相觑，尽无言语。几次抄家，屡屡勒令上缴，还有什么留下的呢？我们这些人，手中哪会有什么革命文物呢？沉默了十多分钟，忽然有人向我指指点点，接着说："你家里不是还藏着一本鲁迅书简的册页吗？那还不是头号的革命文物？"大家正在无法解脱的沉默状态中，忽然找到了一个对象，于是群情振奋，众口一词；我才恍然大悟，我在这方面还是个大富翁呢。下星期日轮休回家，从阁楼上找出了这只宝匣，亲自送到绍兴路五十四号的连部驻沪办公室，换来一张代为保管的收据。临行时，经办人还安慰我说，但等天下太平，定必原物发还。从此这只藏有鲁迅书简的宝匣，也就不归我有了。住在干校期间，远道来外调的仍然络绎不绝。一九七一年五月间，有两位外调人员，一反常轨，见面和善可亲，热情地走向前来，自我介绍说是上海鲁迅纪念馆派来的。一开口，就向我说我捐献的鲁迅书信，不但数量多，而且加工裱装得如此精美，是他们长期征集工作中所从未遇到的，因而特来道谢。此来拟问我是否还有关于鲁迅的纪念品，可供纪念馆征集展出。我答以早已空无所有；但我到此才懂得连部所谓代为保管之说，根本是一派胡言。工、军宣队擅自处理私人所有的革命文物，令人气愤。但一转念，这部册页我早已向谢澹如说明迟早要捐献给上海鲁迅纪念馆，当时谢公虽已谢世，我保藏的鲁迅书简，既已直接交给纪念馆，有个妥善的归宿，我也释然于怀了。

一九七六年初，周海婴提出书面要求，把已搜集到的鲁迅书信影印出版，免得原件失散，那将是无可挽救的。批示同意后，北京文物出版社立即着手，把分散各地的鲁迅书信限期集中北京，然后摄影制版。最近据纪念馆同志告诉我，上海鲁迅纪念馆所保藏的全部鲁迅书信，包括我那匣册页在内，先存于上海藏品库，一九七三年运往安徽后库。一九七六年七月二十七日，他们命把这批属于上海的书信从后库送到北京，当时文物出版社还设在著名的红楼内。不料二十八日夜半，正值大地震发生。这批稀世之物，幸而没有遭遇更大的意外。

从各地集中起来的一千三百八十八封书信，文物出版社全部用特制宣纸，珂罗版套色影印，印刷效果极佳，与原件一模一样，一般人几乎不能分辨。印刷过程历时三年，一九七九年十二月完成。线装分订十六册，装成两函，名《鲁迅手稿全集·书信》，因成本浩大，印数有限，全套售价八百四十元。虽非一般读者购买力所能及，但把鲁迅一生所写的迄今能搜集的全部书信原色原样影印问世，使1949年前我们这批人（包括郑振铎在内）认为难以想像的一个梦完全实现，不能不说是我国出版界的一大工程！记得文物出版社同志来沪向我谈起此事时，我曾向他建议，可否把上机印刷前的试样数页,留下一份,然后按原收信人,也就是原捐献人名,汇集一起,分别赠送,以志纪念;这在出版社不费吹灰之力,对收受者将是莫大的安慰。此议初被采纳,后因故未见实现,实在可惜!

我曾把此意向上海鲁迅纪念馆负责同志吐露过,想不到他们于去年立下宏愿,把馆藏的两套《鲁迅手稿全集·书信》中的一套,共两函十六册,拆成散页,按收信人分别整理,准备陆续拓裱,分赠给所有的收信人。这真是做了一件值得表扬的大好事,可以加强上海鲁迅纪念馆与鲁迅先生生前友好之间的联系。不久前,他们已把属于我的四十六封(其他三封写给郑伯奇和我二人,不在其内),按原来的蝴蝶式精裱成一部册页,最先专诚送到我家里。展阅全册,几可乱真。对上海鲁迅纪念馆的这一富有意义的工作,不但我个人感到喜出望外,听说他们还将对所有个人,不论书信数量多寡,本人或其家属,只要有可靠的书面证明,和他们通信联系后,将来都可获得这种几乎逼真的复制品。而对数量较多的如曹靖华、李霁野、黄源、萧军、李桦等,还将裱成册页分赠,这肯定会得到这几位鲁迅挚友的欢迎。老友们向我建议可写成文章,我就根据这一文坛喜讯,草成此文,既有史料,又有信息,但想不出适当的题目。老友徐承烈兄说,何不用"'完璧'归赵"的典故,我认为这倒语含双关,但应在完璧二字上加一引号,因为这些鲁迅书简手迹,究竟已非原物了。

1984.6.29

关于《北平五讲》和《三十年集》

今年十月十九日将是鲁迅先生逝世五十周年祭。我过去凭借"文革"期间幸得保存的鲁迅写给我的近五十封信,写过一本题为《编辑生涯忆鲁迅》的回忆录(人民文学版,1981年),包括十篇文章。最近查阅这批来信的复制件,还有两件重要史料没有向社会公开过。今撰写此文,聊表我对鲁迅先生满腔的缅怀感激之情,也可以补前书之不足。

一

一九三二年十一月十三日,中华民族危机日趋严重,鲁迅从上海去北平探望母病。当时在北大念书的罗竹风在回忆"五讲""三嘘"时说:"据我所知,他到北大讲演是应国文系主任马幼渔之请,到辅仁、女子文理学院,师大、中国大学是分别应沈兼士、许寿裳、钱玄同、吴检斋等老朋友的邀请,而总其成者都是北平左翼作家联盟。还有所谓'三嘘',是一嘘梁实秋,二嘘张若谷,三嘘杨邨人。鲁迅准备根据当时的记录,集结出版一本《五讲三嘘集》,但这一愿望并未实现。"

那年鲁迅南归后,我正在良友图书公司开始编"一角丛书",通过郑伯奇的关系,左翼作家丁玲、钱杏邨(阿英)、林伯修、周起应(周扬)、沈端先(夏衍)等已先后为丛书写稿。这套书在出版上有一大特点:半个印张,加封底面,一万五千字,售价一律一角。那年九月,"良友文学丛书"已约到了鲁迅的《苏联作家二十人集》译稿。是年底,我听到鲁迅已返沪多日,便写信去约稿,希望他把"北平五讲"稿给我,编入"一角丛书"。一九三三年二月十日,收到鲁迅亲笔复信说:

> 在北平的演讲,必不止一万字,但至今一字未录,他日写出,当再奉闻。

先生就怕超过丛书规定的字数,但并未拒绝我的请求。另一方面,他于二月十二日去信给北京的台静农说:

> 在辅大之讲演,记曾有学生记出,乞兄嘱其抄一份给我,因此地有人逼我出版在北京之讲演,须草成一小册与之也。

可见鲁迅在复我之后,曾有意向北平搜集记录稿,准备编成一本册,列入小丛书。而他用了一个"逼"字,写我这个青年编辑和这位伟大作家之间的关系,尽在此中了。

三月初,《艺术新闻》在《出版消息》栏内,说此书将以对梁实秋、张若谷、杨邨人用"嘘的方法加以袭击"。我又去信鲁迅催问。他于三月十日来信说:

> 来信收到,我还没有写北平的五篇讲演,《艺术新闻》上所说,并非事实,我想不过是闹着玩玩的。

此后不久,鲁迅在《答杨邨人先生公开信的公开信》中,直截爽快地对杨说:"我曾说,这些都要以一嘘了之,不值得反驳,这几个人中先生也在其内。"《艺术新闻》把这消息一传开,鲁迅著作的老出版人李小峰,不甘示弱,当时北新书店与鲁迅的稿费纠纷虽尚未完全解决,也向鲁迅展开争稿的一幕。鲁迅三月十五日,复李小峰的信是这样说的:

> 关于"北平五讲"之谣言甚多,愿印之处亦甚多,而其实则我并未整理,印成后,北新亦不宜经售,因后半尚有"上海三嘘"。开罪于文人学士之处颇不少也。天马亦不宜印,将来当仍觅不知所在之书店耳。

一九三三年间,鲁迅曾准备修改或追记在北平的讲演记录稿,和其他文章,编为《五讲三嘘集》。因记录稿错误甚多,甚至与原意相反,所以十二月十四日给杨霁云信中说:"这些记录稿,实在记得太不行了,有时候我简直没有说或是相反的,改起来非重写一遍不可,当时就因为没有这勇气,只好放下,现在更没有这勇气了。"

在国民党反动派实施文化"围剿"的三十年代,鲁迅的杂文集极受青年读者的欢迎,但他从保护几块进步出版阵地免受打击出发,常常用一个"不知所在"的书店如三闲书屋、野草书屋等出面,自费出版,转交内山书店公开出售。我看到关于"北平五讲"的文稿既无到手的希望,一九三四年夏秋之间,我转而恳请他给我一部杂文集,编入"良友文学丛书",字数就可在十万左右。九月一日,鲁迅复信说:

  近一年来,所发表的杂文,也还不少,但不宜于给良友公司印,因为文字都很简短,一被删节,就会使读者不知道说什么,所以只好自己出版。能够公开发行的东西,却还没有,也许在检查制度之下,是不见得有的了。

  那本连书名都已拟好的《五讲三嘘集》,就这样永远没有了与读者见面的机会,而且一九三七年十月十五日,冯雪峰所写《鲁迅生前计划而未完成的著作——片断回忆》一文中,也未提及此书。我今天回忆这本和我有关的未完成文集的来龙去脉,也作为冯文的补笔吧。

二

  鲁迅于晚年(一九三六年)曾打算将自己三十年(1906—1936)间的一切著作编成一集,分为十大册出版,并按内容、性质或写作背景、环境,分为《人海杂言》《荆天丛草》和《说林偶得》三大类,并手拟过一纸《三十年集》著述目录。而且在一九三五年,还另行拟订过一份目录;都不收翻译。

  我于一九三五年主编"中国新文学大系"(1917—1927)十大卷,在一年多时间全部出齐后,我心中正想仿照欧美日本书店的书架上,成排陈列着外国著名作家的多卷本全集的编辑方法,也出版几套我国现代著名作家的全集或文集,用精装布面本形式出版(这一理想一直萦绕在我的脑海中,经过四十年代未能实现的《郁达夫全集》和《老舍全集》,直到八十年代,香港商务意外地把我在三十年代帮助陆小曼合编的《徐志摩全集》五卷本在海外出版,才算得到了部分实现)。

一九三六年夏,我听到鲁迅有自编《三十年集》之说,当时正在青年时代,初生之犊不畏虎,我就去信争取此书的出版权。七月十五日,得鲁迅复信说:

> 惠函收到。所谓汇印旧作,当初拟议,不过想逐渐合订数百或者千部,以作纪念,并非彻底改换,现在则并此数百或千部,印不印亦不可知,所以实无从谈起。……

当时鲁迅正在大病之中,医生劝他不要自己多动笔,所以此信是由鲁迅口述,许广平代笔的。发信者的署名也和七月七日复我的信不一样,前一封信是许广平用钢笔根据鲁迅口述而代写的,署名处还是由鲁迅用毛笔亲署的;这次却一起由许广平用钢笔代签了。我读完信,心中颇有沉重之感;不但出版《三十年集》的梦想破灭了;而且深感到鲁迅的病情不像趋向减轻(查《鲁迅全集》、两卷《书信》中,这样的代笔代签,仅此一封)。

半个世纪过去了。为了写这篇短文,我查阅了有关资料,才明白了一九三六年二月十日,这一计划是鲁迅在致曹靖华信中他自己第一次提出的。他信中说:"回忆《坟》的第一篇,是一九〇七年作,到今年足足三十年了。除翻译不算外,写作共有二百万字,颇想印成一部(约十本),印它几百部,以作纪念。且于欲得原版的人,也有便当之处,不过此事经费浩大,大约不过空想而已。"五月间,当时在山东济南高级中学执教的李何林也有同样的想法,提议为纪念鲁迅创作活动三十年刊印鲁迅著作,并建议交一个出版社印,并说回信可与曹靖华说。鲁迅于五月十四日致曹靖华信中说:"有人寄提议汇印我的作品的文章到作家社来,谓回信可和兄说。一切书店,纵使口甜如蜜,但无不唯利是图。此事我本想自办,但目前又在不决,大约是未必印的……"上述一信,刊于《鲁迅全集·书信》中,注释把"有人"注明指李何林,"此事"指拟印的《三十年全集》;但对"作家社"并未加说明。我查《索引卷·社团类》没有找到这个出版社。请教了几位上海的鲁迅研究专家,他们也说不出这个社是谁办的。他们说,当时与鲁迅有关系的仅有孟十还主编的文学月刊《作家》,由上海某一杂志公司发行。次日(五月十五日),鲁迅又有一信给曹靖华说:"纪念事昨夜已提及,我以为还不如我自己慢慢来印,因为一经书店的手,便唯利是图,弄得一塌糊涂了,虽然印出可以快一点。"

许广平在记述鲁迅《三十年集》未完成经过时说:"早在一九三六年,先生即有意自行编印此集,不幸既病且死,未及亲睹其成。"但据张小鼎、叶淑穗在《纪念第一部〈鲁迅全集〉刊行四十周年》一文中说:"三八年版《鲁迅全集》主要根据的就是鲁迅生前手订的著述目录二纸……分编成二十册。"而鲁迅死后,曾于一九四一年由许广平主持,用鲁迅全集出版社名义,把《三十年集》也印了一千部。

记得一九三二年九月我走出校门,在专出画报画册的良友图书公司里,接受了店主要我另辟一个新园地,专出新文艺读物的任务。我从鲁迅手里拿到第一部文稿时,由于是郑伯奇介绍的，所以关于这部译稿如何分成《竖琴》和《一天的工作》等编辑事务上的信，是写给郑伯奇（当时改名郑君平）的。鲁迅在这封信里，就提到了书的版式，人名地名用什么符号，原稿"一段之下空一格或不空，排印时改归划一"等等。我一接触这位伟大作家，立刻使我受到了深刻的印象和启蒙的教育；此后几年，在出版他的五六部作品中，经常在他的言教身教下，对如何做好编辑工作，思想上技术上才逐渐成长起来。鲁迅对图书编辑出版工作一贯持严肃认真，一丝不苟的态度。对当年那些利用出版干唯利是图的勾当者，一直深恶痛绝。我今年已近八十，自认还是新中国出版战线上的一名老兵，衷心希望中青年图书编辑和出版工作者要向鲁迅精神好好学习，我愿与同行们共勉之！

1986.10.8.

鲁迅逝世两周年纪念时的一件往事

今年是鲁迅逝世五十周年纪念。最近我在写其他史料文章时，无意中发现了一件我与鲁迅有关的往事，认为值得一记。

一九三八年十月，上海已沦为孤岛。所有华文报刊书籍都得送日陆军报导部审查批准，才能公开发行；唯有美、英人的书报可免检。当时，上海有家美国的英文《大美晚报》(Shanghai Evening Post)，主人名史带 (C. V. Starr) 是一位富有的保险商；经理勃罗斯 (Bruce)，总编辑高尔特 (R. Gould)，都是美国人。史带手下有一位爱国的、具有正义感的华人买办张似旭（后遭日伪特务暗杀），他在那时，为了适应中国读者的需要，创办了一份中文《大美晚报》，参加编辑的有张志韩、吴中一和我的老友柯灵（当时用"高季琳"名）等。史带在一九三七年十二月十六日（日军侵入租界后约一星期）作为对日本新闻检查的反抗，发表过一个《责任声明启事》，说明英文版和中文版的《大美晚报》属于一家，"皆服膺报纸言论自由之精义，敢作无畏及切实之评论，登载不参成见，纯重事实之新闻。两报虽为美人所有，但对于服务带有国际性的上海社会之责任，亦极能认识"。因此"两报不受任何方面之检查"。

一九三八年五月，张似旭为了进一步向中国广大读者进行抗日爱国思想教育，创办了九开本大型《大美画报》半月刊，画报内容和编辑方针除利用形象化的图片外，完全和中英文版《大美晚报》保持一致。张似旭请已被迫停刊的《良友画报》的创办人兼首任主编伍联德任主编。

一九三八年九月，伍因故辞职他去，张似旭又辗转托人，聘我去继任主编，我在"良友"工作期间，虽分工专管文艺书，但对画报、画册也颇感兴趣，就在十月初走马上任。

我接办后，就把第十期改称为第二卷第一期，出版期是一九三八年十月五日。那时，各爱国报刊杂志都拟在十月十九日纪念鲁迅逝世二周年，我也要利用这个形象化的宣传武器，为这件大事出一点微力。

当时想到唯一能提供这类稿源的只有许广平先生。她当时和胡愈之先生等正忙于校读"复社"准备出版的二十卷本《鲁迅全集》最后的清样。我到霞飞路霞飞坊要求她能借我一批有关鲁迅先生生平活动的照片，以便在画报上介绍鲁迅从事革命事业的一生。许先生未加考虑就从床底下拉出一只内藏大批从未发表过的原始材料的大纸盒，放在我面前，说由我挑选，只是要求我妥善保存，用后立即归还。因为事先我已有了一个用两个版面刊登鲁迅画传的打算，所以就选了近三十幅照片。其中有一小部分照片在当时是比较珍贵，而在此以前从未与世人见面的。

刊登在二卷三期上的这一组特辑图片，我用黑体字排了一行题目：《中华民族战士鲁迅先生逝世二周年祭》。这是根据上海民众代表所献白地黑字旗上所写"民族魂"三字而拟成的。第一页上半面印一幅鲁迅像和鲁迅写的自传一篇。我来不及写一篇哀悼纪念的文章，就借用鲁迅一九三六年五月二十三日写给我而第一

次提及自己有病的来信,以手迹影印件刊出,原文如下:

> 家璧先生
> 　　顷得惠函,并书报,谢谢。
> 　　发热已近十日,不能外出,今日医生开始调查热型,那么,可见连什么病也还未能断定,何时能好,此刻更无从说了。
> 　　……

我从四十多封信里选这封信,是略有含意的,因为鲁迅从这次病后就直至不起。

这组纪念图片的第一页是个头,下半页是两年前所摄万国殡仪馆前万头攒动瞻仰鲁迅遗容的群众场面,另在左上角刊印当时的灵堂全景。我对这幅小图怀有深厚的感情,因为十月二十一日下午三时至下午五时,我作为治丧办事处三十位成员之一,在群众瞻仰遗体时,被分派在灵堂右侧站立,承担招待来宾的职务,胸前挂着一条白绸带,上书"灵堂司事"四个字。其实,在规定个别群众和团体瞻仰遗体的时间,并无需我做什么招待的事务。成批的人群,进了大门,一面签名,一面被"灵堂司事"系上黑纱,然后分成一队一队,从北面的一个侧门进来,由我们引导到灵堂前,向遗体鞠躬;再缓步环绕安卧在玻璃棺中的鲁迅遗体一周,然后默默地由南门退出。他们中男女老少、工农商学都有,一个个都屏气吞声,整个灵堂异常宁静。不少人用手帕暗暗地擦着流下的泪珠;有的青年学生一出灵堂终于控制不住自己而哭出声来。我深深感到鲁迅先生确实代表了千千万万的人民群众,他仍然活在人民群众的心中。鲁迅与人民是心连心的。那天的守灵给了我永生难忘的印象。那根"灵堂司事"的白绸条子，事后我一直保藏着，直到"文革"抄家那一天，被那帮子家伙连同我收藏的其他纪念品全部抄走了。上海鲁迅纪念馆的同人说："这样的文物，至今还没有征求到过呢。"

那组纪念图片的主要部分，排在画报的第二、三页。右页上用黑体字写着《鲁迅先生奋斗的一生》，共选用照片二十五幅，左右两页，横排分为四格，每图前标以次序号码。第一幅是鲁母太夫人像，当时她还健在，说明中写着"今犹健在，现居北平西三条胡同旧寓"。此后，就把鲁迅一生，分成几个重要阶段，用真实照片，有的通过当地风景或住处，有的通过鲁迅与家属或朋友的合影，向读者扼要介绍鲁迅从事革命文化活动的一生。

末后两幅是在大陆新村九号二楼，鲁迅安睡在一张大铁床上的最后遗容；以及十九日上午九时，万国殡仪馆派西人（该馆当时为西人所办）来九号移走遗体，夫人许广平与公子海婴并站门口，含泪送行。这两幅照片，又引起我许多回忆与感想。

鲁迅在沪最后五年（1932—1936）期间，他所著作、翻译、编辑、校订和作序的出版物，为数甚多。其时白色恐怖肆虐最烈。鲁迅为保障其他出版社的安全计，不少书由他自己印行，用三闲书屋、野草书屋名义出版。一般可以公开发行者，除交他的老出版者李小峰的北新书店（有时也改用青光书店）出版外，还通过三个编辑与下列三个新成立的出版单位联系较多，那就是生活书店的黄源同志，文化生活出版社的吴朗西同志，还有就是代表良友图书公司的我。我们三个青年编辑与鲁迅之间的交往关系，从《鲁迅日记》中看，情况各不相同。他们两人经常出入鲁迅寓所，特别是吴朗西兄与鲁迅一家人私交甚厚，经常被留下共进便餐。而鲁迅的重要作品如《故事新编》《死魂灵》等都交文化生活出版社出版。我则仅凭郑伯奇同志的介绍得识先生，有事找先生，一般都在内山书店约见。在内山二楼会客室稍候，先生就推门而入，从未知道他就住在大陆新村九号，近在咫尺；但是我也从不去打听鲁迅当时的住处。有急事时，常用电话托内山书店老板相约，例如为选印苏联版画，时间紧迫，鲁迅先生就亲自来"良友"三楼编辑部找我了。直到一九三六年十月十九日上午九时，主编《文季月刊》的靳以兄打电话来告诉我鲁迅先生的噩耗，才第一次与他急急忙忙地去大陆新村九号奔丧。到了那里，一上二楼，直入前屋，就正如第二十四幅照片所示，鲁迅已闭上双眼，安睡在那张旧式的大铁床上。我当年把这幅照片放在《鲁迅奋斗的一生》的最后，一则确实表示这是他一生最后的留影了；二则那天在鲁迅遗体未被移出故居前，有一件事深深地印在我的记忆中。

当时，卧室内已有许多人在那里，有家属，也有文艺界新闻界人士，有的在暗泣，有的在流泪。我和靳以二人也默默地躲在一个空角落里站了一会。忽然由人带进一位日本朋友，他走到床前，从带来的口袋中拉出一大块雪白的软石膏，把死者整个的脸部盖上了。我心中忽然感到一阵说不出的难受，暗中想："你这样把鲁迅先生的耳目口鼻都用石膏盖上了，不是要窒息他的呼吸吗，要置他于死地吗？"我有些弄不懂，这个日本人这样做，是为了什么？问了旁人，才知道是为鲁迅先生留下一个石膏面容，以便翻模，这样的模型，可以真实地表现死者的遗容。这个最后遗像，以后仍由日人奥里杏花制作成功，至今保存在上海鲁迅纪念馆里。

我仍记得那种不愉快感觉。也许由于这是通行于日本国内对伟大人物的一种尊敬的表示，但我不能适应这一异国的习惯。那天离开九号后，我同靳以谈起，他也有同感。特别是这位日本雕刻家完成工作拿下那块已印有鲁迅遗容的石膏模型时，他又用一把小剪刀，从死者的上唇轻轻地剪下了二三十根灰白短髭，插在石膏模型像的上唇。站在床前的海婴，当时还不过六七岁，年幼无知，见到雕刻家剪下他父亲上唇的短髭时，还大笑着说，"看他把爸爸的髭须剪下来了！"一句话打破了全室肃穆的气氛，话刚出口，被他妈妈一手拉走了。这件事也深印我的脑海中。所以每到故居二楼见到那张大铁床，就会想起这些往事。

我和靳以离开大陆新村就同回良友编辑部，商量怎样把即将出版的下一期《文季月刊》加上一个纪念鲁迅逝世特辑的插页，除了组织一两篇悼念文章，刊印鲁迅手迹等外，由于日本雕刻家用石膏作最后塑像的启发，决定商请鲁迅老友、画家司徒乔先生去万国殡仪馆，在十月二十二日下午二时，在盖棺前数分钟，作一幅鲁迅的最后速写像，后曾刊于十一月号《文季月刊》。司徒乔是广东人，这件事我记得是通过《良友画报》总编辑马国亮先生事先由他代为约定的。这幅画，我编《编辑生涯忆鲁迅》一书时，放在书前插图的最后一页。

鲁迅先生逝世至今，已过了半个世纪。他为之奋斗终身的繁荣富强的社会主义新中国，现已初步实现，今年起，全国人民正在为"七五"计划的贯彻实施作出新的贡献。我自己已活到了远超过鲁迅先生的寿命，但在有生之年，还要牢记他谆谆教导我的"编辑出版也是大有学问"这句名言，把《编辑忆旧》的回忆录，继续写下去；也要对青年一代做好学习鲁迅，宣传鲁迅的工作。

1986.10.1

曹靖华与鲁迅

刚从《文艺报》上看到卧病在床的我国老一代著名翻译家曹靖华老先生八月八日在医院接受苏联驻华大使代表苏联最高苏维埃主席团所授予的"各国人民友谊勋章"的照片,在他那张瘦削的脸上显出九十老人微露的笑容时,我心中暗暗地为曹靖老耽忧,今年遍布各地的酷暑已夺走了我国不少位老作家的生命。不幸仅仅一个月后的八日凌晨三时,死神又把曹靖老夺去了,和鲁迅同时代而又有密切友情的老作家又弱了一个。我在悲痛之余,想起三十年代,经鲁迅推荐,良友图书公司曾出版过曹靖华编译的《苏联作家七人集》,译者序中说:"《七人集》合集的编定和校样都是先生亲自作的,可以说是先生最后编校的一部书,我只是供给了两部稿件的材料而已。"

由于这本书的出版周期超过了我在鲁迅面前答应的送校日期(大约迟了几天),我第一次挨到了鲁迅的书面批评。一九三六年十月十二日鲁迅来信说:

> 靖华所译小说,曾记先生前函,谓须乘暑中排完,但今中秋已过,尚无校稿见示。不知公司是否

确已付排，或是否确欲出版，希便中示及为荷。

这最后一句话，带有质问的意味，我自觉老人家对我这个青年编辑的失责失信行为，第一次生气了。我接信后立即去排字房检查，重作安排，保证二十日前送校，并去信致歉。鲁迅在十七日去信北平曹靖华说："兄之小说集已在排印，二十以前可校了。"不料此信成为鲁迅一生所发出的最后一封信，因为此信发出后的第二天早晨，伟大的鲁迅遽然长逝。曹靖华在平收到此信已是二十日，所以译者序中说："这是在先生逝世后第二天才收到的，此情此景，真不忍回想！"

为了我工作上的疏忽，造成排字房的拖拉，耽误了出版期，没有能在鲁迅生前把样书送到病榻前让鲁迅亲自看到，这已成为我一生中追悔莫及的遗憾。这个译本的序文也是鲁迅最后完成的一篇。所以此书赶在十一月中旬出版时，译者序最后说："倘若先生在世，看到它的出版，一定愉快的同自己的书出版一样的。……但不幸得很，现在《七人集》却做了先生灵前的祭礼！"

我过去已把此书的出版过程，写过一篇详细的回忆史料，今天，曹靖老继鲁迅之后也离开了我们。我从上述史事联想到这几年纯文艺或学术性著作的出版周期越来越长（据说上海平均需四百天左右，也有出版社把来稿一搁几年无消息的），而这些作者中有一部分已年逾古稀。我常听到一些老朋友、老作家向我诉苦，而现在的编辑确实是管到发稿为止，出书期的迟早，似乎非他所问。目前出版体制急待改革，分工过细确是个大弊病。但责任编辑如果拿出为作者服务到底的精神，多管一些事，勤加催问有关出版的部门，我相信肯定会起一定的促进作用；不要造成老作家等不及亲眼目睹成书，而让后辈把它作为献在灵前的祭礼。这个现象似乎与目前社会上一般不讲效率、缺乏时间观念的通病有关，但希望我的图书编辑同行们，从鲁迅当时的例子里吸取教益，自动检查一下你手中的发稿作者名单，对年老的作者优先处理，提早出版以示照顾。那么，我这篇短文也不算白写了。

1987.9.20

编辑生涯忆茅盾

我在《老舍和我》那篇回忆文章结尾处,曾说过:"如果把我的六十年编辑生涯分成一九四九年前后两部分的话,那么,一九四九年前又可分'良友时期'和'晨光时期'两个阶段。前者主要得益于"左联"作家鲁迅、茅盾、郑伯奇、阿英等……"现在这四位著名作家都已先后成了故人,其中对鲁迅,虽历经变乱,他写给我的四十九封书简,原物虽已捐献给上海鲁迅纪念馆,他们回赠我的几可乱真的复印册页,仍保留在手头。因此,我有条件写过十篇有关鲁迅的史料,约十万余字,一九八一年纪念鲁迅诞生百年寿辰时,编成一部题为《编辑生涯忆鲁迅》文集,由北京人民文学出版社出版。可惜久未重印,市上已难见了。

但对茅盾先生,他虽已离开我们五年多,我却至今连一篇纪念文章都没有写过,言念及此,实感愧对故友。虽然我也可推说,茅盾写给我的约有与鲁迅同样数量的书简,"文革"初期即被勒令上交,至今下落不明。但利用已有的其他资料,包含已发表过的几封信,加上他为良友版几部著作写的序跋之类,再细加苦思力索,调查研究,还是可以留下一点东西的。一则以供茅盾研究者和现代文学史家作参考,二则藉以表达我衷心感谢这位前辈著名作家当年对我这个爱好文学的青年编辑一番支持培养的恩情。虽早已列入写作计划,仍未动笔。

正好前几个月接到北京现代文学馆副馆长刘麟同志来信,说他正在利用各方面已发表的材料,编一本《茅盾书信集》,内收茅盾给我的信,征求我的同意。他的来信对我起了意外的促进作用。而且我这里还收藏着茅盾一九七七年十二月写给我的最后一封信,迄未发表。丢掉了三四十年代近半百封茅盾书简,还完整地留存着这样一封,更觉弥足珍贵了。除把该函复印件寄赠刘麟外,决心按我历来写回忆史料的文章风格,赶紧把《编辑生涯忆茅盾》一文乘我在河北涿州市儿子家休息期间抄写完成,以便返沪后交倪墨炎同志在他主编的《编辑学刊》上发表。文章一点理论气息都没有,仍然保持我写《编辑忆旧》的作风,既写我自己历尽坎坷的编辑生涯,也叙说我与茅盾的交往关系。想到什么就写什么,但文中引用了茅公对我的一些溢美之辞,我怕贻笑大方;墨炎说只要说明出处,也就无伤大雅了。于是我就放手写了下去,但与本刊的学术性规格和要求颇不相符,那就放在卷末,作为附录吧,也许从中可以看出一个老编辑走过的道路,其中点滴经验可供编辑学研究者作参考。

一、三本文集

"良友文学丛书"于一九三三年初,以鲁迅两部苏联短篇译作集《竖琴》和《一天的工作》打开头阵,面向社会后,由于这套丛书在用纸、印刷、封面装帧上别树一格,在当时读书界引起了强烈的反应。但我心中总有一点美中不足之感,因为既称文学丛书，理应以创作为主，因此以后，我就坚持约请著名作家把创作的长篇小说或短篇小说集给我，其次是散文集、杂文集以及创作剧本。不久，巴金、丁玲、张天翼、施蛰存、何家槐、蓬子、老舍等的文学创作，源源而来，一九三三年底以前，先后与读者见面了。当时我心中有个设想，以十种为一辑。一九三三年内，我就把茅盾列为第二辑的重点争取对象。但我虽经人介绍，认识了茅盾，几次去信约他给我一部短篇小说集，可惜已发表的短篇都已被其他同业约去。一九三四年秋，我得到了茅盾的一部散文集，字数虽不多，却都是这一时期写的随感小品、文艺杂谈、新书评述等共四十四篇，反映了当时文坛上的动态以及引起过争论的一些有关文艺理论问题。书名《话匣子》。

文集中有一篇题为《怎样编制文艺年鉴》的，虽然作者是针对当时市面上出现的第一部名为《1933年中国文艺年鉴》而进行针对性的批评。但我在一九三六年也企图在这方面试编一部，那就是后来的《二十人所选短篇佳作集——1937》。关于这部书，本文后面将详细谈到，对我起最早启发作用的倒就是茅盾的这篇评论。

《话匣子》里最后一篇书评，正好是对良友版《木刻连环图画故事》系列画册而发，而对我写的一篇序文中的错误观点，茅盾指名道姓地对我进行了严正的批评：

赵家璧先生对这问题(指旧连环画改造问题——赵按)的意见似乎倾向于纯用图画，不加文字。自然，在图画中人物身旁注了姓名，甚至从人物的嘴巴里拖出两条线来注明了重要的对话——这种"形式"太没有"艺术相"了,可是这样的"形式"却正为文化水平低下的中国大众所了解,所需要。要想从大众中驱走那些有毒的旧"连环图画小说",目前尚只能"利用"这旧形式再慢慢加以提高。

茅盾的话击中了我对改造连环画的编辑思想深处的要害。我考虑再三,前辈作家对我这个青年编辑的错误观点坦率地写在一篇先在刊物上发表过,现在收入我主编的这本文集中,看似一种论争,真正的用意是在对我进行一种善意的劝告。当时对连环画如何进行改革,并能使文化水平较低的广大读者乐于接受,确实引起了各方的争论。作为一名对社会负责的编辑,有错即改是编辑应有的光明磊落的态度。茅盾的文章指事不指人,而且该文最后对良友出版这样一套系列画集,还是予以好评的。他说:

……我们相信麦绥莱勒作品的"搬到中国来","也许可以给中国连环画的将来,一条有生命的路!"

文中的引文是出自我的序文的。最后我把它全文发排了。这是发生在半个世纪前的事。四十年代末,我曾出版过老解放区木刻家创作的中国木刻无字连环画,如秦征刻的《红骡子》、罗工柳根据赵树理小说用木刻创作的《小二黑结婚》和一位一时记不起名字的木刻家创作的《刘胡兰》等无字木刻连环画小册子,读者并不欢迎。出了几种就停了。现在中国连环画创作和研究已进入了一个蓬勃发展的新阶段,它还是依着我国人民喜闻乐见的民族传统形式,而不是外来的无字木刻连环画。在此提上一笔，暴露一个青年编辑所经历的一阵心理活动，而历史证明介绍麦氏作品的重要意义，主要在他独特的黑白分明的木刻艺术，茅盾早有先见之明，我却把它有意夸大了。

"良友文学丛书"出满二十种时，我已把第二个二十种的作者和选题都已约定。为了扩大发行，征求后二十种的一次预约。因为这套丛书的一大特点，便是不论厚薄，售价一律大洋九角，因此可以让预约订户，享受对折优待。对一般丛书在未出版前发售优待预约，其他书店都未试过。我就大胆地把后二十种书目广告推了出来。

既要刊登预告，就得把作者和书名同时刊出。当时茅盾已答应给我一部短篇小说集，我就逼他把书名提前告我，这却难为了作者，因为他自己也未想定。

这几年，自己年纪大了，写回忆录后，时常碰到一些年轻的同行，他们经常向我取经，问当文学编辑有何先进经验可传授，我都无辞以答。但我自己有个一字秘诀，那不但我身体力行，许多著名作家在作品的前言后记中也经常谈到，那就是一个"逼"字。我至今相信文章是逼出来的。我过去逼人写稿，现在自己也写些东西，非到受人逼促，拖无可拖，才肯动笔。本文如非墨炎屡屡催促，这次也不一定能按期交稿。

一九三四年九月二十二日茅盾复信中就这样说：

> 我的短篇集，现只有已发表的《残冬》等三篇，我自己希望年内再写成三篇，合共六篇，也许有七八万字了。虽然到年底还有三个月，我近来意兴阑珊，什么文章都不愿意写(真正被逼不过的，勉强写一点，其痛苦比什么都厉害)。这原因是一班仗

义家天天大喊文坛被老作家把持,所以我想休息一下,等候恭读青年作家的佳篇。因此恐怕要直到本年年底,我才能达成七万字以践前诺。书在贵公司出版,因而必在明年了。①

这部短篇小说集取名《烟云集》,作者在一九三七年五月二十五日所写后记中说到此集成书的过程,值得一录:

> 这些又都是"逼"出来的。……所以两年之间,虽屡受逼,而被逼出来的只此集寥寥十万字,此集之成,在上文述二逼外,又有一逼,即"良友文学丛书"以《烟云集》三字告白时,实尚未有一字,个人极以"卖空"为忧,但赵家璧先生引"文章是逼出来"的"通则",批驳了我的期期以为不可。
>
> "烟云"二字,亦是良友公司待发文学丛书新出二十种之总告白,立逼而定;随手拈来,毫无命意。然而总告白每目下例有"解释",良友公司乃代为发挥,宛若有深意存焉,今实物既出,表里不符,相应说破。……
>
> 此书作成之经过如此,倘名"二逼集"或者名实不乖。但我希望凡此诸"逼",今后不再,希望像烟云一样过去了。

这段既带些责怪,又用幽默笔调表达的对青年文学编辑的一片爱护谅解之情,至今读来,依然深感盛情。茅盾这段后

---

① 见孔另境编《现代作家书简》,第51页,花城出版社新版。

记与叶圣陶在《四三集》序文最后所说："末了，对于'催逼'出版这本集子的赵家璧先生敬致谢意。"同样表达了三十年代前辈作家对我的善于催逼的编辑组稿表示了欣赏和同情。

但也有虽极尽催逼之能事，结果还告失败的。那我也可举一个例子。至今有人来到我的书斋，见到四十多卷装帧精美，历经半个世纪，书脊上的镀金书名作者名还是金碧辉煌，毫不褪色的那套"良友文学丛书"时，惊讶地问，为什么当时南北各派著名作家都有作品给"良友文学丛书"出书，独独缺少大名鼎鼎的郭沫若呢？编"大系"时有他，其中经过，我已写过文章；但文学丛书中确实没有请到这位远在日本的创造社主将，什么原因我一时想不起来，但孔另境编的《现代作家书简》中有郭沫若致叶灵凤一信，正好解答了这一疑问。

郭沫若当时隐居日本，对在国内书稿出版事，都托在现代书局当编辑的叶灵凤经手代办。"良友文学丛书"对所有作家都实行版税制，一般都是按售价作者抽版税百分之十五，一年结两次，交稿录用时，都可预支一部分。仅对鲁迅作品按百分之二十计，这是上海各书店为尊重鲁迅而共同执行之惯例。当时也有一次卖绝版权的，价格面议。我认为卖稿办法，实在是出版商乘人之危采取的对作者极为不利而且不公平的办法。我在当编辑期间，一般采取版税制，不用一次卖版权的办法。良友经理和我抱同样的态度。但郭沫若身居异国，生活条件不同，他喜欢用后一种卖稿的办法。另外，良友公司是一家侨资民办而主张爱国、要求进步的出版社，在反文化"围剿"的复杂斗争中，总经理伍联德虽为人正直，富有正义感，思想开明，热爱祖国，对我这个无党无派的青年编辑放手信任，但他还是经常警告我，不要直接去顶撞国民党统治者，从而闹得关门大吉，大家失业。鲁迅对我想出他杂文集的要求,他就从爱护"良友"这个民办的出版阵地出发,爽快地拒绝了。审查会对《大系·小说二集》导言内容,我们深怕会有麻烦时,鲁迅就在一九三五年三月六日来信中说:"序文总算弄好了,……但'江山易改,本性难移',无论怎样小心,总不免发点'不妥'的议论。如果有什么麻烦,请先生随意改定,不必和我商量了。"这是多么伟大而宽广的心胸啊,我认为一生中曾得到过鲁迅先生给我如此的信任,是值得怀念和感谢的,因为只有保住阵地,才能开展各种斗争。因此,那时我们对书稿内容,从不提什么删改的意见。但对危及公司存亡时,我们也偶尔同作者商酌,但这类事,我至今记不起发生过几次。

郭沫若于一九三二年九月二十五日致叶灵凤一信,使我想起了主编"良友文学丛书"初,就托郑伯奇代向在日本的郭老约写一部长篇。郭老复叶灵凤的信说:

> 《同志爱》良友款尚未付清,又对于内容有了改削之意,卖约寄来,我尚未签字。现代定要时,可速备千五百元现款携往内山,将该稿索回。凡经我同意之处可稍加改削。到内山时,即以此明片为凭可也。此书出,决可引起内外注意。……
>
> 《同志爱》一书,要者有光华、乐华、文艺诸家(指当时出文艺书的几家出版社——赵按),竟归良友,亦出我意外,由你亲手去索回,我是高兴的。[①]

从上述旁证中,可见我争取到过郭老的创作长篇,因种种条件,

[①] 孔另境编《现代作家书简》,第141页,花城出版社新版。

未能如愿列入丛书，也是我的遗憾事。

茅盾的《烟云集》共收一九三六年至一九三七年间创作的七个短篇，是茅盾生平所出又一个短篇集，一九三七年三月交稿付排，五月出第一版，列为丛书第十七种。

我前面说过"良友文学丛书"计划续出第二个二十种时，发售过预约广告，原价每册一律九角，按原价二十种共价大洋十八元，优待预约订户，对折计算，只收大洋九元，还可保证能得到作者签名本（当年对签名本，一般读者还不大重视）。

这二十种里，除这本《烟云集》外，还有周作人、朱光潜、俞平伯、沈从文等北方作家的散文集，都是我一九三五年五月去北平约到的名家名作；上海方面约到郑伯奇、王统照、王鲁彦、杜衡、张天翼、叶圣陶、谢冰莹等的创作。我要把这套丛书以创作为主的目的达到了。但当时预告的二十种内，列有书名作者而因抗战爆发未能出版的共有4部长篇小说，计郭源新（郑振铎）作《子履先生及其门徒们》、施蛰存的《销金窟》、郁达夫的《陕巷春秋》和穆时英的《中国行进》，最后一部已有上半部分出了校样，都因抗战而中止。记得剧作家曹禺曾答应写一剧本列入，结果也落了空。所以布面精装的"良友文学丛书"在沪出到第三十九种张天翼的《在城市里》为止，这是篇幅最长的一种，厚达五百页，售价也是九角大洋。

一九四一年十二月八日，日军发动太平洋战争，同日日军武装接收上海英美租界，二十六日良友复兴图书公司因《良友画报》宣传抗日，与商务、中华、开明、生活等八家书店同时被日军报导部查封。一九四二年冬我和《良友画报》编辑张沅恒二人，化装商人，经汉口、长沙到达战时文化城桂林，在桂林大马路懋业大楼三楼租屋，复兴良友图书公司，住家寓于四会街一幢木结构楼内。我们从上海到桂林时，正值茅盾夫妇也已于是年三月从香港经东江游击区抵达桂林，住在丽泽门外丽君路一栋木楼里。那是一九四二年十一月间，我打听到这个消息，就专诚去看望他们。这座木楼楼上原住着邵荃麟和葛琴一家，开明老友宋云彬也住在那里。我到那屋时，先去看望了这三位朋友，当时茅盾一家仅挤在一间仅容一榻一桌的小房里。他们对上海孤岛上发生的事都极关心。对当时未能脱身仍留在上海孤岛的郑振铎、耿济之等文艺界朋友，备感关怀。我至今还记得当时桂林也有一个文艺界抗敌协会桂林分会的群众组织，十二月底，为替茅盾离桂去重庆定居举行送别宴会。当时协会有位名叫胡危州的文学青年，甚为活跃，那次送别宴会，我和张沅恒也被邀参加，说同时也有欢迎从上海来的文艺界朋友的意义。这次和茅盾匆匆见了一面，大家都行色匆匆，未及细谈。

良友复兴迁到桂林后，改用土纸印的平装本，出了下列几种：端木蕻良的新作长篇《大江》，由正在桂林的名画家张正宇作木刻插图，印刷时，即用木刻原版，因当时桂林没有地方能制铜版或锌版的；还有王西彦的新创作长篇，书名《村野恋人》。我自己在桂林翻译的美国斯坦贝克反法西斯中篇小说《月亮下去了》也列入了，又把沈从文的《从文自传》从厚厚的《沈从文习作选》（沪出）中抽出，作为丛书之一。这样一算，沪出三十九种，桂林出四种，合共四十三种。

一九四五年一月，湘桂战争爆发，良友复兴图书公司逃离桂林，在金城江车站一场大火中，从桂林装箱运出的全部存书、存纸以及桂林出版的各书纸型，全都付之一炬。我到达重庆时，良友财产可称一无所有。当时全靠几位作家朋友如巴金、老舍等的同情支持,老同学张华联以及张继志两位股东的经济援助,租到了英年大楼三间房,良友的牌子又在重庆竖了起来。正在这危难时刻,茅盾又慷慨地对"良友文学丛书"给了第三个文集《时间的纪录》。我记得那是我到重庆立住脚跟后,有一天自己坐了渡船,去嘉陵江南岸唐家沱新邨天津路一号。这是生活书店朋友代茅盾找到的寓所,原来是中华职教社国讯书店租来堆放纸型等杂物用的。茅盾就租用了这座小楼的楼下一层,正面是一排玻璃窗。室内陈设,极为简单。我去看望茅盾时,他似乎很出意外,因为在桂林分别后,我也没有写信给他。那天他还留我在唐家沱寓所吃了一顿简单的中饭。他听完我怎样在和另一位老同学、《良友画报》主编双双逃桂复兴,金城江大火中并未遭难,现在幸得安全来渝的坎坷历程后,我告诉他准备在重庆恢复出版"良友文学丛书",希望他能像在上海时一样,给我们一部文集,他一口答应用一部散文集表示对"良友文学丛书"的支持。一九四五年六月二十四日重庆文化界举行庆祝茅盾先生五十寿辰纪念会。出席者都是各方面的知名人士,我也接到一张请柬,赶去参加了。会议休息期间,茅盾向我招手,就把一部充满着雪中送炭的温暖友情的文稿,暗暗地塞在我带的皮包里,我真不知如何才能向这位三十年代起一贯支持良友出版事业的伟大作家表示我这个青年文学编辑的感激之情啊!至今我还有这本用土纸印得字迹模糊不清,封面红蓝两色,画上一只时钟作封面画的劣等出品;但我在初到重庆时期曾从这本书里得到了多大的勇气,才使我不放弃自幼热爱的出版事业,决定不想去昆明经商发国难财!因为与我一起逃离上海到桂林准备恢复《良友画报》的一位老同学老同事,当时已决心离开我去昆明跑单帮了。据他说,我所挑选的出版事业,在抗战时期是一条肯定没有出路的死胡同。而作家朋友茅盾、老舍、巴金等恰恰和他相反，愿意给我以种种帮助，用文学作品的出版来团结人民，教育人民，用我们知识分子的力量，来为新中国的建立，作出我们所特有的贡献。而编辑和作家的真正友谊是在文化战壕里结合起来进行并肩作战的好伙伴。发国难财是可耻的！

回家细读原稿，内容共计二十八篇，除《风景谈》外，都是作者在香港战后回到"大后方"的两年内所写，其中有杂文，有追悼怀念的作品，也有应时的纪念文。作者在后记的最后部分对读者解说为何取此书名时说：

> 我写这后记，用意不在此喊怨，我的用意只在申明这些小文章本身倒真是这大时代的讽刺。这些小文章倘还有点意义的话，则最大的意义即在于此。命名曰《时间的纪录》者，无非说，从一九四三——一九四五年这震撼世界人民的世纪中，古老中国的大后方，一个"在良心上又有所不安的作家"所能纪录者，亦唯此而已。……一九四五年七月，中央社补发周炳琳答词之日，记于唐家沱。

这一后记是作者读完清样后补寄给我排在文末的。此书用重庆产的劣质土纸印，共一百九十四页，初版印两千册。一九四五年七月在重庆出版。

我从重庆返沪时，所有桂林版重庆版各书都带了一册样书留在身边作纪念，《时间的纪录》也在其中。出我意外的，一九八六年上海书店经理、老友毕青同志又送我一册同样版本的《时间的纪录》，里封上却有作者亲笔签名，是一九四五年十二月五日赠给叶圣陶先生作纪念的，这就更增加了该书的纪念价值了。我查阅了《叶圣陶日记》一九四六年二月二十四日所记中说："九时归家，小墨等已自苏州归来，云房屋尚完好，略有破损，小修可了。器物书籍损失二分之一以上。"[①] 这样看来，叶老的这本茅盾亲笔签字所赠《时间的纪录》，肯定是自渝带到苏州家中珍藏后，被当地小窃偷出出售，转辗流传，终于被上海书店所收购。转了一大圈，回到我原出版者手中，亦可写入文坛奇闻录了。

此书七月出版，八月十日日寇宣布无条件投降，寓居重庆的上海人纷纷准备离渝返沪。我于十二月底飞回上海，不料此书在渝又遭了一次意外的厄运。一九四六年由作者收回版权，交由重庆大地书屋重排再版，作者在《〈时间的纪录〉后记之后记》一文中说：

> 《时间的纪录》刚刚排印好，日本人投降了。为了"受降"，本来不健全的交通运输那时是加倍困难了。本书出版后，因此搁浅在出版家的栈房中，不久以后，又遭回禄。据出版家给我的报告，本书除已售出的六百余册，存书及纸型全部被焚。

作者所说"又遭回禄"的事是这样的：日寇投降后，良友复兴图书公司在渝机构歇业，准备迁回上海。在渝存书、存纸和纸型尚有一大堆，英年大楼三间办公室退了租，便向民生路

---

① 见《新文学史料》1986年第1期第9页，人民文学出版社出版。

华中图书公司主人、老友唐性天借用了二楼一间空屋作为留守处。由几十年来一直在良友任发行会计工作的老同事王久成同志留守,以便完成处理未了业务后,准备缓日与我在南开附中念书的长子修仁暑假期间一同返沪。不料,一九四六年五月中旬,因华中图书公司突然起火,于是移入内地的所有良友资料,最后全部化为灰烬,而茅盾对我的一番好意,至此也付之东流。幸当时实行版税制,我们根据售出六百余册的实售额结付作者,版权也退回作者。现在回忆,在作者正需要返沪旅费期间,遭此飞来横祸,当时除我向作者深表歉意外,又有什么话可说呢?而良友内迁后多灾多难的命运,到此时此刻又来一把火,已走到了这个事业末日,我在沪接到电讯,真是欲哭无泪啊!

二、三套大系

我在良友时期,在前辈作家领导下,曾经编了一套十卷本"中国新文学大系(1917—1927)"第一辑,顺利地在一年半时间内胜利完成。还有一套"世界短篇小说大系"十卷本,因抗战爆发,功败垂成。还在重庆时期拟定编辑"新文学大系·抗战八年"八卷本,也因抗战结束,良友迁沪歇业而成画饼。但茅盾对这三套大系,先后都为我出谋划策,几乎做到有求必应。虽然后面两套因故中断,茅盾对我这个文学编辑,一直培养教育,我永远铭记在心。关于这方面,我的回忆文章中已屡有涉及。在本文中,我利用茅盾自己在回忆录中说的话,用另一角度来叙,以免重复。

茅盾在《一九三五年记事》回忆录中,有如下一段文字,引录如下:

我在一九三五年的另一项工作是编辑"新文学大系"《小说一集》。赵家璧主编的这套汇集新文学运动史料的十卷本文集，分建设理论、文学论争集、小说、散文、诗、戏剧、史料索引等七部分，其中小说分三集，散文分二集，正好十集，每集四十万字。各集分别请了"文化名人"任主编，按各集次序是胡适、郑振铎、茅盾、鲁迅、郑伯奇、周作人、郁达夫、朱自清、洪深、阿英。每个主编人要为自己所编那一集写一篇导言，又请蔡元培写了一篇总序。总之，称得上"声势浩大"四个字。

……

赵家璧是良友图书公司的编辑，同时又是一个思想进步的文学青年。他"进入"良友之后，给原来只出画报的良友图书公司注入了新的血液，在他主持下，成立了文学出版部，出版了大量的进步文艺书籍，而且特别注意书籍的纸张，印刷，装帧的精美，在上海出版界中独创一格，很得作家和读者的欢迎。出版"新文学大系"就是赵家璧想出来的。大约在一九三四年十月间，赵家璧给我来一信，告诉我他有一个编一套名叫"新文学大系"的如此如此的庞大计划，希望得到我的支持，并请我担任关于小说部分的编选人，信中又提出一些编辑体例上的问题，征求我的意见。譬如"五四"以来新文学运动已有十几年的历史，现在自然只能总结第一阶段的史料，但这个阶段的起讫在哪一年呢？

我那时刚写过一篇评论新文学运动史的文章，感慨于没有人来编一本合用的新文学运动史，见到赵家璧的信，自然十分兴奋，当即复信表示支持，并提出了一些建议。……我还提出一些要求，譬如要良友提供编选的材料……赵家璧办事称得上干才，不久就抱来了一包旧杂志和剪报，并且表示"大系"的体例完全接受了我的建议。又说准备先登广告的预约，如果有二千部以上的销路，就不至于赔本；所以打算编一本出版预告小册子，叫《新文学大系样本》，希望每一位编选者写一点感想，以资号召。我说，可以写几句来帮你鼓吹鼓吹。后来写了一百来字的《编选感想》……①

我向"良友"经理建议编辑出版这样一部规模宏大，编选者都是国内文化界知名人士，投资巨万，风险不小的大丛书，那时我不过二十五岁，离大学不满三年，现在回顾，只有用"初生之犊不畏虎"这句成语来描摹我当时不自量力的闯劲。而一九三三年十一月，国民党反动派的白色恐怖的魔掌已伸入良友公司，国民党特务头子潘公展已明目张胆地写信给"良友"经理，威吓迫害，要把我和《良友画报》主编马国亮两人立即辞去原职。正在这风雨交迫之后，"良友"对此庞大计划，敢于上马，如今回想，除了革命时代潮流对我思想上的冲击和影响外，靠的是两股力量，第一是"良友"经理伍联德和余汉生二人生来一副广东籍企业家所特有的硬骨头精神，爱护祖国，

---

① 茅盾作《我所走过的道路》中册，第279—281页，人民文学版，1984年。

主持正义，不畏强暴，知人善任的可贵美德；第二是"左联"作家鲁迅、茅盾、郑伯奇、阿英等，成为我事业上的靠山，使我这个出身地主家庭，胆小怕事，未经世故的青年编辑，一下成了个勇敢的人，推出了这部至今还富有生命力的保留节目。

我记得当时我当编辑，不仅管选题、组稿、审读、核对史实、看初校毛样、末校清样（另设有校对科专司其事）等等编辑分内的事，我写字台上还有一大叠十六开直印横排的图书成本表，包括各种费用（当然是估计，有的要向其他部门请教查算），再以初版印二千册为基数，毛估每册的售价，得出一个赢亏的结果。这张表是我设计的，用以送经理过目，好让他放心。这些空白的表格，内容项目之类，都是我自己凭实践得出来的，有些事虽非编辑分内所应知道，我也试图做到在经济账上心中有个数，一般初版肯定要赔些钱，但有了再版的机会，表格末端就不会有赤字，三版后（每版以二千计），就有赢余了。此外，我兼管所有我编的出版物在内外报刊上的广告设计和内容介绍等。所谓内刊，主要指月出一期销数四万份的《良友画报》等自己出的期刊。所以今年开始，上海书店投巨资影印全部旧版的《良友画报》（1926—1945）172期，精装成二十六大卷，我全力支持这件事，因为《良友画报》虽非我所主编，但我在"良友"时期编辑出版的二三百种图书画库之类，最早的广告都是第一次在《良友画报》上与读者见面的，所以我对负责这项重大的影印工作的老出版工作者郭小丹笑着说："我在编辑道路上所留下的大大小小深深浅浅的足迹，都可以在《良友画报》的封二封底或插页广告上留下来了。"那不但在各种良友版画报上，包括林语堂主编由"良友"出版的《人间世》各期封底广告，以及巴金、靳以主编的《文季月刊》上所有本版书广告，都出自我手。这也许和我中学时代担任总编辑的校刊《晨曦季刊》

时兼任该刊广告主任有关，这一经历使那个校刊，既能用高级道林纸印刷在当时各校校刊中具有自己的特色，又能靠广告收入使校刊收支平衡。这一早期的经验，才把我培养成长大了能懂得广告的重要意义和作用的一个编辑。至于刊于《申报》第一面的全版广告，开始也亲自动手，以后汪汉雯来协助文艺书的美术装帧设计，有些广告，便请他协助了。对"新文学大系"，曾出了三种样本，在发售预约时，等于赠送给预约者的（三十六开一小册，收成本一角）。这些关于宣传推销等工作，有关出版物的销路，我都抓得很紧，店方对此也大力支持，肯花宣传广告费，不很计较，因为当时报刊广告费用较低，而且事先我早已在那份成本表里，打了进去，经理也无话可说。

今天的出版社与书店明确分工，迫使编书者不必去关心出版物的命运，把文稿送出编辑室大门，就万事大吉。现在出版社虽也设有总编室，下分宣传广告等专门小组，但对出版样本之类，非常厌烦。前年，"上海文艺"续编"中国新文学大系（1927—1937）"第二辑二十卷，规模大，成本高，经我几次说服总编辑丁景唐，才算印发了解放后第一本《样本》，改称《宣传手册》，附巴金、周扬等作序者的近影和手迹，很受读者欢迎，但再也不见后来者。

这类事与整个出版体制有关，但是对新书出版后，不见广告宣传，作者和读者都是很有意见的。我上述的那套编辑包办一切，也并非所有旧社会出版社编辑都那样，我相信大书店如商务、中华，编辑决不如此打杂，样样管。我仅仅把自己过去那种编辑包干一切的落后的手工业方式，在此顺便说说我是怎样当编辑的。可能读者会笑我，但我到今天还可找到一位同道者：北京三联的范用总编辑，他就样样都管，因而他手下的人，就怕这位"老板"。我认为范用是一位了不起的真正的出版家，在社会主义出版事业方面，我最钦佩的就是他，他懂得出版工作应重视宣传广告的重要性。他还曾把三十年代生活书店所设计刊登的许多幅广告汇编成册，前附几篇有关广告宣传重要意义的文章。这一小册子他曾赠我一册，可见他是一个有心人。我的《编辑忆旧》在他帮助下出书前，他就鼓励我，把三十年代良友设计的书籍广告，摄成照片，放入正文作插图，这是其他编辑所不能欣赏和理解的。

茅盾当年所以全力支持"新文学大系"，在他的《回忆录》（十七）《一九三四年的文化围剿和反"围剿"》一文的后段，他坦率地叙述了他对这套"大系"的评价，现在摘引原文如下，用以说明我当时个人的编辑意图，竟意外地和他的一个愿望想到一块儿去了。茅盾回忆说，当一九三四年，他在《文学》杂志书评栏内（第3卷第4期）写文章评述王哲甫当年所著《中国新文学运动史》时，他指出此书所以失败的两个方面后，他提出了一个希望。他说：

> 我们现在只希望有一部搜罗得很完备，编排得很有系统的记载"史料"的书，这书可以"编年体"，按年月先后著录重要的"理论文章"及"作品"，记载文学集团的成立解散，以及杂志的发刊等等，"理论文章"可以摘录要点或抄录全文，"作品"可以来一个"提要"。如果不用"编年体"，也可以用"纪事本末体"，把十五年来文坛上讨论的重要问题详细记述它的发端，论争以及结束。另外再加两个"附录"，一是重要"作品"的各方面的批评及其影响，二是文学社团的小史。倘使有这样的书出来，对于研究现代文学史的人固然

得用,对于一般想要明了过去到现在的文坛情形的青年也很有益。①

想不到茅盾这个设想正和良友公司编辑部草拟的编选"大系"的计划不谋而合。因此当我不断地去信或面访,要求他为我们出主意,排难解纷,协调不同意见时,他无不尽力地支持、帮助我这个青年编辑完成这个出书计划。在十多位前辈作家的通力合作下,终于在一年半的短短周期内,把十大卷巨著全部出齐,而茅盾编选的《小说一集》是最早交稿,率先提前出版(原定六月一日出书,提早半个月)。今日扪心自问,"大系"如期圆满完成,首先应归功于茅盾先生,所以我对朋友们真诚地说,这套"大系"的真正主编者,应当写上茅盾的大名,而我仅仅担任了微不足道的跑腿搜集并供应各卷所需资料,通信催稿,编排发印,通读清样等编务杂活而已。使我深深感激的是时隔半个多世纪后,在茅盾笔下,还留下了如下的溢美之辞:

> 我的这个意见,当时不少人都想到了,也有热心人想着手做起来。但在那时的政治环境下,要完成这件工作是十分困难的,因为只能依靠少数人的力量去做。做得最有成绩的是一九三五年赵家璧主编的十卷本"中国新文学大系",虽然所搜罗的材料还只限于新文学运动的前十年,并且只搜集了主要的材料,但仍不失是一部空前巨著,为中国现代文学史的研究工作,作出了重大的贡献。②

---

① 茅盾作《我所走过的道路》中册,第263页,人民文学版,1984年。
① 茅盾作《我所走过的道路》中册,第264页,人民文学版,1984年。

但"大系"《小说一集》出版后,却遭到反动小报《社会日报》的无端攻击,茅盾读到后,极为愤慨,于一九三五年九月二日致书给我说:

> 家璧先生:
> 顷见本月二日《社会日报》之《十字街头》一栏有《四马路来》一篇,内谓良友出版之"新文学大系"第二集由茅盾负责编,然"茅盾忠于时代",因"当然不能没有自己和丁玲的作品",而"一九二五年以前实在自己和丁玲的作品决没有被选的可能,于是不得不变通办法,将一九二五年以后的作品都选进去了",此一段不合事实:一、茅盾所编为小说一集,非二集,二、一集中没有茅盾自己和丁玲的作品。此虽细事,但事实不容错乱,弟以为贵处似可用公司名义去一更正信,但若兄以为小报消息本来不尽不实者居多,拟置之不理,则弟亦赞成也。匆此
> 即颂
> 日祺　　弟玄二日(二十四年九月)[①]

这件小事,如果当时没有交孔另境编入他编的书简集,我早已记不起来。后来当然茅盾和我都认为这些反动小报之无中生有的造谣,还是置之不理为上策。可惜的是当时我手头收藏的茅盾书简为数甚多,早知要遭"文革"之大劫,许多内容更为重要的书简,当年如果多拿出几封给孔另境编入那本集子,今天

---

① 见孔另境编《现代作家书简》,花城出版社出版。

倒可以多留下一些茅盾的书简资料了。

继"新文学大系"后,我遵循蔡元培先生的教导,筹划续编十卷本"世界短篇小说大系",作为总结五四以来介绍翻译外国文学的姊妹篇,茅盾虽没有在这第二套"大系"中担任实际编选工作,但对整个"大系"的选题工作,也为我出了许多好主意。他在担任《小说月报》主编时期,曾每期撰写过许多欧美各国的文坛动态,介绍重要作品;他自己也曾翻译过许多弱小民族的文学作品,所以当他知道我们将筹划出版这套翻译大系时,极为赞成。当我对俄国作品如何分集未能作出决定而向他请教时,他在一九三七年六月七日一封复信中答复我说:

> 兹先答尊询新俄旧俄之争,鄙意革命前作品为一册,可称旧俄,或径名"俄国"亦无不可。至于革命后作品,以用苏联为妥,盖苏联为正式国名缩写,就是USSR也。新俄决不宜用为书名。鄙意书可分二册,一、俄国,二、苏联,俄国二字代表以前,苏联二字代表以后,俄上无须形容字。

茅盾一封信就使耿济之和曹靖华之间对两部俄国小说集的如何分界问题,代我作出了英明的决断。上述茅盾给我的原信,浩劫中已丢失。幸一九五七年五月十五日《人民日报》我的一篇《编辑忆旧》短文内,我曾从原信中摘录了一段,成为茅盾关怀这套"世界短篇小说大系"的唯一纪念了。

茅盾对"新文学大系"怀有浓厚的感情,所以当一九四五年"良友"迁渝营业,准备胜利返沪重整"良友",续出"新文学大系·抗战八年(1938—1945)"时,他所承担的《小说集》选目单,是第一位最早交给我的。他把选目分成五个部分,包括大后方、沦陷区、孤岛的上海和抗战爆发前一二年的,共三十五篇,内有张天翼的《华威先生》、巴金的《某夫妇》、靳以的《别人的故事》等。

一九七五年,我应姜德明之约,为《人民日报》副刊试写《编辑忆旧》两篇后,他对那两套未完成的"大系"非常关心。我当时曾把茅盾为"大系·抗战八年·小说卷"的选目单寄他看过。他是一位爱书成癖、重视史料的中年编辑,记忆力极强,接触面很广。茅盾先生于一九八一年四月十一日逝世后,他就想起了这件事。不久,他在一九八一年六月十日为南京的《文教资料简报》写一短文,谈到这件事。文章最后说:

> 后来,我请赵先生将原目寄来一阅,随手记在笔记本里,原件早已归还赵先生。茅盾逝世后,我忽然想起这份选目,但却记不得放在何处了。我以为这份材料最好由赵先生出来说话才好,因写信询问此事,且请他动笔,信发出后到今天未见回信,也许他在"十年浩劫"中早已丢失了原件。①

那时,我已搬了家,姜信未收到。以后友人告我,我才想起这一书目。但我记得另一位茅盾研究者瞿同泰,也曾从我这里抄过一份去。我自己的东西,浩劫中已片纸无存。我向瞿同泰求援,他重抄了一份给我,不但记有作者和篇名,还附有原出处。我当时正为《新文学史料》写《话说"中国新文学大系"》长文,就把

---

① 姜德明:《茅盾拟编抗战八年短篇小说选目》,刊于《文教资料简报》,1981年3月,南京师院版。

茅盾于重庆时期拟订的抗战八年小说集选目,作为附录,按姜德明的意见,由我来第一次公开发表了①。所以如果抗战胜利返沪后,良友复兴图书公司不因股东内部闹纠纷而无形的停业,"抗战八年文学大系"八卷本中,如能按我的计划顺利进行,那么和读者首先见面的,一定又将是茅盾编选的这部小说集了。

现在时间已过了近半个世纪,国家已发生了天翻地覆的变化,作者为之奋斗终身的社会主义社会,已呈现出一片繁荣发达的景象,今天回忆到这位中国现代文学史上巨人的音容笑貌,亲切待人,特别是在我编辑生涯中,一贯地给予我的指导帮助,衷心铭感。如果他写给我的五六十封书简保存至今,我也可以像写《编辑生涯忆鲁迅》那样,分门别类,写上十几篇回忆文章,编成一本厚厚的集子。现在只能用这一篇非常单薄杂乱的文章来奉献给茅盾先生,而且他已离开我们六年多了。所可告慰于地下的这位伟大作家的,是他生前所希望继第一个十年(1917—1927)第一辑后,就接着编第二辑、第三辑这一愿望,已经由今天的上海文艺出版社在逐步实行中。而我还能活到今天,有幸跟在许多年轻同志之后,略效微劳,这是连我自己也梦想不到的!

三、两本合集

良友时代,在沪期间,我拟仿照欧美日本文坛,每逢岁尾年初,习惯于出版各种文艺年选的办法,试图今后每年编出一部由二十位作家和文艺编辑分别推荐的《短篇小学佳作选》,每人各推举三篇,共计六十篇,精装一厚册,一千页厚,售价特廉——每册一元。可惜抗战爆发,仅出了标明为一九三七年

---

② 原刊于《新文学史料》1984年第1期。

的一册，以后就被迫中断。我这一异想天开的出版计划，当时虽因抗战中断，但想不到四十五年后的一九八二年，由严文井、肖乾两位名作家的推荐，广东花城出版社居然把它全部改为横排，封面装帧保持原来面目重新出版。我认为这是给我这个老编辑最大的安慰。

这本小说选一九三六年编选时，又得到茅盾的全力支持，又是他，第一个把推荐书目交来，全书目录就是按收到推荐的先后依次排列的。茅盾推荐三篇，作者篇名和出处如下：

老舍作《且说屋里》(《十年》)
端木蕻良作《遥远的风沙》(《文季月刊》)
陈白尘作《小魏的江山》(《文季月刊》)

当茅盾知道这个选集主要想向读者推荐新人新作，在截稿之前，他又主动来信向我建议，当时他正在为生活书店编《中国之一日》，他说，他可否加选三篇，殿于最后。我去信欢迎，他又从《中国之一日》推荐了三篇：

金山城作《黑暗的一角》
宋越作《关饷》
王道作《鸡》

这里的金山城，事后才发现是著名老作家适夷的化名。

抗战后期，良友迁桂复业，不二年，因湘桂战争爆发，又被迫迁渝复业，那是一九四五年。我在重庆想到由伍联德创办的良友图书公司,虽历经沧桑,迄今仍在维持状态中。自己屈指计算,迄今适值二十周年(1925—1945),因此拟仿照开明书店(创立于一九二六年)于一九三六年请与开明有出版关系的二十位作家各写一篇创作小说,编成题为《十年》的纪念文集事,也约请在渝二十位著名作家,参照美国《读者文摘》中的一个引起读者很大兴趣的栏目"我所最不能忘怀的朋友"的先例,各写一篇小说或散文或速写之类的文章,除保持原作篇名外,合出一集,总称为《我的良友》,加附题《良友图书公司创业二十年纪念文集》。应征者有巴金、冰心、老舍、艾芜、沙汀、洪深、靳以等。茅盾也赐稿一篇,题为《记Y君》,是一篇长达一万余字的小说,更确当地说,是对作者一位名Y君朋友的速写,带有纪念意义。正像巴金的文章一样,但后者题目更为明确:《一个善良的友人——纪念终一兄》,按即缪崇群,巴金曾把缪崇群的散文集《寄健康人》介绍给"良友"出了单行本。冰心文章的题目就是《悼王世瑛同志》。那么,茅盾所纪念的朋友Y君,究竟是谁呢?当时已胜利在望,大家都在整理行装,准备离开重庆,各奔前程。答应写稿者虽有二十位作家,当我结束良友在渝业务时仅收到十篇,便变通办法,一九四五年八月先把十篇作"上册"在渝付排制型,后带回上海在一九四六年一月在沪印了第一版,印数很少。下册因良友返沪停业,未再续出。

关于这篇《记Y君》,作者事后一直未把它编入文集,直到一九七九年八月,人民文学出版社出版《茅盾散文速写集》时才把它初次收集。茅盾在序中说:"此书收了一些从前《茅盾文集》没有收的东西。当时有些资料找不到,另一些则自己也忘记了。现在弄到一些旧杂志,翻阅之后,编成一册《散文速写选》。"《记Y君》一文，大约也是属于"自己也忘记了"一类。当时我在编辑《我的良友》时，也没有问过作者写的这位Y君究竟是谁。为写本文，查阅《散文速写选》，才第一次发现作者在题注中说："Y君即恽代英"。至此我才知道茅盾所写的这位不能忘怀的朋友，就是中国共产党早期青年运动领导人之一。他一九二一年加入中国共产党，一九二四年国共合作后参加国民党执行部工作，一九二六年在国民党第二次代表大会上当选为中央执行委员，一九三〇年在沪被捕，四月九日在南京狱中遭害。

这篇速写散文一开头就介绍了故事发生的时间、地点和主要人物。文章说："船名叫做'醒狮'，这小小一组的旅客一共是五位，开船那天不迟不早是元旦。"我把《记Y君》一文，重读了一遍，因为已明确作者是依真人真事写的，所以进行了一番索隐对照的方法，从茅盾《回忆录（八）·中山舰事件前后》中，找到了这篇速写的来源，证明这篇纪念文与茅盾自己的早期革命事业，具有密切的关系。《记Y君》在前引一段开端后，接着就用文学素描的手法，叙述了发生在上海去广州轮船上上船找寻舱位时的一场闹剧。

据《回忆录》记载，一九二五年十二月国共分裂，党中央为了反击国民党右派的猖狂进攻，指令恽代英与茅盾等筹组两党合作的上海特别市党部执委会（地址：上海贝勒路永裕里81号）。一九二五年十二月成立，恽代英任主任委员兼组织部长，茅盾任宣传部长，张定灏也是共产党员（后来叛变），任青年部长，他自称是张静江的堂侄，所以作者在速写文章中就讽刺他"常常自吹他有阔本家的准小开"。同年十二月，上海市党员大会选出代表五人，到广州去出席国民党第二次全国代表大会，五个代表是恽代英、沈雁冰、张定灏、吴开先与另一人。

茅盾在应我之请追念一位纪念的朋友时，他想到了这位革命战友恽代英，那时恽代英已牺牲十五年了。他把他和恽代英等五位同志自沪去广州开会，出席在广州召开的第二次国民党代表大会前，在上船寻舱位的趣事作为散文的第一节，但文中塑造的一位穿了一件有名的灰色大衫的革命家恽代英，那种态度从容不迫、说话生动幽默的高大形象，活跃在读者心目中。茅盾在这篇散文速写中还说：

> 曾经有人说过一句笑话：灰色大衫就是Y君的商标。"五四"时代在武昌听过Y君第一次讲演的青年们，后来在上海某大学的讲坛上又看到Y君时，首先感到亲切的便是这件灰布大衫。这一件朴素的衣服已经成为他整个人格的一部分，这从不变换的服装又象征了他对革命事业始终如一的坚贞和苦干。

我这一考证，对我来说是个新发现，但对茅盾研究者，对于他的早期革命活动，也许有一点参考价值。《记Y君》的第二第三段，写的是恽代英的婚姻以及当时的社会反应和恽代英对革命与婚姻关系的态度，也可说是珍贵的史料。所以作者在第二段开始就说："将来的传记家或许要把这十天的航程作为Y君一生事业的一个里程碑。"因此，我感到茅盾所写纪念这样一位革命家的重要生平轶事的散文速写，交我编入这本纪念良友成立二十年的文集，也是作者一贯支持良友出版事业的一种表示。我在《我走过的道路》下部内《雾重庆的生活》和《重庆前后》两章（分别发表于 1986 年第 1—2 期《新文学史料》）中找不到作者有关《时间的纪录》交良友在渝出版的任何记载。仅在万树玉编《茅盾年谱》内一九四五年七月七日下面有这样的一段：

> 写毕散文《记Y君》收入一九四六年一月《我的良友》上集(Y君系指恽代英)。散文《不能忘记的一面之识》，收入本月重庆良友复兴图书公司出版的《时间的纪录》。又作《〈时间的纪录〉后记》，收入一九四六年十一月大地书屋出版的《时间的纪录》。
>
> 散文集《时间的纪录》由良友复兴图书印刷公司出版，共收二十九篇，除《风景谈》外，都是一九四二年初从香港回到大后方两年半时间内所作。该书出版后刚开始销售，存书及纸型即遭火灾，付之一炬。后到一九四六年十一月复由上海大地书屋出版，抽去四篇，增加七篇。作者在本书《后记》中联系世界反法西斯民主潮流的迅猛发展，对国民党在国内实行文化专制，压制民主的反动政策流露了极大的愤懑。

上述记载，是《茅盾年谱》作者从多种有关书刊集辑而成，我把这段引文录在这里，目的仅在补《回忆录》中的疏漏，至于史实经过，我已作了详尽的回忆，茅盾研究工作者，当能从中进行比较核实，得出正确结论的。

四、有关苏联版画展

抗战胜利后，茅盾于一九四五年冬去香港，一九四六年春返沪，在去苏联访问前，茅盾就住在山阴路大陆新村六号二楼。那时，因老舍资助而得以创办的晨光出版公司已告成立，以老舍的两部《四世同堂》和巴金的《寒夜》《第四病室》四种长篇小说打头阵的"晨光文学丛书"已引起了全国文艺界的重视。我知道他回到上海，曾专程去拜谒约稿。当时在他那二楼前屋书房兼卧室里，见墙上挂着一幅镶嵌在雕花湘竹镜框里的少女照片，我没有问他，因事先早听说是茅盾唯一的女儿，因医生误诊，死在西安某医院里，茅盾为此，情绪不佳；我稍坐片刻，感激他在重庆时期给我的种种支持，未便启口约稿，就握手道别了。

中华人民共和国成立后，茅盾担任了中央人民政府文化部部长，公务很忙，我和他很少来往，不敢打扰他了。"文革"期间，三十年代作家都靠了边，我也随单位下放"五七"干校劳动。孔另境夫人金韵琴和我是老同事，她和茅盾有亲戚关系，田间劳动时，我常常偷偷地向金韵琴打听茅公的近况，知道他部长早已不当，未被抄家批斗，身体很好，可惜夫人孔德沚已去世，现在不再写什么创作小说，但生活上很寂寞，因熟识的文坛朋友都互不来往。我只有默默地祝他健康长寿。

我从干校退休回家，一九七七年七月，首次应《山东师范学院学报》之邀，开始写有关鲁迅的回忆文章。接着《南开大学学报》约我写有关鲁迅与《苏联版画集》的回忆史料。为了求得文章内容符合历史真实，总是想尽办法找寻有关资料，函请有关朋友提供线索和证明有关的史实。于是我又和茅盾通了一封信。

正巧那一年文物出版社出版的《革命文物》月刊第四期上，发表了在上海新发现的鲁迅致茅盾书信七封，其中一九三六年二月十四日和十八日两封，都是和那年二月二十日将在上海举办"苏联版画展览会"有关。主办的苏联领事馆为了开好这个展览会，请茅盾转约鲁迅写一篇文章介绍这次画展，刊在上海的报纸上，以作宣传。鲁迅复信如下：

  明甫先生：

  十二日信收到，所提各节，当分别转问。关于版画的文章，本想看一看再作，现在如此局促，只好对空策了。发表之处，在二十七日以前出版的期刊（二十日），我只知道《海燕》，而且是否来得及登载，殊不可知，因为也许现在已经排好。至于日报，那自然来得及，只要不是官办报，我以为那里都可以的。文稿二十左右送上，一任先生发落。

  ……

         树上 二月十四日

  苏联版画目录及说明的译文，简直译得岂有此理，很难解。……

另外一信是鲁迅写完介绍文（提前于十八日写成）后寄茅盾时的附简。信的开头说："新八股已经做好，奉呈。"这里说的"新八股"，就是鲁迅所写介绍苏联版画展的八段文字，后来刊于上海二月二十四日《申报》。

  是年四月七日，鲁迅亲自来良友编辑部选画，并答应为良友将出版的豪华本画册《苏联版画集》另写序，因我已经由当时中苏友好协会会长黎照寰的介绍,从苏联驻沪总领事馆文化参赞萨拉托夫先生手里拿到了展览会的全部展品,并代表良友公司无条件取得全部展品的出版权。可惜鲁迅答应另写一序的愿望,以后他因病未能践约,只得要我把发表在《申报》上的文章,作为画集之序,后面加了四段话,都是鲁迅口述,许广平笔记的。详情已写在《鲁迅编选〈苏联版画集〉》中,在此不赘述。

十年前,我准备为《南开大学学报》写史料文前,忽然发现这当年鲁迅写给茅盾的两封信,如获至宝。因为既弄清了《申报》当时如何组织到鲁迅文章的来龙去脉,也说明了苏联驻沪当局在展览会前早已通过茅盾作了许多准备工作,这是我当年绝对没有想到的。我写史料文章,经常用新材料来补充,希望做到逐步完善,这也是一个例子。

为了得到更多当年无法获得的资料,我就想起当时官办的中苏友好协会会长黎照寰是怎样一个人,当时仅知他是交通大学校长。我曾为取得展品的出版权,去交大拜访过这位会长,他虽婉言推托,说这类大事,要苏方决定,我方无法说话,但他那种和善可亲、平等待人的长者风度,至今留有深刻印象。他临别时暗示可把良友公司的请求,转告苏方,请他们加以考虑,再由友协工作人员在适当时期,给我电话答复。我离开交大校长室时,心中虽存有一线希望,但感到把握不大。不料,隔了几天,就有展览会工作人员来电,邀我自去外白渡堍苏联领事馆直接面谈,好事就急转直下了。想到现在对旧社会的著名人物,也应以历史的态度来分别对待,因此我当时写去一封信请教远在北京的茅盾,想到他的处境和健康情况,很担心会置之不理。不料一九七七年十二月月底,忽然收到一封用毛笔字写着"北京沈寄"的一封两张八行信笺的复信。

我得到这封茅盾亲笔书简时,感慨万千。三十年代以后,我曾收藏过五六十封这样的来信,迄今片纸无存。现在茅盾已离开我们,《茅盾全集》正在陆续出版中。《茅盾书信集》即将问世,我手头的这两页真迹墨宝,除把复印件送给北京现代文学馆外,正巧接到《香港文学》主编刘以鬯老友来信约我写些史料文章,他说港地刊物纸张印刷条件好,要求多加些插图,这样可以图文并茂,吸引读者。于是我就利用这封信,写成《从茅盾给我最后一信想起的几件往事》。发表后,又在国内刊载了一次,请阅本文后的附录。这里就不再重复了。

至于黎照寰的生平,我已从上海市政协所属文史资料研究室及其他方面得到了一份材料,他从一九五五年到一九六四年连任上海市政协副主席,一九六八年九月十六日在"十年浩劫"初期被迫害至死。身后无子女,夫人蔡慕莲女士现寓居海外,前年曾回国省亲。他当然是一位衷心拥护共产党的进步民主人士,今年四月上海市政协还为爱国知名人士黎照寰先生举行了纪念活动。否则他在1949年前担任中苏友协会长期间,也不会对《苏联版画集》的出版,暗中予以如此大力的支持了。

1987.5.19. 初稿
1988.4.19. 修订

从茅盾给我最后一信想起的

一、与茅盾的关系

三十年代，茅盾曾为我主编的"良友文学丛书"写过两本文集：散文集《话匣子》和短篇集《烟云集》，四十年代在重庆时期，又写了一本散文集《时间的纪录》。对于那部至今被称为总结"五四"新文学运动的十卷本"中国新文学大系(1917—1927)"，他除了自己担任《小说一集》（文学研究会卷）编选者以外，对整个"大系"的选题，起讫年限和约请最适当的编选人等许多方面，当时给了我这个刚跨入编辑生涯的文学青年以热诚的指点和无私的支持，终于使这部煌煌巨著的生命力，隔了半个多世纪后，还在继续发展中。上海文艺出版社前两年不但把"大系第一辑"十卷本重印了两千套，又续编"大系第二辑(1927—1937)"二十卷本，印了两万套，闻年内可出齐。至于第三辑(1938—1949)的二十卷本也已在筹备编选中。这样把第二、三辑继续编下去，就是茅盾在一九三五年为"大系样本"写《编选感想》时，称"第一个十年"的十卷为"第一辑"的用意之所在。上海文艺版的第二辑由该社社长兼总编辑丁景唐主编，聘我任顾问。

茅盾在他生前最后几年所写的回忆录《我所走过的道路》中是这样提到这件事的：

> 我在一九三五年的另一项工作是编辑《新文学大系·小说一集》，赵家璧主编的这套汇集新文学运动史料的十本文集……分别请了"文化名人"任主编……每个主编人要为自己所编的那一集写一篇导言，又请了蔡元培写了总序。总之，称得上"声势浩大"四个字。①

当"大系"在编辑期间，茅盾写给我的书简，大约有四五十封之多。茅盾的信和鲁迅的信一样都用毛笔写在国产的宣纸上，不但封封都具有文史资料价值，而且都是珍贵的墨宝，可惜"十年浩劫"后期，除鲁迅给我的四十九封幸得保存外，其他作家来信六七百封，全被视为三十年代文艺黑线人物的黑材料，被勒令限期全部上交，至今下落不明。我始终认为一定是哪一位懂得它价值的有心人，代我秘密保藏着，将来会有一天重见天日的。

二、干校掏粪记

这两年，我读了杨绛的《干校六记》，深有同感。这里也夹写一段我在干校的生活，多少也和本文有关。

"文革"一开始，我在本单位（上海文艺出版社）是第一

---

① 引自茅盾《回忆录》中《一九三五年记事》章，先刊于《新文学史料》一九八三年第一期。

个被勒令靠边者,头上戴了四五顶帽子,其中有反动资本家、漏网右派、三十年代文艺黑线人物、反动权威等等,以后就下放奉贤县农村劳动,随后几年,都在奉贤海滨上海新闻出版"五七"干校劳动。

当时我们的干校成员四五千人,包括上海的三个大报社、一家广播电台、十多个出版社,每个单位都称一个连,多则几百人,少则百余人,都住在泥地茅草屋里。统治者有工宣队、军宣队和本单位造反派组成的连部。劳动主要是在海滨垦荒种田,先是种水稻,收成不好,以后改植蔬菜,既可改善伙食,经济收益也较高。每天六时起床,早饭后分别劳动,中午休息一小时,傍晚收工。干什么活都由分管的工宣队员分配。

话说我们五千人的干校,建有一座用水泥造的大粪坑,圆柱形,直径五六米,深也达六米光景,上面用木板作盖,四面各开一门以便倾倒粪便。五千人的大便都倒在这座大坑里,日积月累,数量之大,可以想象,所以大家称它为远东第一大粪坑。最初一年,由于种稻,不需施肥,粪坑简直坑满为患,有时还怕外溢。但第二年各连陆续改种蔬菜,于是为了促使蔬菜生长快,大家都想到利用那座人肥储藏库,各个连部便纷纷买起粪车,组成运输队上粪坑取肥,这座原来无人顾问的大粪坑,一下子热闹起来,成为各连争取的黄金宝库。营部知道后,为了避免各连争粪,便排了一张日程表,规定各连取粪的日子。

我们社在干校称为第七连,把原来田间劳动者抽出部分成员组成运粪组,我也被列名在内。但那时我已年过花甲,左足因年轻时打网球伤了踝骨,不良于行,拉粪车是力不从心的,推车又怕跟不上。幸而我的臂力还算不差,便向工宣队申请,由我负责在坑边掏粪,倒向排在坑旁的铅桶里,再由年轻力壮者倒入粪车，拉去田间施肥。我拿了一个木做的勺子，装上了一根四五米长的竹竿，我用右臂拿起竹竿，能伸入木门内把金黄色的人粪，掏入木勺子，然后摇摇晃晃地倒入铅桶，经过实践，掏两勺子，就装满了一铅桶。年轻人毫不费力地把铅桶装满了车，便前拉后推地车向大田去了。我就可以坐下休息一会儿。虽然身处粪坑之旁，臭气熏人，两臂也感到酸痛乏力，但精神却很舒畅，天上是青青的一片，远处白云朵朵，一眼望去，干校周围的蔬菜田里，一群人正在忙着除虫、施肥，采摘成熟的劳动果实。心中真感谢工军宣队，我们这些臭知识分子理应在同最臭的大粪打交道中，彻底地脱胎换骨，才能得到灵魂的改造。想到把我们这些牛鬼蛇神，下放到"五七"干校来锻炼这个妙法，上级是多么的英明啊！

　　但是掏粪的劳动，越来越不顺当，因为所有连队的大田，都改种了蔬菜，大坑的粪储藏量每况愈下，各队抢夺之余，虽然五千个学员照常每天拉屎，但形势已成供不应求。大坑的粪，飞快地减少。有一天轮到我们七连时，我们伸首往坑底里一望，仅存最低处薄薄的一层，看来已不到一尺高了。眼看今天的施肥任务将交不了账，用日常的工作方法，已得不到我们想要的数量了，我们掏粪小组的人，个个都发了呆，见到如此局面，大家感到束手无策了。正当此时，聪明过人的工宣队老师傅已从远处，一个人扛了一架长长的竹梯子快步赶来。他一到坑边，二话不说，就把竹梯从上边开门的洞口里塞了下去，竹梯的脚搁在坑底的水泥地上，竹梯在门口刚露出了个头。他立即把外衣外裤脱了，往坑边地上一丢，然后把鞋袜也脱了，把内裤脚管卷起，翻身按着竹梯，一下子爬到坑底，不见人影。我从上往下看，见他下半身就泡在浅浅的粪池中，周围是黄橙橙的带着泡沫的大粪,他向上大声叫坑边的年轻人快把空铅桶用粗绳子往下送。铅桶慢慢地沉到坑底,他用随身带下的勺子把近在身旁四周的高质量的大粪向下垂的铅桶里灌,灌满了再大声向上喊,于是我们要的黄金就一桶桶地被吊上来,再倒进粪车里。他的办法显然生了效。这位工宣队员年纪也已不轻,平时就和我两人合作干掏粪工作。我一看,目前形势逼人,我既是来干校从劳动中锻炼自己,改造自己的,那就不能袖手旁观,临阵逃脱啊!如今回忆,我怎么那样对那帮子工宣队员如此赤胆忠心呢?我看主要还在表现我赵家璧是听党话的,党要我干什么,我就干什么;工宣队员不就是代表党,他们不都是党的化身么?我经过一刹那的思想斗争,纯粹为了表现自己决心改造,向工人阶级先进行为认真学习,早日能得到彻底解放,于是,我下了决心,脱了外衣鞋袜,紧跟在他的后面,转身手按竹梯,一跃而入这座远东第一大粪坑。不一会儿,我已和工宣队员站在一起,拿起勺子,和他两人并肩作战,轮流地把丢下来的空铅桶争先灌满,然后叫上面的人往上吊。一车满了装走后,在休息一刻的时候,才发现自己身上已满是点点黄金,而那股从未闻到过的臭味扑鼻而来。工宣队员一边向我笑,一边还竖起大拇指夸奖我:"不错,真行!"到下工时,我沿着竹梯爬出粪坑后,忽然感到一阵头晕,人差点倒下来了。后来几个年轻人把我扶送到淋浴室用热水一冲,神志又清了。一位"牛"友轻轻对我说:"下次你再也不能这样干,否则你会中毒身亡的!"我内心感谢这位难友的善意劝告。但这次下坑掏粪的壮举,将永远成为我一生中难忘的大事。今天我第一次把它写入回忆录里,也许可以作为"为人如不能留芳百世也得遗臭万年"这句日常口头禅的一次亲身实践吧!

令人遗憾的是，我在五七干校如此拼命地改造自己，一九七二年四月底，七连连部还是不答应把我调入已成立的"翻译组"去继续当个翻译，而勒令我回家退休，领对折工资。任我如何苦苦哀求，也不能使他们收回成命。最后由军宣队出面召我个别谈话，说："这是工军宣队连部对你这样一个典型的资产阶级知识分子最优厚的待遇，不要不识抬举了。"还暗示我明天就应自动写封申请书说明出自自愿。既是连部勒令，我只好告别干校，乖乖地回家过退休生活去了。

三、《茅盾谈话录》的风波

这里要回头讲我没有干掏粪劳动前，曾在种稻季节，和几位同连的女同志一起在田间共同干些轻活，其中一位便是曾在上海文艺出版社当了长期校对工作的金韵琴女士，她是三十年代作家孔另境的遗孀，茅盾夫人孔德沚是孔另境的亲姊姊，所以他们谊属至亲。"文革"后期，他们的子女去北京大串联时常去看望姑丈，孔另境是一九七二年九月去世的，生前常和茅盾通信。那时我还在干校劳动，知道老舍早已牺牲，巴金还在上海经受苦难的折磨中，我很想知道茅盾在京的近况，苦于无处打听消息，虽然我已听说茅盾夫人孔德沚早已逝世。

金韵琴为人忠厚诚朴，我既是他丈夫生前的朋友，又是多年的老同事，她看到我在干校的这种处境，也极表同情，经常在劳动休息时，轻声交谈。她是革命群众，和我这牛鬼蛇神，究竟有所不同。我从她的口述中，知道茅盾的部长职位，早在一九六四年辞去，也未遭抄家批斗等厄运，身体尚好，但因夫人逝世，虽有儿媳随侍在侧，过去的朋友，因互避嫌疑，很少有人去探望他，所以精神上很感寂寞。我也更不敢去信向茅盾问候，虽然经常想念这位前辈作家，只能遥祝他健康长寿，平安无事！

一九八一年秋，金韵琴写的《茅盾谈话录》开始陆续在各地报纸发表，并未引起人们的注意；但到一九八三年起在销行全国二百万份的《新民晚报》上连载时，京沪两地的文艺界人士就议论纷纷了。这篇连载出之于一位老校对老朋友金韵琴之手，我读后，感到颇出意外；因为她从未发表过什么文章，这些连载，可读性颇强，其中说到的有些事，过去她也曾向我谈过。但她用《茅盾谈话录》这一题名，似欠考虑，因此引起茅盾家属的公开反对，巴金也在香港发表《随感录》表示支持。于是原来已争取到此书出版权的某一地方出版社，既把稿子拿去，又迟迟不敢发排，而这家出版社的主持编辑工作者和我略有交情。有一天，金韵琴来舍看我，希望我能为她从中催问。我除了对她一直看做是位老校对，现在还有一手好文笔表示钦佩以外，我问她："你写这些文章，是否有所根据？"她告诉我，一九七五年六月自出版社退休后，曾去北京沈家作客五个月。当时茅盾一人在家住后院，儿媳孙辈住前院，生活很孤独。茅盾性喜谈天说地，遇到来了一位可以谈谈的至亲，便经常对坐聊天。金韵琴认真地对我说："我在每天晚上都把和茅盾谈话的内容和一天的生活记在一本笔记本上，所以我所写的都不是伪造虚构的。我家里还藏有茅盾写给老孔和我的几十封信呢。"文艺界中人都知道孔另境年轻时曾受到茅盾在编写工作上的指导和支持。我说，大作家逝世后，他的亲族、亲戚、朋友、学生都可以从自己的角度，写自己和这位作家来往的经过或和他在一起度过的日子，只要实事求是，不说假话，提供第一手史料,那都是极受读者和文学史研究者或茅盾研究者所欢迎的。当然文章中引用的必须都是真实的东西,既要文责自负,又要有凭有据。你如能利用你手中已掌握的材料写成一本书也好,几篇文章也好,都是史料界所需要的。可以从中看到你和老孔同茅盾之间的关系,但书名决不能用"茅盾谈话录"。我说完后,也向她解释了那所出版社的困难处境。我还说,如果你自己不想这样写,你的日记本和茅盾来信等,可交你女儿孔海珠保管,在你百年后让她写,我相信这方面的史料,任何人都代替不了的,而且永远是有价值的。最后,她也高高兴兴地回去了。那天,她的衣服装束和在干校时大不相同,我说:"你比过去年轻多了!"她说:"干校的一段苦难历程,现在已一去不复返了!"我们还一起回忆起当年受隔离审查的一位朋友,曾在一天半夜里跳进那座大粪坑试图自杀,结果被人救起的事,两人便相与感叹干校的非人生活。

四、我怎样开始写回忆录

我被迫退休离开"五七"干校回家后,四个儿女都已各奔前程,成家立业。守在老家的仅我老伴一人。那时,我已心灰意懒,想想为出版事业干了半辈子,现在工宣队把我从出版战线赶了出来,半夜醒回,欲哭无泪。老伴劝我再不要和书打交道了,今后上午去公园练拳,中午回家帮她做饭,午睡后,可以看看小说,到街上蹓跶。我也确实有从此封笔,不再写什么的决心了。

我本来不是一个作家,也不想当作家。三十年代,仅仅翻译过几本书,写过一本《新传统——现代美国作家论》;因此就准备在家平平稳稳地安度我的退休生活,再次阅读尚未卖给外文书店的几百本我喜爱的原版本英美小说,以便了此余生。事有出人意外者,上海市政协那年虽未恢复活动("四人帮"把"政协"也砸烂了),但偷偷地把靠边的懂各种外文的老知识分子组织起来,成立一个"编译组"。这些一度成为"牛鬼蛇神"的老知识分子,都有一颗爱国爱党的赤子之心,虽处此逆境,仍愿以一技之长为国效劳。正好"四人帮"对介绍国际问题的译本还同意由合并起来的"大"人民出版社出版,但规定书不署名,稿不付酬。编译组由民盟的寿进文、江忠等几位负责领导,集体分章翻译,另由一二位水平较高者通读校订。出版时,书上署"伍协力"笔名,取"伍"代表沪,"协"代表市政协,"力"者意为集体翻译群策群力也。那时参加编译组成员都是上海政协委员,其中有曾留过学,得过博士、硕士学位的,能熟悉一二种外文的,也有1949年前任银行总经理的等,总之,个个都是知名人物,但都已遭受过批斗,不能抛头露面,而他们对国对党还是一片忠诚,而且坚信"四人帮"的日子长不了。我参加该组工作后,最大的宽慰就是恢复了我们知识分子的"人"的尊严,互称"同志",大家相濡以沫,共同以一支笔在国难当头时,各尽其力,为人民做些有益的工作。而对工军宣队那一套,至此才明确认识他们代表的不是党,而市政协这个组织才真正是我们这批老爱国知识分子的家。我就从一九七三年到一九七七年先后翻译了七八十万言,如斯诺的《漫长的革命》《赫鲁晓夫回忆录》《艾奇逊回忆录》和《第二次大战史》等。这些书至今还有参考价值,是上海市政协在浩劫后期在统战工作方面所作出的最大贡献。据我所知,当时其他省市政协都无此种类似组织。

这一翻译工作，一则恢复了我对出版物的信心，二则也使我把丢下的笔又捡了起来，我的编写生活从而获得了新生命。在我一生中，市政协编译组对我来说，永远不会忘记它对我的大恩大德。我通过市政协重新找到了自己，也恢复了我要继续从事写作的信心。

由于那时三十年代作家中唯有鲁迅是"四人帮"认为革命的，所以许多大学出版的学报都欢迎回忆鲁迅的文章。第一家找我写这类文章的是《山东师院学报》，文章排成铅字，发表后，虽无分文稿酬可得，我却如十七八岁时，在郑振铎主编《小说月报》上第一次发表我的文章时一样地兴高采烈。接着，天津南开大学函约我写一篇有关鲁迅和《苏联版画集》的回忆史料，我觉得这个题目，我有许多资料在手头，大有文章可做，于是就动笔写《鲁迅编选〈苏联版画集〉》。① 一九三六年，当时的国民党政府已在大势所趋之下于四年前与苏联恢复邦交，为了便于两国的文化交流，全国成立了以孙科为会长的中苏友好协会；上海也成立了中苏友好协会，由当时上海交通大学校长黎照寰任会长。二月二十日用上海中苏友协主办名义在八仙桥青年会九楼举行"苏联版画展览会"，鲁迅于二十三日也去参观了一次，并与青年木刻家陈烟桥、吴勃等数人一起座谈。我当时有意把展出的版画出版一部精美的画册，使展品永远成为我国木刻青年的学习榜样。我请求鲁迅将来担任编选并写序，鲁迅欣然同意。但问题是如何能获得全部展品的发表权呢？要付多少报酬给原作者呢？心中完全无数。问了鲁迅，他说，你去问问主办的"中苏友协"吧。但那时我仅仅是一个二十多岁的青

---

① 原刊于《南开大学学报》一九七八年第三期，后收入北京三联版《编辑忆旧》。

年编辑，社会关系缺乏。于是我就去展览场所请教工作人员，他们都说，兹事体大，我们不好回答，请你去交通大学，问问黎照寰会长吧！

我就大胆去交通大学求见黎校长。黎校长是广东人，他知道我在广东人伍联德办的良友图书公司当编辑，他们既有同乡之谊，黎校长对我也和气，显得热情亲切。但他也有他的难言之隐，因展览会的真正主办人是苏联领事馆，他无权作主。但他答应代我向苏方反映良友公司的这个要求。当他听我说鲁迅已答应编选写序时，他就面露笑容地说："如果能这样，话就容易对苏方说了。"

果然，隔了两三天，展览会工作人员就来电话，告诉我某月某日可去苏联领事馆找文化参赞萨拉托夫先生面谈。可见黎照寰会长在向苏方转达良友公司要求时，肯定已表态支持此议。此后经过，我已写在《鲁迅编选〈苏联版画集〉》一文中，不必在此重复了。

但当时正值鲁迅患病，展品编选，遭到了困难；鲁迅对此画集怀有深厚的感情，五月二十三日我写信告诉他，全部画集都已印成，但等他的一篇新序时，鲁迅于病中复我一信说：

家璧先生：

发热已近十日，不能外出，今日医生始查热型，那么，可见连什么病都未能断定。何时能好，此刻更无从说起了。

版画如不久印成，那么，在做序之前，只好送给书店(指内山书店——作者按)，再转我看一看。假使那时我还能写字,序也还是做的。

鲁迅　五月廿三日

这封信是他第一次大病前亲笔写的,不久又恢复健康,和我又通了五次信,到十月十九日他就离开了我们。

五、茅盾最后一信

我在一九七七年写回忆《鲁迅编选〈苏联版画集〉》时,为了求得更多的旁证资料,于十二月上旬写信请教住在北京的茅盾,他的北京地址,就是孔海珠告诉我的。不久即得到茅盾用毛笔写的一封复信。信上说:

> 家璧先生:大函及大作均已拜读。杂事甚多,来信亦多,而目力不济(左目失明,右仅0.3视力,又有白内障),精力亦不济,来函迟复,幸恕疏懒。承询鲁迅日记关于苏联原版印木刻等事,我记不起是否即展出之品或谁送给他而经我手;又,新发现鲁迅给我的信[①]提到此事,我本来也弄不清,是鲁迅博物馆的同志们考核资料,乃下此断语也。
>
> 最后来信提到当时交通大学校长黎照寰负责苏联版画展出事,黎早去世,当时政治面目如何,大文中是否可以提到他等等,恕我不能作答。我不知黎如何,但我以为写鲁迅支持展览,不写当时幕后主持之人,似

---

① 指一九七七年《革命文物》第四期上发表《新发现的鲁迅致茅盾的七封书信手稿》。

亦算不得什么大事。史有阙文,何况回忆之类。

匆复即颂　健康

　　　　　　沈雁冰　一九七七年十二月二十日

这封信送到我的手中时,拆开一看,是两张宣纸八行书,字迹秀丽,和半个世纪前写给我而在浩劫中不知下落的其他四五十封信一个样。这就成为我收藏的茅盾写给我的唯一墨宝了。现在我就以茅盾给我这最后一信为题,结合我这几年的坎坷经历写成此文。

茅盾复信中所说我寄给他写的文章,大约是我第一次为《山东师院学报》所写《鲁迅编选"新文学大系"〈小说二集〉》。那时"四人帮"虽已被粉碎,我们知识分子还是心有余悸,所以文章中写到什么人,第一要去打听一下他生前的政治面目如何,以求安全。我去信问茅盾关于黎照寰,他当然不会知道了。由于此人无关重要,我的旧文中也一笔带过了。

但是《苏联版画集》的得以出版,虽然主要支持人是鲁迅,现在回头看,在旧社会,苏联领事馆方面还是很尊重官方所办中苏文化协会负责人的意见的,如果当时黎照寰不支持良友图书公司,我这个青年编辑,也决无这样大的神通能十分顺利地从苏联文化参赞手里无条件拿到全部展品的发表权。因此我决心写此文时,仍然多方设法去调查黎照寰先生的生平和他对政治、文化、教育上的种种贡献,以补前文之不足。

我今年四月参加上海市政协大会期间,向一九四九年后就担任市政协秘书长现已离休的江华了解黎照寰的情况,他告诉我黎照寰早期曾任孙中山先生秘书,又长期担任上海交通大学校长,可称桃李满天下,曾任上海中苏文化协会会长多年。从一九五五年至一九六四年连任上海市政协副主席，分管对台湾宣传工作。江华说，他们两人虽因工作关系接触频繁，但因黎是广东人，不善讲普通话，所以私交不深，但黎确是一位在民主革命时期的爱国民主人士，学识渊博，为人厚道，对统战工作作出过不少贡献。至于他的卒年，江华也不清楚。后经我向多方面调查核实，才知"十年浩劫"初期，黎照寰也没有逃脱"四人帮"的毒手，不幸于一九六八年九月十六日在上海淮海中路寓所中，因深受迫害，郁郁而终，惜哉！

名为改造知识分子实际上是迫害残杀知识分子的"文化大革命"，去年是二十周年纪念。我们苦难的中华民族，再也经受不起极"左"思潮来掀起什么运动折磨成千上万的爱党爱国的知识分子了。我们今天最需要的是尊重知识，培养人才，让我们的社会主义祖国迅速繁荣富强起来。这是鲁迅、茅盾等伟大作家所期望于我们这一代人的。

为《苏联版画集》的公开出版，背后曾出过大力的，我终于在五十年后的今天，找到了黎照寰先生，我想应当把这件事写进我的回忆史料中，并且也让每个《苏联版画集》的爱好者和读者知道，一本好书的完成，是许多人心血的结晶，不但有作者、选序者，编辑出版者，还有社会上暗中支持的人士，例如黎照寰先生这样的进步爱国人士。

我记得这几年读到过中国美协负责人著名木刻家王琦的一段回忆评语，他说：

> 《苏联版画集》和《引玉集》可以列为姊妹篇，而《苏联版画集》的内容更为丰富，在艺术青年中流传更广。它的出版意义还不仅在于介绍了苏联新艺术

的成就，还在使人们通过这样的艺术了解苏维埃社会主义共和国的新生面貌，看到人类的前途和希望。这本画集对于帮助我坚定地从事版画艺术和遵循现实主义创作道路的信念起了很大作用。我一直把它作为常备的重要参考书。一九三八年十二月当我离开延安之前，才把它送给美术系一位十分珍爱此书的同学。我回到重庆后，又托朋友从香港买了一本寄给我。仍然是一九三六年的版本，经过四十五个春秋，保存到现在，有时翻阅起来，感到每幅作品都印得那么清晰而近乎原作。比现在出版的许多版画集的质量还要高得多，这不能不归因于当时编辑出版者的对艺术、对广大读者的高度责任感了。①

这段引文，我自觉是受之有愧的。但也从中说明，我们干编辑这一行的，如果真正出版了一本好书，读者是不会忘记你的，文化教育界人士也不会忘记你的。这也许就是我六十年来爱上这个事业的最大原因吧！

1987.7.21

---

① 王琦作《从几本外国版画集想起的》，刊于北京《读书》月刊，一九八四年十一月号。

老舍和我

老舍先生含冤离开我们，到今年八月已整整二十年了。在我漫长的编辑生涯中，当我为之工作了近二十年的良友图书公司被迫停业的一九四六年，幸赖老舍的慷慨资助，才使我这个从中学时代就爱上文艺编辑工作的人，没有在旧社会里，违背初衷，改走别的谋生之路，他和我二人合办了晨光出版公司，由我主持，除按"良友文学丛书"的传统，主编"晨光文学丛书"外，还筹备出版二十卷《老舍全集》。这一出版机构继续存在到中华人民共和国成立后的一九五三年。以后我被调入上海人美，这才使我在这条道路上，一直走到今天，至今还在新中国的文艺出版队伍里当上一个老兵。我始终记住老舍的嘱咐：以诚相见，为作家忠诚服务，出版有益于人民的好书。

这篇纪念老舍的文章，一九七九年去北京参加第四届全国文代大会，重访老舍故居，见到老舍一家人时，就决定列入我的写作计划中。可惜由于种种原因，对其他作家的回忆或纪念文章已写了不少，而且已出了两部集子（《编辑生涯忆鲁迅》1981年，北京人文版；《编辑忆旧》1984年，北京三联版），就缺了有关老舍的。文艺界中熟悉的朋友经常对我提此疑问，我无辞可对。

一、所谓两大"罪状"

一九八三年，舒乙伴日本研究老舍的学术访问团来沪，抽空到我家来作了一次倾心的谈话，这是我和老舍儿子第二次谈话。第一次是一九七九年在北京老舍故居的客厅里，他告诉了我他父亲临死前后的惨事，我边听边暗暗流泪。失掉了这样一位恩师益友，是我终生的遗憾。这次来沪，谈话的气氛有所不同，我们像老朋友般坦率地交谈。我明白地表示，我迟迟不敢动笔，有两件事使我顾虑重重，实际上也是一件事。我说，我的回忆录都是从编辑的角度出发，写作家和作品，文章写得不好，仅向现代文学史研究者提供一些真实的史料而已。我编辑生涯中的一个具有重大意义的转折点，是一九四六年，"良友"停业，接着就把"晨光"在上海创办起来。当时，出版老舍先生和巴金先生的四部长篇小说，吸引了广大的读者。新成立的晨光出版公司和新创刊的"晨光文学丛书"这块牌子一下子就站立起来了。这两位著名作家朋友和我这个编辑之间深厚的友谊，使我四十年代创立的新事业接上了三十年代"良友"时期早已打下的基础，不但没有中断，反而获得了发展下去的有力保证。这两位作家对我这个编辑朋友在事业上遭遇重大挫折时，伸出温暖的手予以有力的援助，我是永远铭记在心的。但是老舍先生除了以作品支持我以外，更为重要的：还给了我最珍贵的物质上支持，而当那个内战迫在眉睫，国民经济几濒崩溃的艰难年月，有谁愿意为无利可图的出版事业甘心投下巨资呢？所以我要写老舍，必须从当年和我合办"晨光"写起，而写到这类事，就怕累及作家老舍的盛名。关于这件事，一九四九年后，除了少数几位知己知道内情的以外，我从没公开对外提起过，此中原因，我不说大家可以心照不宣。此外，老舍当年是在美国，从所得美金版税中，抽出一小部分由银行汇我。而这"美金"二字，又会引起许多可怕的联想；经历过"十年浩劫"，受过"外调"审查的人，又可以想象到我所说的联想指的是什么。这就是我说的两件事其实是一件事的内含意义。我坦率地谈完后，舒乙竟大出意外地爽朗地对我哈哈大笑，这笑声顿时使我想起他父亲生前对我说一件幽默故事时他自己所发出的笑声一模一样，舒乙严肃地又是含笑地对我说："正是为了这两件事，当红卫兵强迫我父亲要他交代时，不让我父亲作任何解释，仅仅要他用是与否来作答。这两桩罪状，以后在历次批斗会上当众经常向我父亲拷问，要他说是与否。所以简直可以说，这是他们那批家伙最后置我父亲于死地的主要原因之一。而我父亲自己也明白，这类罪状本人是有口难辩的；把详情和背景材料说了出来，也完全可以被否定，甚至把罪行更加重几分。"想想当时是个什么时代？什么环境？而一位作家竟去和上海的一位朋友合开一家书店，那不理所当然地成为"反动资本家"吗？从美国人手里领到美金汇到国内投资，这不就成了"美国特务"吗？我听完舒乙的这段话才恍然大悟，我完全相信他儿子讲的句句是实言。那种严刑拷问，只许被审问者用是与否来答复，不许你多用一句话来解释的悲愤处境，我自己不是也尝过这种滋味吗？我忽然沉下了脸，一语不发地呆坐着。我内心在自责；杀死老舍的直接原因，我不是也有责任吗？老舍为了帮助我办成出版事业，自己却由此而遭到杀身之祸。我怎么不为此事而感到无限的内疚呢？舒乙接着对我说："这两件事，对极少数作家朋友来说,也有至今弄不清的。现在时间已过去了近四十年,只有你这个当事人,我父亲的老朋友,可以出来说明这两件事的来龙去脉和事实真相,这也是历史留给你的任务了!"我把舒乙送走以后,好几个夜晚整整地不能入睡,我怎样也想不到老舍为中国出版事业做的一件好事,"十年浩劫"期间,竟成为置他于死地的一个重要罪状。我有责任把这段历史如实地写下来,才算不辜负老舍当年帮我一臂之力的一片诚心。

但是"十年浩劫"在自己身上留下的"左"的遗毒,还是像驱不散的鬼魂一样缠住我不放。直到拨乱反正,解放思想的政策下达后,我才从开过书店是"不光彩"的这个精神包袱中逐渐自我摆脱出来,但要由我来写这样两件事来留之后世,会不会累及地下的老舍先生,自己还是作不了主,下不了决心。因为如果我再对老舍做一丁点儿对不起他的事,那将更含恨终身了。我思考了很久,想到了阳翰笙同志,他是老舍的党内好友,一九六〇年,我为敦促老舍快快着手为北京人民文学出版社编选《老舍文集》,曾在北京看望过他;一九六二年,老舍与翰老从广州出席话剧会议后,经过上海时,我曾请他们两位一起吃过一次便饭,他完全了解老舍和我长期的交往,现在他还是全国文联的负责同志之一。我便写了封长信给他,并把舒乙的谈话,我历来的种种顾虑,毫无保留地向他坦白陈辞,并望他老人家给我指示。一九八四年三月十九日,翰老亲笔签名复我一信,信中说:

> 关于老舍和你几十年交往情况,你计划写成一篇长文,我非常赞同,"美金"和"晨光"的事情要

写进去。

得知你的第二本回忆录即将出版，特向你祝贺。

在阳翰老的鼓励下，我决心下定了。一度进行了加速的调查研究，搜集和阅读有关资料，原想在一九八三上半年完成，编入《编辑忆旧》，又因部分资料需要求人证实，还要一段时间；眼看不能列入第二本回忆录了，便又推迟下来。时间进入一九八五年，四月去四川峨眉开了一次会，回来病了一阵，对自己计划中的文章，自觉有些紧迫感。最近，忽得舒济来信，说正在编一本《老舍和他的朋友们》，已整理就绪，说："很遗憾，一直未能得到您的稿子。"舒济的信，促使我决心把这篇一拖再拖的文章，马上动手写，不能再拖了。老舍的儿女先后劝说我，又加上这一阵《四世同堂》的电视连续剧每晚在沪播映，当四个题头大字出现在我眼前时，我每次都感慨万千，情不自禁。作者把《四世同堂》第一部原稿，在重庆北碚亲手交给我，距今正好四十年了。我身体健康已完全恢复，就把这篇文章，作为对老舍先生蒙难二十周年的纪念吧！

二、两百封书信的命运

事情还得从万恶的"文化大革命"谈起。一九六六年六月三日，在我工作的单位里，我第一个被大字报点名靠了边，头上扣了四五顶帽子，其中一项是大家所能猜得到的——"反动资本家"，说我开过良友图书公司，这不符合事实，因为三十年代的良友图书公司是广东人伍联德创办的，股东都是广东人或是华侨，我是职工。"八一三"抗战爆发，公司宣告破产，我们十几个老职工和债权人结合起来，请了律师，向法院办了手续，重新改组，改称为良友复兴图书公司，我才投了一点资，除仍然负责编辑部外，兼了一个副经理，可算资方代理人了。至于晨光出版公司，我既是投资者，又是主持人，那才是当之无愧的资本家。

靠边后不久，一天傍晚下班时，大门口的白墙上，用红字贴出一张"勒令"，限我次日上班前，把家中所藏历年作家来信，从三十年代起到最近，全部上交，那是因为我的帽子中有一顶叫做"三十年代文艺黑线人物"，而本单位群众中，过去已有几位曾向我借阅过这些重要史料，当然是这些人告发的了。

自从"晨光"结束业务后，我就把自己收藏的全部《良友画报》精装合订本装箱运京捐献给北京图书馆。把鲁迅写给我的四十九封信，托装订作裱成一部特装的册页，准备将来捐献给上海鲁迅纪念馆（这个愿望到一九六九年十二月二十九日完成了）。其他著名作家的书信，如茅盾、郁达夫、郑振铎、沈从文、张天翼、周作人、朱自清、洪深等，各有四五十封，我都用红头绳分别捆成一束，包括信封；还有来信较少的，如蔡元培、胡适、郭沫若、巴金等并成一束。在这些来信中，为数最多的是老舍。共有两百封左右，其中多数是从美国用洋纸写的一叠叠来信；他的来信大约可分为三个时期：三十年代从山东写给我的，都是关于出书的；四十年代从美国写来的，既谈如何出好《老舍全集》的，有对每书谈些自己看法的，有时附以新写的序文要我排在书首，也谈在美国的生活和与美国出版商、译者和电影导演之间打交道的情况，当然也指示我如何照顾好他在北碚的家属等等私事。这一部分书信内容丰富，数量也大，为研究老舍生平和作品最重要的资料。第三部分是五十年代回国初期，当时他的新作，仍陆续交我出版，但写信用的都是宣纸八行书，内容简单明了，最后总是用"事忙，头晕或头昏"作结束。"晨光"业务结束后，书信来往更少了。我在整理时，就把所有老舍来信的信封都丢了（鲁迅的信封裱成册页时也如此）。另找了一只黄色的大纸夹，在信纸（大部分是洋纸）边上打上四个空洞，用两只黄铜钉合装成一册。所有各位作家的书信，我用两张大牛皮纸包好，塞在不常启用的书柜里，总数约六七百封。

  上交给那个小头头那天的印象，我永远不会忘记。当我上班那天早上，上楼去把一个牛皮纸大包放在他面前时，他铁板着脸问："你家里还有这类书信吗？"我说："还有近五十封鲁迅给我的信，已装订成一本册页，也要上交吗？"他大声地说："鲁迅是革命的，我们不要！"我心中真高兴，可以把藏在阁楼暗处的那本册页保住了。他又问我："家里还有什么属于三十年代文艺黑线人物的东西吗？"我对他坦白说："我写字台玻璃板下，还有两幅放大的照片，一幅是我和老舍二人在他北京院子里的合影，由胡絜青照的；一幅是我和巴金、靳以三人在巴金住所大草坪上席地而坐的合影。"他恶狠狠地说："这些都是黑线人物，明天一起交来！"我默默而退。次日上班前，又乖乖地把这两幅照片双手奉交给他。现在回想，我为什么这样听话？连两幅编辑与作家的合影，都要自认为犯忌的禁品，不敢自己留下作个纪念呢？老舍和我的合影是在一九五四年，在他院子里有名的柿子树下由胡絜青照的；接着，我又借用胡絜青的照相机为老舍照了一幅半身单人像。拨乱反正后，我把这幅照片放大后，与鲁迅的一幅急匆匆走向光华大学饭厅演讲的充满生活气息的放大照片，并列悬挂在我书房的墙壁上，一直到今天还挂在那里。这几年，每当我仰望这两位先辈的遗像时，就想到这两位先后在三十年代和四十年代，对我文学编辑出版事业上产生过重大影响，给予过慷慨支持和大力鼓励的伟大作家生前对我的谆谆教导。我现已进入暮年，能为党为人民做的好事，就要继续不断地、扎扎实实地写出几篇回忆史料来，才能答谢他们以及其他许多前辈作家对我的培育之恩。

八月二十七日单位抄家队伍开到我家，两天后，房管所限期勒令我从住了十多年的旧居里搬出，说是造反派看中了要把它作司令部用。接着，全部图书文稿被单位拉走了，家具也处理了。我的书房里仅有两张破沙发，四壁也空空如也，一生中第一次尝到"无书一身轻"的"轻松"味。大约就在八月底的一个下午，住在上海的一位老舍和我的共同朋友，忽然满面愁容地来到我家，一坐下就泣不成声，我认为也是吃了"革命"组织的苦头了。我问他："究竟出了什么事？"他才轻声问我："你听到老舍已在北京自杀身亡的消息吗？"我听了顿时目瞪口呆，我说："报上怎么不见报道？你从哪里得来的消息？"答复说："是北京朋友转来的可靠消息。"

我一下子倒在沙发上说不出一句话来。根据我在上海单位这几天亲身经历的狂风暴雨，已使我自己内心无限紧张和恐惧；再想到历年与老舍先生接触中他为人清如水明如镜的耿直高尚的品格，突然碰上这样的剧变，发生这样的意外事件是极有可能的，因此心中感到无限的悲痛。我的朋友接着要我立刻去信问北京老舍家属，要求证实这个噩耗。我们都希望它是误传，或者他已得救了。我当时深感自身难保，不敢再去惹动那些自称"革命"的头头，因为那时已明确规定靠边者的亲友发生什么事故，都要据实汇报；给有问题的人通信也要事先征得他们的同意，实际上，把我们的基本人权都剥夺了。我向友人劝慰一番送走后，对他所说，将信将疑。次日进入牛棚，就向平时比较接近而可信任的"棚友"吐露了这一消息。他认为虽有可能，但劝我不必向上汇报，自寻麻烦，也不必写信去北京。他预计，如确有其事，两三天内，北京肯定会派人向你来外调。

　　果然不出所料，九月初，有两个满口讲道地北京话的据说是北京市文联的干部，向我来调查了。他们一开口就证实了那位朋友所说的噩耗。他们恶狠狠地向我瞪着眼，提高嗓门对我说："你是老舍的好朋友，你可知道老舍已在北京畏罪自杀了吗？"我摇摇头说："不知道！报上没有见到这个消息。"他们就拍了一下桌子说："你认为像老舍这样一个反动资本家，又是美国派遣的特务，现在畏罪自杀，成为现行反革命分子，还会给他上报吗？"我低头不语，至此，我才知道老舍先生确已不在人间了。我内心极为痛苦，但不知他们又会问我些什么问题，接着他们两人都从口袋里拿出水笔和小本子来，叫我坐在他们对面，警告我要："老实交代，否则罪上加罪！"

　　他们提出的第一个问题，正如我所猜想到的，他们说"一九四六年在上海成立的晨光书店（我插嘴纠正说："不叫书店，是上海晨光出版公司"，被他们骂了一通）是你和老舍两人合伙当老板的吗？"我点头说："不是合伙，是公司组织，由我主持，我当经理，老舍不问事，他仅有一点股，一切责任都由我负！"他们说："合伙或入股一个样，他是书店老板，当了资本家，就是反动资本家！"接着问了公司的组织，股金分配，谁是会计，有无账册留存？等等。他们不要听我的话，接下提出的问题是："老舍是个穷光蛋，只会写写文章，哪有钱来和你合办书店？投资时是国民党的法币吗？"我在心中想，他们就要向我摸这个底来了。我沉住气答复他们："是他从美国汇来的美金，去中国银行兑换法币的。"他们追问我："既然是美金，那肯定是从美国人那里领到的特务经费了！"我连忙解释说："这个美金是美国出版商给老舍这位《骆驼祥子》英译本原作者应得的部分版税，是他的劳动所得，绝对不是特务经费。"这最后一句话，我说得很响，我自知把他们触怒了。他们站起身来向我拍桌大骂，其中一个年轻的还举手准备打我。于是他们态度大变，威胁我如不老实交代美金的来踪去迹，将和我的单位革命组织商量，也要把我戴上"美国特务"的罪名，立即隔离审查，不准回家。我知道预料中最大的灾难，终于来到了。他们又转换了一个手法，一个硬，一个软，要我交代"美金是怎样来，怎么用的"。他们主要目的似乎要查明美金的来源，这些钱是从哪里来的，怎样的用途。我忽然记起，当年为了取信于老舍，有关银钱出入，我经常写信向老舍汇报。他的许多封从美国的来信，关于他从美国出版商处领到美金版税，也很坦率地告诉我。除最初几笔投资晨光作股本的以外，此后来款，怎样用，怎样储，怎样寄，笔笔都交代清楚。出版社每年两次结算版税和年终结算股息红利，按公司法规定，他应得的份额都有细账寄往美国；如何使用，他来信中都写得清清楚楚，交我照办。上海解放后，老舍家属仍住在尚未解放的重庆北碚，沪渝汇兑不通，我早就运了一批书去重庆一家时代书店，托一位名叫魏志澄的同业，按时把款通知或送给老舍在北碚的家属作生活费用。所有这些生活上银钱往来账目，老舍自美来信中都有反映。因此数十年间，老舍和我的来往和关系，不论是写作上、编辑出版上、生活上、经济上，我那一大本黄封面的二百多封老舍书信中，都有最可靠而详尽的记录。这些都已归入上海文艺出版社的人事科档案中（当时人事科还保持了原状）。当时主其事者我记得是现在上海作协工作的张军同志（据说他曾看到过我那本黄皮本子，但那时，他已无能为力了）。我那时想，与其和那两位外调的北京人说来说去也说不清楚，还不如请他们到人事科去查阅老舍亲笔书信的档案吧。当我一说起我保存有老舍的二百封左右的亲笔信时，他们立刻如获至宝般地奔向人事科去了。他们去查阅了这批原始资料后，虽然在自己小本本上摘录了不少，但原物未动，当日归还人事科，一封也未带走。大约由于这些原始资料，已解答了他们所需要了解的一切问题，此后再也没有人来向我外调老舍的事了。

关于这批在"文革"后期丢失的七百封左右我历年保存的著名作家来信，包括老舍的二百封在内，迄今没有下落。上海市出版局组织上，确实为此召开过会议，发出过号召，进行过调查，个别有关人员还当面向我作过解释。但是这两百封老舍的书信的命运究竟如何？据说是作废纸送造纸厂了，我怎么也不能相信。想想此事发生在一个文艺出版单位里，而时间又在邓小平同志出来主持中央工作的一九七五年，此中大有可疑之点。我仅希望有那么一位懂行的好心人代我把它保存下来了；那么，信件还在人间，总有重见天日的那一天；我自己看不见，我的儿孙们会见到的！

三、最早的友谊——三封信

正如我过去所写回忆作家朋友的文章，由于作家亲笔来信丢失，便利用孔另境于一九三三年编《现代作家书简》中所选入的作家写给我的信一样，虽已成为铅印文字，对我来说，同样是第一手的珍贵史料。老舍给我的最早三封信，我当时都借给孔另境了（我现在常常后悔，借给他编入的作家原信为数太少了），其中所谈都是有关出版的事。而更早的文献是老舍写于一九三五年七月一篇题为《歇夏》的杂文，发表于该年七月份的《良友画报》上，文中说：

说起来话长，我在去年春天就向赵家璧先生透了个口话，说我要写一个长篇小说，内中的主角是两位镖客，行侠作义，替天行道，十八般武艺件件精通，可是到末了都死在手枪之下。我的意思是说，时代变了，单刀赴会，杀人放火，手持板斧把梁山上，都已不时兴；大刀必须让给手枪，而飞机轰炸城市，炮舰封锁海口，才够得上摩登味儿。这篇小说假如能写成了的话，一方面是说武侠与大刀早该一齐埋没在坟里，另一方面是说代替武侠与大刀的诸般玩艺不过是加大的杀人放火，所谓鸟枪换炮者是也，只是显出人类的愚蠢。

春天过去，接着就是夏天，我到上海走了一遭，见着了赵先生，他很愿意把这本东西放入"良友丛书"里，由上海回来就开始写。在去年寒假中，写成了五六千字。开学以后没功夫继续着写，就把它放在一边。大概是今年春天吧，我在一本刊物上看到一个短篇小说，所写的事儿，与我想到的很相近。大家往往思想到同样的事，这本不足奇。可是我不愿再写了。

………

> 我最爱写作,一半是为挣钱,一半因为有瘾。
> 大概有八年了吧,暑假没休息过。一年之中,只有暑假是写东西的好时候,可以一下写上十几万字。暑天自然是很热了,我不怕,天热,我的心更热,老天爷也得被我战败,因为我有瘾呀!

这篇文章是马国亮兄为《良友画报》第一〇七期辟了一个专栏叫《溽暑随笔》,约了林语堂(当时在"良友"主编《人世间》小品文半月刊)、老舍和郑伯奇三位老作家执笔的。当时《良友画报》发表老舍文章已是第二次了。第一次是一九三四年八月号(第92期),当时老舍第一次从山东到上海,我在这以前虽已和老舍通信约稿,但互相见面还是第一次。记得当时良友编辑部在面向北四川路851号的二楼。二楼一大间是《良友画报》的编辑部,该报编辑马国亮、万籁鸣、丁聪都在那间屋里办公。屋外靠马路,有一个大阳台(典型的英国式建筑),郑伯奇的写字台在南端,他正在编《电影画报》,我的小办公室就靠大阳台的北端,用薄板作间隔,而大阳台中间放着一张黄色布套的长沙发作会客之用。老舍来到我们这个屋小人多的编辑室,就请他坐在长沙发上休息,伯奇、国亮和我虽然和著名作家老舍初次见面,都不约而同地围坐在老舍的周围说说笑笑。幸而摄影记者立刻为老舍抢下了一个手执《良友画报》的镜头,刊在画报的封底上,今天看来正好作为老舍和我初次建交的纪念物。当时马国亮乘机要老舍为《良友画报》写一篇短文。那篇题为《第一天》的回忆他去英国讲学刚到伦敦第一天的经历,正好为将来写老舍留英生活提供了真实的史料。谈话结束时,我记得我们三人曾约请老舍先生同去北四川路的一家广东餐厅吃了一顿便饭。这次见面以后，老舍和我两人的书面之交，显然加深了一层。在作家与编辑之间建立了最早的友谊。

根据现有的资料，老舍给我的第一封信写于一九三三年二月六日，那时我主编的"良友文学丛书"已出了五种，每部字数平均约十五万到二十万，售价一律九角，计鲁迅的《竖琴》《一天的工作》、何家槐的《暧昧》、巴金的《雨》和张天翼的《一年》等。我写信要老舍为这套丛书写一部长篇小说，条件先不在刊物上发表。这对作者来说，是比较苛求的，直接印书，就牺牲了一笔发表费了。但对丛书编者来说，一部未发表的长篇的初次问世，等于是一部处女作，身价十倍，可为丛书争得荣誉与读者。但这又谈何容易！从老舍和我最初的三封信里，读者可以看到我在争取出版第一部文稿时，是经历了一段怎样曲折的过程，因为当时同业的竞争，都在想拿到第一流的未发表的长篇。现在把老舍在这一时期的三封信，摘录如下，可以看出我是怎样一出马就拿到了老舍当时自认为最满意的一部长篇《离婚》的。

老舍对《离婚》的评价一直是很高的。直到一九四一年老舍和罗常培先生同去位于云南龙泉镇的北平研究院的历史研究所，同一批研究生共同讨论和生活时，当时还在当研究生的吴晓铃同志在一九八五年七月四日，写过《老舍先生在龙泉镇》的一篇回忆文章，其中有一段提到老舍对自己认为最佳作品的记载，摘录如下：

记得有一次他要翰林学士们（即研究生们）选举他的最佳作品，大家一致投《骆驼祥子》的票。老舍说:"非也,我喜欢《离婚》。"我实在不懂,请他指迷。他说:"你还年轻,没到岁数呢!"①

此外还拿到了他的第一个短篇集《赶集》。

我当时知道老舍有一个中篇《小坡的生日》,是"一·二八""商务"遭遇火毁后的未发表原稿,但篇幅不足以编入"良友文学丛书";《离婚》书名,我已听他自己对我说起过,我就盯着老舍要《离婚》,他于一九三三年二月六日的复信是这样说的:

事实使你以为我变化无常,有如孙行者。但事实究竟是事实。前两天听郑振铎说,《小坡的生日》底版已毁。可以提交别家承印。我马上就去信问,是否还通知商务一声,以免事后有麻烦。他还未回信,假如《小坡》能自由,那真不错:

一、《小坡》很得文人——如冰心等——的夸美。

二、六万多字长,恰好出小书。

三、是我得意之笔。

四、能马上就印,不必等着。

五、北平与济南的国语运动机关久想印它,为宣传纯正国语的教本,"良友"能印岂不甚好。

等等郑的回信吧。他说"行",马上我将《小说月报》登过的全份奉寄。《离婚》呢,就再讲了。

《离婚》不能快成,我于上课时间实在没工夫写。

---

① 吴晓铃:《老舍先生在龙泉镇》,刊于《昆明晚报》,1985年1月26日,后作者改题名为《老舍先生在云南》。

况且，我要拿它恢复被《猫城记》所丢的名誉，非详加改正后不出手。再说时局如此，而我又非幽默不可，真是心与手违，含着泪还要笑，笑得出吗？不笑，我又不足得胜！

不过，你如不要《小坡》，而一定要《离婚》，也可以；只是得等些日子。非到暑假，我不能安心写。

广告请迟一下再登吧。如愿要《小坡》，请等我的信。如不愿要它，而要《离婚》，请先给我个信。

祝告

舍予

二月六日（一九三三年）

我收到上信后，考虑到"良友文学丛书"的出版规格已定，老舍信中对于把《离婚》交我们既未拒绝。我便去信山东恳求老舍将《离婚》交"良友"，《小坡的生日》恕不考虑了。但此后又发生了意外的周折。《小坡》因字数太少我表示不能接受后，老舍又想到当时他另有一部长篇在施蛰存主编的《现代》杂志上连载，杂志上连载的长篇按惯例应由现代书局出单行本，但现代书局方面从销路考虑，认为作者既对《猫城记》几次公开表示不满，所以又不拟出单行本了，而该书的字数远比《小坡的生日》为多；当老舍来信说改把《猫城记》给"良友"时，我也同意了。不料现代书局听说在自己刊物上连载的长篇让给第三者出书又反悔，于是老舍在《我怎样写〈离婚〉》一文时，插入了下列一段话：

《猫城记》在《现代》杂志登完，说好了是由良友公司收入"良友文学丛书"里，我自己知道这

> 本书没有什么好处,觉得它还没有资格入这个"丛书"。可是朋友们既愿意这么办,便随它去吧,我就答应了照办。及至事到临期,现代书局又愿意印它了,而"良友"扑了个空。于是"良友"的"十万火急"来到,立索一本代替《猫城记》的。我冒了汗!可是我硬着头皮答应下来,知道拼命与灵感是一样有劲的。①

这里看出老舍对"良友文学丛书"的重视,因为答应过我,最后还是硬着头皮,冒着酷暑,拼命地去完成它。我们看看他是如何来实践对我的一句诺言的。他说:

> 这样想好,写便容易了。从暑假前大考的时候写起,到七月十五,我写得了十二万字,原定八月十五交卷,居然能早了一个月,这是生平最痛快的一件事。天气非常的热——济南的热法至少可以和南京比一比的——我每天早晨七点动手,写到九点,九点以后便连喘气也很费事了。平均每日写两千字,所余的大半天是一部分用在睡觉上,一部分用在思索第二天该写的两千字上。这样,到如今想起来,那个热天实在是最可喜的。能写入了迷是一种幸福,即使所写一点也不高明。②

我今天读到老舍这段对我这个刚刚建交的青年编辑所给予的信

---

① ② 《我怎样写〈离婚〉》,《老舍论创作》,第30—32页,上海文艺。

任,心中感到说不出的感谢!他答应的事决不反悔,变卦,这就是二十年后他开始和我合作开办"晨光"时从美国来信中经常嘱咐我的一句话——"相见以诚"的最早表现。作家与编辑是同在文化战线的一条战壕里共同作战的战友,如果不是互相真诚相待,怎么能够成为朋友呢?他在济南这么个大火炕里,早上七点就起来写,并且准备八月十五日写毕交卷,他在这样的写作中,自己入了迷,得到了幸福。但此外,显然还在为千里之外的一位年青编辑朋友完成一件答应了的事,这样一位老作家的一颗金子般的赤诚之心,是多么叫人感动啊!

七月十二日,完稿有望,立即写信给我,信中说:

《离婚》于本月十五号可得,约十一万字左右。比《猫城记》强得多,紧练处非《二马》所能及。未悉兄是否在沪,谨先函询,恐寄到有失闪也。如兄在沪,当于十七八号全部邮奉。弟向不愿作序,仍愿付之缺如。

祝告

舍予

七月十二日(一九三三年)

从这封信里,作者不但为提前交出一部长篇小说自己也表示了非常喜悦的心情,还与自己的旧作,作了评比。他就怕我不在上海而耽误了出版期。当时"良友文学丛书"已出七种,我们自设印刷厂,出版周期不过一两个月。我收到作者用毛笔写在红方格中国稿纸上的全部原稿后,从头到尾拜读了一遍,不需要编辑做什么加工,在编排处理上对排字房用铅笔加上一些必要注解后。七月二十日就付排了（至今初版本上就是这样写的）。我马上去信向老舍表示稿到谢谢。八月二十八日收到老舍复信的前几句话，就是这样说的：

　　　　谢谢信，并谢谢为《离婚》这样分神，而且这样的客气！

最后一句是指"良友"汇去的一笔预支稿费。在这方面我们的会计科只要看到编辑部的条子，无不立即照办（当然要经理签字同意）。当时作家生活上有此需要，编辑经常为作家关心此事；把它和今天作者所遭到的拖拉待遇相比，实在深有感慨（因为我现在也换了地位，有时成为与编辑打交道的作者了，编辑就是不管这些事，而且也实在管不着）。深绿漆布封面软精装本的《离婚》，八月三十日出版了。初版三千册。出版周期四十天。

　　我得到老舍的一部长篇以后，接着我就想到是否还可争取老舍的一个短篇集或杂文集呢？八月廿八日老舍复信后部就是答复我这一要求的。老舍来信，今日存世者仅此三封，下面把它继续录下：

　　　　短文虽写了不少，但均系一时的游戏，景过势迁，或即失其趣味。且匆匆写成，文字都未妥当。所以始终无意把它们集起来。再说中国今日文艺界，以浮浅为一大病，幽默虽未必与浮浅同一意义，但那些短文确是信手写成的，故而不愿郑重其事的印起来。

　　　　我倒有个意见，不知你以为如何？我向来不大写短篇小说，可是今春各杂志征稿，无法均以长篇为报，也试写了几篇短的。最近《文艺月刊》登的《大悲寺外》，居然得了些好评。……本月又寄了两篇，将分登于《文艺》与《文学》，也还不算坏。好不好再等些日子，凑足了十几篇——现在即能凑上八九篇，但字数尚不过五万，或者太少了，——归尊处出短篇集，已有的几篇，有的严肃，有的幽默，还不至太单调。你如以为可办，请先看看《大悲寺外》《歪毛儿》与《微神》，这三篇如有可取，我便将以前的选取几篇，再写一两篇较长的，共凑十来篇，约六七万字。全听你的，我没有主意。

幽默文章大概都凑上也没有多少字，恐怕还成不了"集"……

说了一车不得要领，还是听你的吧。

祝告

舍予

八月二十八日（一九三三年）

这样，"良友文学丛书"里，第八种是老舍的新创作长篇，被当时的评论家李长之称誉为"高出于他先前的一切作品"的《离婚》；一九三四年九月，列为该丛书第十一种的短篇小说集《赶集》接着出版了。这是老舍生平第一个短篇集，包括十五个短篇。根据作者所写《我怎样写短篇小说》一文中的自我分析，最早为《齐大月刊》写的第一篇小说《五九》列在第一篇；经过作者三次修正，自认为满意的《微神》（此后曾以这一篇名作一短篇集的书名）和《黑白李》以及写真人真事的《大悲寺外》

《柳家大院》《牺牲》等都收在这里。书名取《赶集》是因为大多数是由文艺刊物的编辑向作者逼出来的,作者在序中说:"我本来不大写短篇小说,因为不会。可是自从沪战(指一九三二年"一·二八"事变)后,刊物增多,各处找我写文章,既蒙赏脸,怎好不捧场?……这么一来,快信便接得更多。"所以他说:"这本集子里的十几篇东西都是赶出来的。"《赶集》一九三四年初版三千册,以后每年再版两千册,一九三六年四月印满七千册,不久,抗战爆发,"良友"宣告破产。我也失业了。

从这本短篇集的编成出版,我有两点感想。第一,作家是编辑的衣食父母,反过来编辑向作家敦促,劝说,恳求,甚至不断地"逼请"作家动笔,有时也起一定的促进作用。由于编辑的情辞恳切,打动了作家的心,作家就下了"赶紧写"的决心。不久,鸡生下了蛋,新作送到了读者手中,文学史上增加了一部名作。回顾我所主编的两套文学丛书八十余部作品中,有几部就是由于编辑的"逼"而作者"赶"写出来的。叶圣陶先生在《四三集》短篇集序文中,也有这样一段话:"印在这本集子里的几篇东西,同以前的东西一样,都是由杂志编者'逼'出来的。信来了不止一封,看过之后,记在心上,好比一笔债务,总得还清了才安心。"所以读者、编辑、作者三者之间有着密切的关系,而能起主要作用者是编辑。加强编辑与作者间的友谊,就能为读者提供更多的作品;既为读者服务好;由于出版了更多的好书,同时也为作者服务好。这个看来只为他人做嫁衣裳的编辑,我认为虽默默无闻,却是大有可为的!第二,三十、四十年代,中国文坛上,各种流派的文艺刊物很多,老舍成名以后,各方面的报刊编辑,都争向他组稿。老舍在各方面都有朋友,所以作者文章发表的面是比较宽广的。可以说,他团结了一切可以团结的作家和编辑,这是符合当时党所提出的扩大抗日民族统一战线政策的。这也为他在重庆时期主持全国文艺界抗敌协会打下了基础。

四、老舍的一个理想

我第二次见到老舍先生,已经在一九四四年底的战时首都重庆了。良友图书公司已改名为良友复兴图书公司,我不但仍旧负责编辑方面的职务,还兼了个经理职务。这一变化还得从"八一三"抗战后良友图书公司宣告破产,上海职工同时被解雇的一九三六年十二月底说起。由于上海已成孤岛,《良友画报》无法继续出版,经理余汉生和画报总编辑马国亮等为了使这份中国创刊最早,海内外销路广影响大的画报的生命不致中断,转移到香港去注册,继续宣传抗日。今天回头来看,这样做是完全正确的,是爱国的出版者应走的道路,当时上海的商务、中华等都把总部从上海移往香港了。但有些情况的变化是出人意外的,第二次大战中期,美国尚未参战,日本与英美之间政治关系微妙,上海孤岛初期,租界当局还有政治上保持中立地带的一点力量,许多报刊书店,挂上一块美国注册的招牌,照样可以依靠"言论自由"四个字出书印报。我在"良友"破产离职后,先在一所中学担任点职务。一九三八年,美商英文《大美晚报》(Shanghai Evening Post)由爱国报人张似旭(后遭敌伪暗杀)主办了一份中文《大美晚报》宣传抗日,现在才知道柯灵同志当时也在该报任要闻编辑。这位张似旭先生是一位爱国华侨,事业心颇强,不久他创办了一份《大美画报》也属于美商英文《大美晚报》系统之下。当时"良友"创办人伍联德早已脱离良友公司正在上海闲着，他接受张似旭的邀请，担任了第一任画报主编，先后刊登过毛泽东、朱德、周恩来等彩色照片作封面，这几期画报至今还陈列在上海地方历史博物馆展览厅中。一九三八年九月他与张似旭意见相左辞职他去，十月间张挽人请我接任主编，我把中学教职辞退了。我记得当纪念鲁迅逝世二周年时，我曾向许广平借用过几十幅鲁迅照片，第一次编排过《鲁迅的一生》两个版面。那时有一位姓丁的美术青年原任伍联德的助编，我去时，他仍然当我的助手。地点就是英文大美晚报馆那座红砖建筑靠延安东路一边近大门左侧的二楼上。我工作不久就想到，我既能为美商《大美画报》任编辑，享受到宣传抗日的自由，那么老牌的《良友画报》为什么不能在孤岛上复刊呢？花一笔钱请一位美国律师当发行人，不就可以自由出版了吗！而且我想到的，不仅在恢复画报，更主要的是当时孤岛进步文艺界相当活跃，如果把良友图书公司改组重建，不就可以继续我们的出版事业吗？于是，我一边在《大美画报》工作，一边就与同时被解雇的职工同事商议复业。而复业的关键在于公司已向法院宣告破产，欠债十余万元，债权人中有一位大债主广东人陈炳洪先生，他原是"良友"大股东，其他都是印刷厂、纸商、制版所、装订作等零星小户，都是多年往来的客户，联系人都是我们的熟朋友，他们唯一的希望是复业后，继续做我们的生意。于是由我带头，帮他们召开了一次会议，组成一个债权人团体，再与我们职工会合作，请了一位律师代向法院受盘良友图书公司的全部资产，那个法院指定的破产管理人是一位会计师，是我一个朋友所熟识的，由我请会计师和律师吃了一顿饭，双方同意帮助我们重建"良友"，并由这位律师去香港政府交涉收回《良友画报》的出版权。经过一度努力，又招了一部分新股，新公司改称为良友复兴图书公司，由陈炳洪任经理，我任副经理兼总编辑，《良友画报》一九三九年二月第139期起在沪出复刊号，请曾在"良友"编过画册的摄影爱好者张沅恒先生担任主编。一九三八年年底在上海四川路卅三号五楼一间写字间宣告成立。我们还是按"良友"一贯立场，画报坚持爱国，宣传抗日；文艺图书也按旧日传统，出版有益于人民的各种读物，如郑振铎的《中国版画史图录》二十卷，耿济之的俄国名著翻译等等。这样维持到一九四一年底太平洋战争爆发，日寇接管租界，十二月廿六日，日寇把"良友"和商务、中华、开明、生活等七家宣传抗日的书店同时查封，一九四二年三月后又全部启封。

当时大部分股东和职工主张停业并迁入内地，但也有个别商人股东，别有用心，妄图把《良友画报》与日寇合作宣传"大东亚共荣圈"。这样陈炳洪和我就决心把"良友"迁离上海。这段历史，在我一生的编辑生涯中是值得记下的重要事件，因为如果不是这样，我的政治生命也到那天结束了。

一九四三年陈炳洪回香港，我和张沅恒二人把良友复兴图书公司迁往桂林复业，因印刷关系，画报无法续出，仅用土纸印些文艺书。一九四三年，湘桂战争爆发，"良友"又被迫迁至重庆复业。一九四五年初，我逃到重庆，依靠"良友"经销商唐性天先生的照顾，他除在重庆白象街开一家华中图书公司外，在北碚也有一家分店，他自己住在后楼，他把沿街楼上一大一小两间空屋借给我，让我把一家五口在北碚安顿下来。从桂林全家逃亡，途中历尽苦难，至此终于可以透一口气了。良友复兴公司由于老同学张华联兄的慷慨协助，在民生路英年大楼租给我们三间办公室，一九四五年三月一日正式复业。我每逢星期日就回北碚度假。这样，我就住到设有许多战时文化机构和住着不少知名文化人的北碚一条热闹大街上来了。这里不但有住在附近一座小山坡上一幢原属林语堂所有现归全国文协管理的破旧小洋房二楼的老舍先生；对江复旦大学里还有我所熟悉的作家朋友，如章靳以、马宗融、洪深先生等。

当时，我有一子一女都在入学年龄，到北碚后，人地生疏，入学无门。于是我和妻子陆祖琬带了两个孩子，初次去看望老舍一家人。胡絜青同志一直在山东，后去北平，这是初次见面。听她讲怎样带了三个儿女，历尽艰辛，出生入死，一九四二年老舍老母病故，送终埋葬后，才于一九四三年九月到重庆，十一月到了北碚，见到了离别六年的老舍，才算合家骨肉团圆。我也谈了我开始一个人到桂林，把一家老小接到桂林团圆后，不料不到一年，全家又从桂林逃难，经金城江、遵义、贵阳，历时近一年，才算到北碚找到了一个窝。大家谈得都流下了泪，痛恨国民党政府的腐败和无能，让我们这些人流离失所，吃尽苦头。当时舒家三个孩子——舒济、舒乙、舒雨都在念小学——重庆师范第二附小。拜托老舍夫妇帮助，我的孩子，修慧和修义，以后也进了这个小学，和他们三个孩子成了同学。一九六二年，我带了修慧去北京看望老舍一家人，舒济还问起："当时那个穿花衣服的小男孩，现在哪里？"修慧知道她问到的就是她的弟弟修义，就说他正在北京大学念书。北方人家的男孩过去一般都穿单色衣服，我们的儿子，按上海人的习惯穿花衣服，所以当时老舍一家人都把修义称为"那个穿花衣服的小男孩"，他们至今还是这样称呼他。所以我们两家人两代人在北碚期间时有往来。

老舍在北碚期间，生活是很困难的，一进门那间客厅里放着一些当地制作的竹器桌椅，书架上见不到多少书，写字台上空空如也。正如舒济回忆她父亲时所说："我们一家住在北碚，我父常患疟疾和肠胃病。旧社会的生活折磨，使他整日忧虑苦闷，我们姐弟十来岁时，从来不见他的笑容。"①

我们一家人至今记得老舍在北碚客厅中间墙壁上挂着一幅齐白石的立轴，画中一只大鸡笼，一群活泼的小鸡，正在地上四处觅食，活泼可爱。祖琬盛赞这幅齐白石画逗人喜爱，希望将来也能得白石老人一幅画。老舍颔首答应了，说且待和平来到，回到北平，一定去求老人画一幅同样内容的。老舍便接下来给我们说了个笑话。

他说："前年絜青带了三个孩子到北碚后，由于屋里挂出了这幅从沦陷区北平带来的齐白石作品，重庆就有人造谣，说老舍夫人从北平带来了两箱齐白石的画，都很值钱，谣言说：'这下子老舍发了财了，光卖画就够吃一辈子了'。"老舍说完，就和我们大家捧腹大笑，然后他幽默地加上一句："实际上，她带来了三张嘴，现在又生了小立。"小立是胡絜青到北碚后新生的小女，我们那天看到她时，她还睡在摇篮里，因为是最近出生的小生命，父母一直最宠爱她。一九八二年，舒立出差来沪，特来我家看望我们，我们真像看到了自己的小女儿一样地喜欢，我们请她在东风饭店吃了一顿饭，席间谈了许多北碚时期的往事，问了她的生活情况，才知她早已做了妈妈了。祖琬那年托老舍要的齐白石作品，他一直记在心中。一九六三年我在北京中央社会主义学院学习一年，例假日，常去老舍家，有一天老舍兴致勃勃地从东屋卧室里拿出一幅画，他说："这幅虽是从画商那里买到的，但给你挂在壁上再合适也没有了。"原来此画是

---

① 舒济：《回忆我的父亲老舍》，载香港《大公报》，1978年4月10日。

齐白石为某一赵太夫人所作的祝寿大立轴。可惜此画也在"十年浩劫"中被毁。但常常使我想起老舍是极富于人情味的有心人，而且答应了的事，隔多少年也不忘记，总要为你尽力办到。

我在北碚期间，例假日回家探亲，经常带个孩子去舒伯伯家。到了舒家，孩子们去自己玩，我就和老舍谈天说地。我们谈得最多的是重庆文艺界和出版界的事。

当时老舍是全国文艺界抗敌协会的总负责人，这个协会成立于汉口时期，后迁重庆。有一个机关刊物名《抗战文艺》，是抗战时期唯一的大型定期文艺刊物，用编委会出面，创刊于一九三八年，由"新知""读书"联合担任总经售；一九四〇年迁重庆，先由上海杂志公司，一九四一年底改由华中图书公司总发行；但到一九四四年九月，改为作家书屋总发行；一九四二年六月的第七卷第六期的封底广告上，华中图书公司发行杂志书目中，《抗战文艺》赫然出现"姚蓬子编"四个字。我到北碚时，大家告诉我，作家书屋是姚蓬子开的，他除主编《抗战文艺》外，还在白象街开了一家作家书屋，创办作家书屋读书会，要求《抗战文艺》订户首次交五百元，即可作自由订户，每期寄发；另有作家书屋读书会，加入者首次交一千元，就能享受优待。这个书店的出版物目录多达百余种，有鲁迅、郭沫若的著译和法国文学译丛等数套，在重庆文艺出版界，是一家引人注目的新书店。我常和老舍谈到作家书屋和《抗战文艺》的事，后来别人就告诉我，姚蓬子是"文协"组织中分工管出版的，现在依靠"文协"，办起作家书屋，发起财来了。姚蓬子三十年代是左翼作家，他的短篇集《剪影集》曾被编入"良友文学丛书"。被捕后，就住在南京，对他的政治面目，文坛上议论纷纷；此人长袖善舞，在重庆是个兜得转的人物，人们对他也侧目而视。我一到重庆就去找他，向他办一件有关出版权的侵占问题。原来他把版权归"良友"所有的丁玲创作《母亲》私自在渝翻印，广销内地各大城市。他那天拉了冯雪峰同志一起在一家茶馆和我谈判。他自以为向作者照常付版税就不认为违背出版法，经雪峰调解，我同意他把已印的书卖完不再翻印，版税应由他负责全部付清丁玲。

我在老舍面前，就诉说了这件事。听说当时蓬子的家也在北碚，老舍与姚蓬子之间的关系如何，我当年也不熟悉。这几年看到许多朋友们写纪念老舍的文章，倒为我提供了不少我所不知道的背景资料。黄苗子的文章中说："老舍初到重庆，住在白象街的一座破楼上，由于受不了姚蓬子那古怪墨砚（中间凸出，四周凹下）磨起墨来，声震屋瓦，还带满桌子转圈……"①老舍对此，也专题写过一篇《姚蓬子先生的砚台》的幽默文章，描写他借住在作家书屋楼上时受姚蓬子那个砚台折磨的苦境：他说："从我到白象街起，我没做过一个好梦，刚一入梦，砚台来了一阵雷雨，梦为之断。在夏天，砚台一响，我就起来拿臭虫。冬天就不好办，只好咳嗽几声，使之闻之。"但这篇文章的重要之点，不在砚台的扰梦，而在描写作家书屋主人如何对待作家心血结晶的文稿。文章说：

> 作家书屋是个神秘的地方，不信你交到那里一份文稿，而三五日后再亲自去索回，你就必定不说我说谎了。
>
> 进到书屋，十之八九你找不到书屋的主人——姚蓬子先生。他不定在哪里藏着呢。他的被褥是稿

---

① 黄苗子：《老舍之歌》，见《老舍写作生活》第300页，百花版，1981年。

子，他的枕头是稿子，他的桌上、椅上、窗台上……全是稿子。简单的说吧，他被稿子埋起来了。当你要稿子的时候，你可以看见一个奇迹。假如说尊稿是十张纸写的吧。书屋主人会由枕头底下翻出两张，由裤袋里掏出三张，书架里找出两张，窗子上揭下一张，还欠两张，你别忙，他会由老鼠洞里拉出那两张，一点也不少。[①]

这段短文，把以为作家服务而取名作家书屋的姚蓬子竟把作家文稿如此糟蹋，描绘得真是淋漓尽致，而熟悉蓬子为人的文艺界中人，读此文后，莫不拍手称快；而书屋主人也只好暗自默认，哑口无言，未敢申辩。

姚蓬子混入"文协"，后来办起作家书屋，锡金写的一篇追念老舍和"文协"的文章，提供了重要的背景史料。

"文协"当初是国民党主动办的，原想网罗文人，为他们所用，大家不上这个当。后来总理指示，应该参加进去，把领导权掌握在我们手里。请老舍出来主持。当时，组织上不设主席，理事会只设几个部，选老舍为总务部，实际上是总理会务。会务主要办了一个刊物，就是《抗战文艺》，它有三十多人的编委会，由于人多，而且好多人都不在武汉，所以开不成什么编委会，因而老舍建议，由我、适夷、姚蓬子三人直接处理编务。这是按照当时的"三三制"

[①] 《老舍幽默文集》，第263—264页，四川人民版，1983年。本文原刊于重庆《新民晚报》1942年6月24日。

这样安排的。我当时是不公开的共产党员,属于设在八路军办事处的文艺小组,老舍也许可能有些知道,所以他坚决推举我。适夷当时出狱不久,组织关系尚未恢复,所以算他"无党无派"。姚蓬子则代表国民党。适夷当时非常厌恶姚蓬子,如果有他便拒绝参加。我们八路军办事处的文艺小组讨论了此事,觉得这样安排有利,因为姚蓬子心里有鬼,是愧对我们的。容易抓住他,如果换了王平陵等人,则更麻烦了,经过说服,适夷也同意了。①

从上述这段锡金的回忆史料里,可以清楚看到姚蓬子开始是怎样被"请进"文协,然后他逐渐把《抗战文艺》抓到他自己手里;最后,到一九四五年初我到重庆时,他在作家书屋已经独当店主颇具规模了。

重庆当时的文艺出版界,情况非常困难复杂,官办的书店加上几家中间的老书店,占了最大的纸张配额,进步的中小书店仅能分到剩余的一杯残羹。而没有纸就无法印书,没有书的市场,作者的稿费版税也受到影响。三十年代在上海出现过的图书杂志审查会早已在此又挂起牌来。生活书店等政治面目清楚的革命书店,又遭到了封闭。倾向革命的和进步的作家最低生活也得不到保障,当时老舍就带头发起"斗米千字"运动,要求国民党政府管起这类事。

一九四四年四月十六日,"文协"举行第六届年会,邵力子致开幕词,一百五十余人出席。同一天,在《大公报》的《我们的生活》栏,老舍发表了杂文《病》,写重庆作家的苦难生活,

---

① 锡金:《一个难忘的人》,载《新文学史料》1978年第1期。

也谈了他自己目前的处境。文章中说：

> 我患了相当厉害的贫血病。……我的苦处我知道，而且愿意忍受。……我只知道饿死事小，文章事大，假若不幸而人文共亡，我也不多说什么，活着，我就写作，死了万事皆休，咱们各自凭良心吧！……在肉体的病痛而外，我还有一点精神上的苦痛。每逢我拿起笔来，我必须像小贼似的东瞧西看，惟恐被人抓住……

这段通过作家本人的感受，代表全体进步作家向反动统治阶级所发出的呼吁，不是字字血泪吗？另据《新蜀报》副刊《蜀道》的一篇报道，有一次"文协"召集许多作家座谈如何保障作家利益的问题，国民党作家王平陵提出一个主张，他认为作家生活穷困，都不如改行去当学校教职员。他还说："今后最好不用保障作家这样的大题目，只谈提高稿费和保障版税之类，那就请文化局、出版界负责人来谈一些切实的问题就可以了。"[①] 听完王平陵的发言，老舍站起身来严辞驳斥，因为老舍关心的决不是他自己或某一个人的衣食生活问题，而是所有进步作家的基本生活权利问题；除了要求提高稿费版税外，老舍更关心的重要问题便是如何保障作家的创作自由和民主权利。

老舍这种关心作家生活的思想，促使他在北碚时期逐渐地形成了一个抗战胜利后要自己办一个书店的远大理想。他对蒋锡金就这样说过。锡金回忆文章中说："老舍还说要把版税提

---

① 以上两节引文，均见《抗日战争时期老舍的活动》，见《重庆师院学报》1982年4月。

高到百分之二十五，书销得越多越把版税提高，可以到百分之三十，百分之三十五，百分之四十。我觉得他想得很乐观，说有这个可能吗？老舍说，有什么不可能？只要你存心不要剥削作者或少剥削些，再高也可能的，我办书店就要为作者服务，完全为作者服务。"① 这一种自己将来要办出版事业的理想，胡絜青在一九七八年另一篇回忆文章②中说得更明确，她说：

> 我记得早在抗战以前，老舍就让他自己的三个穷侄子当了印刷厂的学徒，而且安排了三个不同的工种，准备着自己一家人办个小印刷所。抗战时期，老舍常常带着一种近似幻想的口吻，对朋友们说："自己能办个出版社该有多么好啊！" 他说：他这个出版社对作家将特别优待，稿费比别人处高几倍。那时候老舍穷，没有固定的收入，生活就靠着那不规律的稿费，可以说，除了一杆笔之外，什么也没有，真是一贫如洗，两袖清风。他贫血头晕，可是不能休息，一抬头，就天昏地转，但头再晕，每天也得写，不写，全家人喝西北风。所以他痛恨那些剥削作家的出版社，他痛恨吃人的旧社会！当然既然这么穷，自己办出版社只能是想想而已，根本无法实现……

我在北碚时有时和老舍交谈，他也提到过作家和出版社的问题。我说，我们今天的社会，好书有销路，可惜出版社不能

---

① 锡金：《一个难忘的人》，载《新文学史料》1978年第1期。
② 胡絜青为《三联成立五十周年纪念集》所写，题为《读书添新知生活更灿烂》，香港版，1978年。

如愿地买到纸张，国民党政府就用手中掌握分配纸的权力，对左中右出版社上下其手，有意压迫进步出版社。至于版税率，国外的再版书作者确实可以多得版税，因为成本减低了，作者版税理应增加。但我们目前处于战时状态，既没有洋纸，便只能用土纸，而许多地方，缺乏交通工具，书印了也运不出去。至于办出版社也得有一套合理的管理方法，先要维持出版社本身的生命，才能继续再生产为作者服务。老舍对出版事业确实有一个美好的理想和浓厚的兴趣，他在那个旧社会制度下对出版社与作家之间存在的问题，虽然非常关心而且急求谋一个解决的办法，实际上在那个国民党腐败统治的时代是无法求得根本解决的，这与整个社会制度有密切的关系。

有一次，因为谈到出版社，我忽然问到姚蓬子办的作家书屋情况如何？我问到这个书店是否与"文协"有关？蓬子的近况如何？他对这一连串问题，像触了他的痛处一样，脸色忽然严肃沉着，对我谈了下面一席给我印象极深的话。

他告诉我他是如何被姚蓬子欺骗上当的。老舍告诉我：文协初期就出版了个会刊《抗战文艺》，姚蓬子原来是三名负责编委之一，由于蓬子和重庆出版界人士熟悉，这个刊物，迁到重庆销路不差，就由他去管出版，负责总经销方面的事。迁到重庆后两年，先交华中图书公司总发行，后来蓬子找我谈，说"与其交别人发行，不如自己开办书店，把《抗战文艺》作基础，可以先收一批预约款，作为书店周转资金，同时扩大出版图书业务，他有熟人可找到个临街店面，成立一家出版社，社名即用作家书屋。我们不都是作家吗？宗旨就是为作家服务。你看如何？"老舍听了说："这倒是一个好办法。"蓬子说："书店是私人开的，与全国'文协'无关。"他希望老舍参加与他合作。

老舍是位忠厚老实人，不通经商一套，于是就答应了蓬子。关于资金数字，蓬子自有打算。当时办出版社，只要有一个门市部，挂了牌，登了记，就可分到一批纸，也可向熟识的纸商赊欠。至于印刷厂装订费用，也可以先赊欠，待书出卖收回成本再付。最主要的是能拉到几部名家名作。所以蓬子说："资本一百元就够，我出八十元，你出二十元。"老舍一听，就答应了。这样老舍成为作家书屋的投资者。

老舍描写蓬子对待作家文稿不尊重的那篇文章，实际上已写出了蓬子的为人，蓬子在书店开业以后，如何应付作家的稿费版税之类也可想而知了。他既无正常的会计制度，又不按时结算实售书本的册数，然后按版税率书面通知作者来书店按期领取版税或稿费。而要让作者等得不耐烦了，才上门向蓬子来算账。蓬子就从身上几只口袋里乱摸，摸到几张钞票，就一边抱歉一边把钱塞给作者手中。这类事经常发生，作家们在背后窃窃私议。后来反应到老舍耳中，老舍大为恼火。他原来是要作家书屋更好地为作者服务的，现在结果适得其反，哪有不生气的？老舍此后曾几次苦口婆心地劝说过蓬子，蓬子为人就是如此落拓，随心所欲，向来不尊重别人的劳动，对作者文稿的处理可见其一端。有一天老舍正式警告蓬子说："你如果照此做下去，我就退股。"老舍向我讲到这里时，笑着问我："家璧，你猜这个家伙如何答复我的？"老舍接着说："第二天，蓬子拿了二十元钱还给我，并对我说：'以后你不用管我了！'"

老舍对我说的这段事，我记得非常清楚。我也曾给阳翰老信中谈到过，问他是否发生过这件事？他知道否？我与蓬子一九四九年后同在上海搞新书出版业，他与张静庐、王子澄等和我经常来往，同业间背后称他是"三面刀"，形容他为人的势利眼。后来作家书屋开在上海延安西路上，一九四九年后，他投机得法，约请了一批留苏托派学者，从俄文抢译了许多有关经济方面的书，正符合当时社会上的需要，销路极广，赚了一笔大钱。他和我都是作协会员，同时出席过第一届文代大会，又在北京一起参加过第一届全国出版会议。我在京期间见到老舍，谈到姚蓬子时，老舍对他总是摇摇头，不愿再谈到他。我想老舍背后从不道人之短，这一例外，完全是有根有据，决非是背后中伤。这一史实我拟写入本文时，为郑重起见，在给阳翰老信中也谈到了。阳翰老回信中说：

　　信中所提的两个问题，我简答如下：
　　（一）作家书屋创办的时间大概是在抗战胜利前后，确切的时间和具体的情况，我都记不清楚了。
　　（二）关于老舍和蓬子拆伙的事情，我没有听说过。至于你信中所谈的事情，可以写到文章中去，没有关系。

一九七九年文代大会结束后，我曾在北京拜访过端木蕻良同志，我们那天共同回忆起老舍先生"文革"期间受害惨死的事，也共同回忆起北碚时期的生活。端木说："老舍在北碚时，我在复旦大学教书，我们当时生活都艰苦。老舍为作家争取斗米千字而奔走呼号。姚蓬子开的作家书屋，根本没有为保障作家应得利益做过什么好事，所以老舍在北碚常说这不是真正的作家书屋。"当我谈到蓬子把二十元钱退还老舍的事，端木说："你完全可以把它写进去。这种事只有蓬子这样的人才会干得出来的。"老舍先生是从来不对朋友背后说长道短的，但他为人正直严肃,如果一旦受人欺侮,他是会坦率地说出心里话的。

最近,偶尔读到胡风口述梅志整理的一篇纪念冯雪峰的文章里,也谈到重庆时期蓬子办作家书屋的事。文章说:"姚蓬子办书店利用一些名作家,不但恢复了名誉也赚了钱,他是尽可能地拖付版税,或者多印少付,一切看他的'良心'了。他赚了钱,买了房子,还打算和同乡做别的赚钱的买卖,对'文协'会刊《抗战文艺》是一点兴趣也没有了。……"①

由于此后老舍协助我合办了一个出版社,他在北碚时期的一个理想终于实现了。我在此后的日子里,一直记住老舍对我说过的有关姚蓬子办作家书屋的事,我经常以此作为反面教材,时时警惕自己,要真正做到老舍此后对我提出的要求——编辑要为作家忠诚服务,才能取得作家的信任。

一九四五年,正值伍联德先生创办的良友图书公司二十周年纪念,我学习开明书店在创业十周年时出版一部由各名家合写一部小说集,取名《十年》作纪念的先例,请了二十位在渝著名作家各写一篇散文,编成名为《我的良友》的散文合集,此书一九四五年八月在重庆付排,一九四六年一月在上海初版,印数极少,至今多数图书馆均无收藏。原拟分出上下二册,后因抗战胜利结束,有几位已答应写稿的朋友,分返各地,所以仅出一册,应约写稿者有巴金、茅盾、冰心、洪深、郭沫若、艾芜、曾虚白、沙汀、靳以等,老舍先生也给我寄来了一篇,题名《三函"良友"》。这篇文章是作者写的一篇散文,并非如一位读者所猜想是写给我或良友公司的三封信。收信人也是随便地拟了一个"琴"字,也许在作者心中是一个理想中的人物。文中谈及老舍的交友之道,老舍是热爱朋友,广交朋友

---

① 胡风:《深切的怀念》,见《新文学史料》,1985年第4期,第12页。

的；也谈及创作与批评家的关系，写信者当然是老舍。时间正在一九四五年，地点在北碚。这是研究老舍重庆时期创作和生活的重要史料，过去似乎没有人提及过。

五、上海一席谈——勉我"以诚相见"

抗战末期，眼见德意法西斯相继倒台，日本军国主义的日子也不会太长了。我心中盘算着一旦胜利到来，良友复兴图书公司迁回上海后，如何扩大资本，整顿公司机构，准备大干一番。可也不能不记起被迫离沪前的旧事；抗战虽告胜利，上海局面如何，也未可过分乐观。在重庆期间，和我一起自沪来渝的张沅恒先生因画报出版无望，早已去昆明经商，"良友"的牌子是由我一个人扛着，助手仅有数十年共事的王九成先生，公司的会计、发行和杂务工作都压在他一人身上。我们在战时首都，相依为命，维持着"良友"的业务。胜利来到后，我于一九四六年春节前夕，通过商务印书馆史久荣的关系弄到一张飞机票，王九成留下看管公司的财物、图书和纸型。原来在英年大楼的大写字间退了，王九成和我那在南开中学念书的大儿子修仁，一起向唐性天租了重庆华中图书公司楼上的一间小屋暂住。不料一九四六年五月间"华中"发生火灾，把"良友"内迁留下的一点东西，全部化成灰烬，这也预示着良友复兴图书公司的命运前途非常黯淡。

我在重庆的最后几个月，为将来返沪恢复并扩大出版业务，作了许多积极准备。第一，筹备续编"中国新文学大系·第三辑·抗战八年"八卷，其中报告文学卷，得到老舍同意，担任编选,此事我早已写在其他文章①中;第二,续编"良友文学丛书",这套丛书,在上海抗战前已出四十种(实际出了三十九种),到重庆后,又得到茅盾的散文集《时代的纪录》,用土纸印了一版。我计划回上海后,另出一套"良友文学丛书新编",当时老舍的《四世同堂》已在重庆的《扫荡报》上发表了第一部《惶惑》,共三十万字,可分上下二册;经老舍同意,列为"良友文学丛书新编"第一种,在重庆发排,由作者自校清样后打成纸型。第二部《偷生》在重庆《世界日报》连载至一九四五年十二月十五日,也是三十万字,分上下二册,列入"良友文学丛书新编",为第二种,也在重庆排版制型。此外,把作者尚未动笔的《饥荒》,列为第三种,先刊预告。在我离渝之前,和老舍谈话时,他曾向我提出了将来由"良友"出版《老舍全集》,计划拟把所有已发表作品及将来准备写的,分出二十卷一套。至于三部六卷的《四世同堂》可以分别先出单行本列入丛书,我认为不成问题。老舍在书籍装帧上,要求我用第一流的印刷条件,并要求,等三部六卷出齐了,另印一部有一百幅插图(一段一幅)的特精装插图本。我也答应了。这因为抗战前,早有"良友文学丛书"特大精装本四种出版(鲁迅、巴金、沈从文、张天翼);《四世同堂》出齐后,印一部插图特装本,这正符合良友在出版形式上的传统特色。为了取得双方的信任,我记得为出版《老舍全集》还签订了一张约稿合同。我飞回上海时,"大系"的八份合同和《老舍全集》的一份合同都放在皮包中。到上海第二天,有几位老同学来访,我还拿出来让他们看看,他们都为我胜利返沪后可以大展宏图

---

① 《话说"中国新文学大系"》,见《编辑忆旧》第154—225页,北京三联版。

向我预祝，我也以此自勉。老舍提出要"良友"为他出《老舍全集》时，看来决心很大，而这正适合我的一个编辑理想。我看到过许多欧美大作家的成套全集本，往往二三十卷，统一装帧，蔚成大观。我自己从旧书铺里买到过几套，其中波兰作家约瑟甫·康来特（Joseph Conrad）三十多卷本，内行朋友认为是最好的版本，国外也不多见。而三十年代自己就有想为现代中国重要作家出全集本的设想，当时一部编纂过半的《徐志摩全集》原稿，中途被胡适和王云五互相勾结从我手中夺走（此书已于一九八二年由香港商务出了五卷，由我写了篇长序），我总有一个要出几套全集的愿望。与郁达夫家属共商出《郁达夫全集》，也在这一时期，所以可说老舍和我正想到一块去了。

但是我到上海后，处境大变，公司股东内部纠纷越演越烈，我就退出了"良友"。良友复兴图书公司也就在一九四六年五六月间无形停止。"良友公司"从此就和上海出版界告别了。当时我在事业道路上遭到这种打击，内心甚感痛苦。当太平洋战争发生后，我被迫只身逃离孤岛期间，我常与郑振铎商谈，他忠贞爱国，劝我快快离开孤岛，免得对方一不做二不休。我也曾在北碚和老舍谈过我逃离上海的经过，他也支持我这一出于爱国的行动。现在回到上海，就是原来的那位商人股东又要同我来争这一有过光荣历史的出版阵地，我既无力卫护它，最后采取宁为玉碎，不为瓦全的方法，郑振铎是全力支持我这样做的。他当时曾约我参加他们几位文艺界朋友合办的上海出版公司，我婉辞谢绝了。

正在自己事业上遇到极大困难的一九四六年二月中，老舍自渝来信告诉我，他和曹禺二人，应美国国务院的邀请，将去美国讲学一年，即将来沪，搭船去美。我在重庆的最后几天曾去北碚向老舍告别，他非常关心《四世同堂》的出版情况，我告诉他第一二两部上下各二册纸型都已打成，来不及在重庆付印，而重庆仅有土纸，所以不准备印土纸本，纸型带到上海，即可用白报纸印刷了，老舍同意我这个做法。那时巴金同志也已答应给"良友文学丛书新编"写两部长篇：《寒夜》和《第四病室》。后者的原稿也是在重庆发排制型的，我也把它带到了上海。我到上海后，就在上海南京东路哈同大楼五楼，向一位正在上海经商的小学时代的老友张韦涛兄借用他的写字间的一角之地，作为办公用，先把几付纸型用白报纸印出第一版，那大约是一九四六年的一月。由于年代已隔得很久，当时心绪极坏，而自己原来收藏的初版样书，"文革"期间已弄得不知去向，所以我一直以为老舍和巴金的四部长篇，都是"晨光文学丛书"一九四六年十一月出的第一版。这次在一位老友处，忽然发现一九四六年一月上海出版的《惶惑》上册，书名用的是《四世同堂》，而且是作者签名本，我才想起发生在一九四六年上半年的许多事。① 个人的记忆有时也有不完全正确的，印在书上的文字纪录，特别是出于别人之手，才是最不会出错的史料。感谢巴金同志在一九四六年十一月十一日写在《第四病室》"晨光"版初版本中《后记》里的一段话：

> 《第四病室》是去年（指一九四五年）在重庆西郊沙坪坝友人家中蚊子的围攻下写成的，但排印成书时已是胜利后的若干日了。中间因了种种缘故，这本书在重庆排成的小书，直到今年一月才在上海出版。可是过了两个月，不但这本书没有下落，连

---

① 参见附录：《〈四世同堂〉的坎坷命运》。

出版这书的书店（指良友复兴图书公司）也渺无音信了……

从这位最支持我出版事业的老友的这段话里，已足证明，我从重庆带回的几部纸型在一九四六年一月，仍用"良友文学丛书"名义出了最早的一版，包括《第四病室》；只是印数极少。这件事可向将来研究老舍和巴金作品版本史的学者提供可靠的资料。巴金在后记中所说"中间因了种种缘故"这句话，说明他也是了解我与"良友"的那段曲折纠纷，并同情我宁为玉碎的想法的。我记得我当时也曾原原本本地告诉了巴金，他出于支持我的正义感和深厚的友情，此后也就支持了"晨光文学丛书"的出版事业，介绍了几种友人的文艺创作。

老舍和曹禺到上海后，二月十八日全国文协上海分会曾在金城银行餐厅举行过一次欢送大会，美国的费正清也出席了。老舍还讲了话，我也参加了，赵景深著《文坛忆旧》中刊有当晚盛会后的合影。我在当时所住愚园路寓所，也曾设宴饯行，出席作陪者有叶圣陶、郑振铎、许广平、章靳以、巴金、赵清阁、凤子等。虽然都是三十年代曾一起活跃于上海的老朋友，但抗战八年，部分在内地，部分在孤岛，久别重逢，大家都有许多话要说，而两位主客，更是即将远渡重洋，去美国讲学，互相举杯，频频祝酒。席间，许广平谈了最近正在搜集鲁迅书信，编《鲁迅书简》的事，并向在座者征求支援，后来，我就把我收藏的鲁迅书信全部送给了她[①]。郑振铎知道"良友"处境困难，一方面要我主持正义，不为所屈；巴金、靳以等都是对良友有过深厚感情的，既对我表示同情，对那种商人企图插手进步出

---

① 见《鲁迅书简"完璧归赵"》。

版事业，也表气愤。席散以后，老舍约我次日去爱文义路爱文新村谈谈，他留沪期间，就住在他的济南老同事王敬康家里。

这位王敬康先生，我去看望老舍时仅见过一面，我去年搜集有关老舍资料时，才知道当时他在上海办了个名叫《上海文化》的刊物，写过一篇《与老舍先生抵足一月记》的文章，摘录两段如下：

> 老舍此次来沪，笔者很幸运，每晚有机会与之促膝甚至抵足长谈，不知天之将明，一别十年，这位文化巨匠，变得多苍老，多衰弱。……他说："中国的文化人是最苦的。在抗战时期，像洪深，竟因不能维持生活而自杀；这不但表显出中国文化人的末路，而且是整个中国的羞耻。"……他的《骆驼祥子》被译成英文在美国畅销后，使美国人对于中国人的观念更改了不少，并且好莱坞有意拍成电影。以中国为题材的新片在美国曾拍摄过不少，像《大地》《龙种》等，但那都是美国人书本中收集来的。以中国人自己的小说被摄成电影，《骆驼祥子》可算是首创了。
>
> 他希望在此次赴美讲学机会中，成就几件工作：第一，希望能积极沟通中美两国的文化，以促进邦谊。其次，希望好莱坞在采取他的小说摄成电影时，他能收集一笔款子，能对国内的文化人做一点有益的工作……①

王敬康这篇文章，对我回忆当时去王家与老舍作促膝长谈

---

① 见《上海文化》第三期，1946年3月20日。

的内容上，提供了珍贵的背景资料。那时老舍心中有了两个底，一则去美国后，不但《骆驼祥子》英译本的出版商雷诺·希区考克出版公司会付他一笔原作者应得的版税，这一点费正清夫人费慰梅（Wilma Fain—bank）在他离开重庆前已给了他暗示（后面会谈到）；而更大的希望在于对此书由好莱坞摄成电影。二则，老舍念念不忘的，不是个人的生活问题，而是要为生活困难的中国文化人，具体地说，为中国的文化事业做一点有益的工作。他是一位作家，他也想像中国其他几位著名作家那样自己办个书店，开个出版社，而况他在抗战期间早有"自己能办个出版社该有多好啊！"的美好理想。当他到了上海，见到了我正在为恢复"良友"这块牌子而走投无路，无法摆脱困境，正处于要续办障碍重重，要脱身又心有未甘的十字路口；他一定也从郑振铎、巴金等老朋友处知道了我陷入困境的实情。于是当我与老舍在王敬康客厅里，仅留下我们两个人时，老舍忽然握住我的手，爽朗地对我说："家璧：你目前的处境，我从各方面都了解到了。你办出版社的态度，一向是认真负责的。'良友'的名誉卓著从三十年代起直到现在，文艺界朋友中都知道你曾出了不少力，作出过贡献。但是事业主要靠人去做，牌子仅起小小的作用。现在'良友'既然有人作梗办不下去了，我们两个人来合办一个新的。一个作家和一个编辑，携起手来，办个出版社，也可以打出一块新牌子来，你不必恋恋不舍那块'良友'的老牌子了。我到了美国，可能会拿到一点钱，如果有多，我就给你汇些美金来。你自己也去想法凑些钱，这个出版社，除了出《老舍全集》外，其他仍按你过去经营'良友'的办法多出好书，要为作家好好服务。我仅投一点资，一切由你去主持，赚了钱分我一份，亏本，我不管，不能再向我要。我们用'相见以诚'四个字来共同合作。"老舍说这段话时,既诚恳,又严肃。这对正在黑暗中摸索,苦于找不到出路的我,真像是一道耀眼的阳光,射在十字路口,向我指出了一条继续走下去搞出版工作的光明大道。我开始有些怀疑是否在梦中,因为我在这几个月中神经被搞得迷迷糊糊。今天简直遇到一个大救星了。我向他表示衷心感谢以后,忽然想起了北碚时期,老舍对我谈起过关于姚蓬子让他受骗上当的事。我半开玩笑地对老舍说:"你不怕我让你遇到第二个姚蓬子吗?"他张口大笑说:"你和蓬子怎可相提并论呢?"

那天,我回到家,把这个消息告诉了老妻子女,他们都说:"舒伯伯是个大作家,又是一位心地善良的人,现在你可以不管'良友'那块旧招牌,不再去理会那些商人股东了。再开创一个新局面罢!"

六、老舍在美国——写作和斗争

老舍和曹禺从一九四六年三月起,两人同住在纽约西八十六号街的一座楼上,美国国务院的津贴最多不过一年,曹禺一年后就回国,老舍共待了三年(1946—1949)。他一九四六年九月二十三日曾去过一个设在萨拉托加·斯普林(Saratoga Springs)专为资助文艺界人士的生活和创作叫做"雅斗"(Yaddo)的休养中心,住了三个月[①]。但不久又回到纽约来住。老舍在美国几年,与他相来往的仅有两种人,一种是开明的进步的美国文学家。《大地》作者赛珍珠(Pearl Buck)

---

① 日本石垣绫子作《老舍——在美国生活的时期》,见《新文学史料》1985年第3期。Yaddo译名"雅斗",根据该译文。老舍把它译称"雅各"。

与他经常来往。赛珍珠在中国生活过多年，对《骆驼祥子》评价甚高，老舍刚到美国时，赛珍珠经常设宴为他介绍给美国文艺界出版界。同斯沫特莱也有交往，他们在中国早已认识，就是斯沫特莱请老舍和她同去"雅斗"的。还有爱特迦·斯诺也在美国见过。当时王莹也在美国，她是爱好戏剧的，有一次，她请著名戏剧家勃来希特与老舍见面吃饭，钱却由老舍付了。另外一种人是在美国的地下党同志，其中有冀朝铸、司徒慧敏等。此外，还有一位名叫乔志高的老朋友，他是第一个介绍老舍作品给美国读者的。乔志高在香港《明报》（1977年8月）写过一篇《老舍在美国》，除了谈老舍在美国写作翻译等工作情况外，还讲过这样一个笑话。说老舍搬到塔夫脱大饭店住的时候，有一天，在电影院大门前有一个老头向他借五十美元，说是去第三十四街马赛百货公司取修理的手表，另外把手头一个拎包交老舍暂时保管，结果老头一去不复返，向后门溜了。老舍打开一看，原来是几层报纸和一块砖头。乔志高说："一九四九年十月，我又一次见老舍，这次是他来到太平洋岸返国前夕。他对我说，太太、子女已从重庆回到北京，回国主要原因是与家人团聚。"

由于老舍在美国寄我的近二百封信完全丢失了，我现在仅能谈两方面的事：他在美国做了些什么工作；写了哪些新作，编了哪些旧作的集子；他在卫护他自己的著作权方面，与美国商人进行了哪些斗争。

老舍去美国之前，对《骆驼祥子》抱着两种希望。向出版商争取原作者应得的版税；与好莱坞电影公司谈判如何拍摄电影，其中既包含原作者应得的物质报酬，还有电影改编者和导演如何尊重原作的问题。

老舍离沪到美国后不久，就寄给我《骆驼祥子》英译本普及版一册，我至今还珍藏着作为纪念。此书是老舍去美前一九四五年由雷诺·希区考克出版公司(Reynal Hitchcock Co.)正式出版的，当时得到读书界的好评，便被选为每月畅销书(Book of the month)（这是美国通行的推销制度，一旦入选，印数高达数十万，书价减低，成为廉价的普及本，但书商利润大增），所以一九四六年版权改由日规出版社(The Sun Dial Press)租用。此书的译者是伊凡·金(Evan King)，他原名罗伯特·S.沃德(Robert S.Ward)，曾在美驻华领事馆工作，略通中文。他未得作者同意，在翻译过程中，违背作者意图，把悲剧的结尾，改为大团圆结局，用以迎合美国一般读者的心理。而这个英译本，在书的封面上，用汉字另写了一个中文书名叫《洋车夫》，英译书名也改为 Rickshaw Boy。这是外国殖民主义者对我国拉车的劳动人民的一个贬称。从改换书名一点上，足见译者是站在美国人传统的歧视华人的错误观点上的。所以老舍寄我此书时所附的信上，曾对我说，"赠你此书，一则留作纪念，二则要你把它和原作对照来看，怎么不叫人气死！"

老舍回国后，于一九五〇年四月为晨光版《骆驼祥子》改订本写过序，说：

一九四五年，此书被译成英文。译笔不错，但将末段删去，把悲剧的下场改为大团圆，以便迎合美国读者的心理。译本的结局是祥子和小福子都没死，而是由祥子把小福子从白房子中抢出来，皆大欢喜。译者既在事先未征求我的同意，在我到美国的时候，此书已成为畅销书，就无法再照原文改正了。

>……
>
>好莱坞一家中国电影公司曾决定采用此书，制为电影片，但未成功，而且或者永远没有实现的希望。

从这段序文中，既可以看到作者对英译本的不满情绪，更说明《骆驼祥子》拍摄电影事，已彻底吹了。这原来是作者离沪前与王敬康夜谈时所寄予希望的，作者离国前对我谈话时也提到过，但他一到美国，和好莱坞著名华人导演黄宗霑（James Wang）谈判如何改编成电影剧本时，双方各执一端，很快就破裂了。这件事，老舍自美来信时，屡有提及，并且感到很气愤。所以序文中说："永远没有实现的希望了。"因为美国制片商还是抱着过去歧视华人、轻视华人的殖民主义者的目光，企图利用正在美国讲学的老舍的大名，和已在美国读者中造成广泛影响的这本改名为《洋车夫》的英译本所得到的广泛声誉，像《大地》《龙种》一样为资本家捞一笔大钱。而我们这位爱国的是非分明、正义感极强的作家老舍先生，是决不屈服于百万美金（我猜有此可能）的面前，让好莱坞那帮子拍成一部歪曲原作的影片；他永远卫护着他那颗爱国爱艺术的良心。

老舍对《骆驼祥子》摄制电影的想法，虽然落空，但出国前费慰梅所说可以由英译本出版商雷诺·希区考克出版公司酬付原作者一定版税的事，还是按约实行了。费正清夫人费慰梅女士去年应我国政府邀请来北京参加国庆盛典后，曾专诚去丰富胡同老舍故居看望胡絜青同志，她除了对已故作家表示哀悼外，还向胡絜青提及原作者在美所得稿酬，比起英译者所得巨款，实在微不足道，表示了歉意（这是去年胡絜青事后对我说的）。虽然当年一家美国出版商对中国原作者付以一定的版税，确是例外。现在看来,除了那时当美驻华大使馆文化参赞的费慰梅个人从中做了些工作以外,这家出版商愿意这样做,也还有一个原因,那是我从老友冯亦代兄处最近才获悉,而且他已写在新著《龙头集》里。

原来雷诺·希区考克出版公司里有位年轻编辑法兰克泰勒(Frank Taylor),他的父亲是该出版公司的股东之一。一九四六年时,他到上海,由美国新闻处的耿美丽(Marian Gunn)小姐举行了一次欢迎他的酒会,冯亦代兄和他从此相识了。据冯亦代说,他对中国人民的解放事业很有感情。第二次世界大战后,他认为只有中美两国人民的友谊结合,才能稳定世界。他是斯诺的好朋友,他相信斯诺在《西行漫记》中所写的一切,因此对于中国共产党在解放区所建立的事业,十分向往。可是美国人民很不了解中国,所以他说服了父亲和书店的主持人,计划出版一套中国"五四"以来进步文学的英译丛书,目的就是要通过文学作品来宣传中国。他到上海后就找到孙夫人,冯亦代还陪他去见过郭沫若和胡风等。但是这套丛书出版老舍的《骆驼祥子》之后,因外在因素,未能继续翻译出版下去。[1] 冯亦代文章中说,泰勒当时还企图经过北平去延安,在北平时虽因车祸摔伤了腿,但还是去了延安见到了毛主席、周总理等。时隔近四十年,一九七九年冬,泰勒又到北京,才与冯亦代谈起这些旧事。我从这段旧闻里,才理解到老舍到纽约后为什么他能受到出版商雷诺·希区考克出版公司如此合理的待遇,用美金付了他的劳动所得(原作者应享的稿酬)。这个公司以后还继续出版了老舍的其他著作。

---

[1] 冯亦代:《记泰勒一家人》载于《龙头集》,第115页,北京三联书店,1984年。

老舍从美国写给我的信全不见了，但他当时在纽约所写寄我刊在各种晨光版老舍著作中的序文，是至今所能找到的唯一第一手资料。下署老舍一九四七年五月纽约的《离婚》新序，其末一段是这样说的：

> 到美国之后，出版英译《骆驼祥子》的书店主人，问我还有什么著作，值得翻译。我笑而不答。年近五十，我还没有学会为自己大吹大擂。后来，他得到一部《老张的哲学》的译稿，征取我的意见。我摇了头；译稿退回。后来，有人向书店推荐《离婚》，而且《骆驼祥子》的译者愿意"老将出马"。我点了头。现在，他正在华盛顿作这个工作。几时能译完，出书，和出书后有无销路，我都不知道。

从这里看，《离婚》这个新译的选题是《骆驼祥子》英译本原译者向原出版社主持人提出而得到同意的。但到一九四八年，这个出版社出版《离婚》英译本时，译者已不是《洋车夫》译者伊凡·金，而改为旅美华人郭镜秋女士（Helena Kuo）了。书名也改为 The Quest of Love of Lao Lee（老李对爱的追求）。其中发生了什么变化呢？原来在一九四七年下半年，老舍和伊凡·金之间发生了一次法律上的争论，几乎涉讼美国法院。这件事，与我略有牵连，但当时未明真相，现在才把事实经过总算弄清了。

大约在一九四七年秋，老舍从美国来信，说《离婚》将在美国出版，但此事发生了纠纷，牵涉到美国的版权法，要我在国内立刻为他去弄两种证明《离婚》著作权系舒舍予（S. Y. Shu,

这个正式的英译名是信中填明的）所有的文件。一张要南京国民政府盖章，一张要请一位上海有名的美国律师签署。我接信后，立刻去办，但在美国究竟出了什么事，我无法理解，老舍除表示"十万火急"外，其他什么话也未说。南京政府中我有大学时代的旧同学，这类著作权证明书在国内本来无此需要，因而也无此规定。但通过私人关系，我第二天就从南京回来，手中拿着盖有红色大印的中国政府证明文件。但要在上海找个美国律师，一则我没有门路，二则要花一大笔钱。孤岛时期，报刊之类找个美国律师挂个名，就可自由出版，现在抗战胜利，情况不同，而且全国已进入内战时期，美国律师挂牌营业的也不多了。当时为了出版"美国文学丛书"我经常去和郑振铎商谈。他是知道晨光出版公司是老舍帮我合办起来的，老舍托我办的事，他这位热心人是毫不犹豫地为我动了脑筋。我把老舍来信和南京弄到的证明都给他看了。他想了一下，一拍桌子就对我笑嘻嘻地说："有了，找凤子去，找沙博理去，他不是美国的挂牌律师吗？"给他一提，我才想到凤子是我们大家相熟的老朋友，我为老舍饯行那天，她不是也被我请来作陪的吗？而且她也是冯亦代的朋友。这次又是冯亦代兄的《龙头集》里，正好有一篇《凤子和沙博理》的文章，让我了解到关于沙博理的一点历史。原来沙博理（现已入中国籍，任全国政协委员）年轻时，在美国与进步的戏剧运动有关，是一些进步剧团的法律顾问，因爱慕中国才积蓄一点钱，飘洋过海，四十年代来中国观光。那时国共谈判破裂，解放战争已开始，而他始终关心中国人民的解放事业，与专搞进步戏剧运动的凤子女士相识，以后发生恋爱，就在上海结婚。冯亦代的这篇回忆，就是从参加他们的婚礼写起的："一九四七年你们结婚，我还是婚礼的筹备委员,地点是上海静安寺路一家酒家。"① 为了决定写这篇文章,我就于去年写信给凤子,托她请沙博理回忆证实,当时沙博理以美国律师资格,曾应我的请求,为老舍的《离婚》著作权出过一份英文律师证明书。凤子于复信中说:

> 您计划写一长文回忆老舍先生,太有必要了。您最了解老舍先生,你们相处时间那么长,你能写得好,预祝你早日成书!
>
> "文革"期间,多少资料被毁,无人例外,经过"文革",我们又进入老年,记忆力大多衰退,往事许多都忘怀了,您提到沙博理为老舍写版权证明一事,我们两人都回忆不起来了。
>
> 我们是到北平等解放的,在上海的东西都丢失了,加上"文革"劫难,手头什么材料都没有了,你希望有什么有关文件能复制给你,也只有使你失望了。
>
> 凤子　1984年3月8日

我这两年写回忆文章,当我泛泛地去信或口头问起老朋友时,因年深月久,回答经常是"记不起来了"。但如果我能提出一两点具体的线索,倒可以提醒隐没在当事人大脑皮层角落里深深埋藏着的某一件完整的往事。这是我这两年里总结出的一条经验。因此,我又写了第二封信给凤子,举出我那年去找沙博理律师时,是在上海热闹市区一座高层建筑的漂亮大写字间里,玻璃门上用中英文写了几位美国律师的大名,而那座高

---

① 冯亦代:《龙头集》,第78—86页,北京三联书店。

层建筑，出入洋人甚多。我这一具体的线索，在沙博理的记忆里立刻起到了作用。凤子的第二封复信一开头是这样说的：

> 首先请你放心，你写回忆老舍的文章，关于沙博理出证明事，他绝不会否认。
>
> 他说，他确实是忘记了。关于他当时做律师时的办公室，他只记得是四川路的一个公寓楼，但忘了公寓的名字，这是他自己挂牌执行业务的地方。但再早一点，他是一个美国律师的助手，那位律师的事务所是在福州路江西路转角的建设大楼 (The Development Building)，这座楼是比较有名的。你去找他，如果是一个比较阔绰的地方，那就是建设大楼。你可以回忆一下当时你去的地方，反正你怎么写都可以。

这就被我诱发出了一个我要求答复的问题，信是去年三月八日发来的，凤子的这个答复，已具备了我把沙博理为老舍出证明的事写进我的回忆史料的条件了；而建设大楼的二楼就是当年上海美国新闻处办公的地方，我与美方联系"美国文学丛书"出版的有关事宜，就在这座大楼里。沙博理自己可能还未独立挂牌，而我当时要为老舍找寻的是一位响当当的美国大律师，好让他拿到手后在美国起到更大的法律作用。

我自认为是出版界中人，但对新书的出版信息非常不灵通。最近去北京，三联书店范用同志送了我一本沙博理著《一个美国人在中国》的自传。一开头，就讲了一九四七年到中国上海时是三十二岁，纽约州律师公会的会员，在美国哥伦比亚大学选修汉语课,"以后在耶鲁大学结识了一些中国学生,他们建议我到中国去。他们说一个能说汉语的美国律师肯定很吃得开。"他到上海后,决定一一访问美国法律事务所(一共只有三四家),看看他们有没有在北京的主顾需要一个年轻的美国律师(他当时想去北京)。他头一个去拜访的律师,没有写出真实姓名,而用"哈定"作代号。这位哈定在建设大厦租了整个十一层楼,哈定和他一见面,就同意把他作为律师事务所的合伙人。沙博理就接受了这个邀请,每天上建设大楼十一楼去办公。① 这样,在为老舍那份著作权证明书上签名的,大约就是这位哈定大律师了。

老舍接到我为他奔走得来的两份文件,来信甚表感谢。至于他究竟为了什么,要我在国内如此大动干戈呢?他回国后直至逝世前,我没有当面问过,他也从未向我说过。直到前二年,我为了写这篇文章,四处寻找资料,才弄清了发生在美国的这件事情的来龙去脉,那是与出版英译本《离婚》有重大关系的版权纠纷。

原来老舍在《离婚》新序写成寄我后,那位老舍序文中称他为"老将"的《骆驼祥子》原译者伊凡·金,出了大花样。《离婚》一书是老舍自认为得意之作,小说中想离婚的一个都没有离成,这正是作者要写的,"那些人又恰恰的害着通行的苦闷病"② 患者。而这位善于窜改原作的伊凡·金先生,这次翻译《离婚》,又把老李和马少奶奶结成一对作为小说的结局。这使老舍怒不可遏,老舍和他闹翻了。但伊凡·金一不做二不休,雷诺·希区考克公司主人为尊重老舍起见,便拒绝出版伊凡·金

---

① 沙博理:《一个美国人在中国》第20—21页,北京三联,1984年。
② 《我怎样写〈离婚〉》,刊于《老舍论创作》第31页,上海文艺版。

的译本，但伊凡·金靠了他从《洋车夫》所得巨额稿酬，自己成立了一家伊凡·金出版公司，坚持出版他的《离婚》译本。在美国，只要你有钱，又有发财的机会，组织个出版公司是易如反掌的，但他要违背原作者的意图，出版老舍的《离婚》英译本，按美国保护著作权的有关法律，原作者在美国可以提出起诉。老舍就是为了与伊凡·金打官司，为维护自己著作的权利，才展开了卫护正义的斗争，要我为他在国内准备了上述两个证明书。诉讼结果或是谈判结果（详细经过至今不明），伊凡·金当然失败。原出版社，雷诺·希区考克出版社是正派的出版社，是尊重原作者老舍的主张的，所以由老舍另找旅美华人郭镜秋女士翻译。她是上海沪江大学毕业生，一九三七年抗日战争后去美国，后又去英国担任《每日邮报》记者，美国参战后，在美国好莱坞工作，一九四二年后，写过自传体小说和其他文艺作品。这个合作，使老舍感到很满意。雷诺·希区考克出版公司为尊重原作者意见，拒绝了伊凡·金的盗译本，而出版了原作者同意的郭译本，只是把书名改为《老李对爱情的追求》。在这个正式译本的版权页上，书明"版权所有者老舍"，在老舍笔名之后，又用括号写上舒舍予(S. Y. Shu)的全名。这本样书，老舍曾从美国寄赠我一册，我至今还保留着。与伊凡·金译的《洋车夫》版权页相比，显然不同，后者的版权页上，注明"版权系雷诺·希区考克公司所有"。根据研究国际版权法的朋友说，国外致付版税稿酬标准，就表现在版权页上的不同说法，所以这位朋友说，美国出版商付给老舍的稿酬，《离婚》一书肯定高于《骆驼祥子》，这说明上海寄去的两份证明起了一定的作用。

但是在拜金主义的美国社会里，权利不在正义这一边。据当时《大公报》名记者子冈在美国访问老舍时，老舍就对她说："美国出版家是追逐利润，善于估计市场胃口的。"子冈文章中说："当老舍初到美国时，有一位译者译了他的《离婚》，他把稿子拿来过目，老舍说，不能承认是根据他的原作翻译的，因为其中添了不少描写性欲的片段。可是尽管老舍否定这本书的出版，这位可鄙的译者还是私自掏钱印行了。后来打了一场官司，只有通过商会，要求各书肆不予代卖这本书。"[①]

伊凡·金的那个盗译本，经过老舍向美国的书业商会和法律机关依法起诉后，虽未被正派的雷诺·希区考克出版公司接受出版，他自己却去成立了一个以个人名义出面的伊凡·金出版公司，照常发售。又为了迎合美国的爱好低级趣味读者起见，内容毫不顾及原作的严肃性，随意发挥，无中生有，利用离婚二字，大写两性关系，还把汉语或口语无法正确直译的就胡乱用大段文字来意译。最可笑的是把作者老舍常用英译名 Lau Shaw 或 Lao Sheh 不用，改用意译为 Venerable House（古老的房子），迹近侮辱。书名直译为 Divorce，用纸面普及本形式出版，厚达四百四十页，售价仅美金一元（我估计郭译布面精装本至少五美元）。更为可恶的，版权页上居然写"版权归伊凡·金所有"，因为封套上写的是《洋车夫》译者伊凡·金根据"古老的房子"（即老舍——作者注）所作《离婚》京话本翻译并改编而成。既不说译自中文本，而说京话本（Pekinese），用以混淆读者耳目，逃避法律责任。书后有一篇后记中，还为故意增加大量性的描写文字进行辩解。还说"译本如有与原作不符之处，错误由我，仅我个人负责"。何怪老舍回国后，从未和我谈起这回事，我直至最近从舒乙处才见到

[①] 子冈：《老舍先生谈美国》，刊于《进步日报》，1950年2月。

这个盗译的英文译本。在这样一个投机取巧的无耻文人面前，虽有合法凭证，在资本主义的美国，也无法可施。子冈采访老舍是在他离美前夕。老舍回北京后数日，在一次国内文艺家的聚会上，当时任上海《文汇报》记者的黄裳有一段报道老舍在当天酒席上的发言。文章说："当大家问起老舍在美情况时，老舍喝了几杯酒后，说到了美国的'文化'时，提到了有关《离婚》译本在美涉讼的事，他气愤地说：'先是给别人（当然指伊凡·金——作者注）偷译了，加上了一个莫明其妙的尾巴。交涉了半天，也并无结果。我自己出了全译本（指郭译本——作者注），可是并不卖。美国人搞文化，就跟做生意差不多，一本书出版，先得在各方面大做广告，明星也能代你吹一通，戏院、药店……都得有些小广告，加上广播那才成。否则什么书都别想卖。"[1] 乔志高也知道此事的经过，所以他的纪念文章最后说："老舍回国后对友人们说'书在美国销，还得看时机'，还得看刺激性，说刺激性就是说造谣与空想的成份……"[2]，所以从《离婚》的英译本上，正义虽在老舍一边，稿酬却没有拿到多少，盗译本照样到处有售。郭译本，在一九五二年，又改由一家大出版商哈各脱·勃莱斯（Harcourt Brace Co.）出了一个版本，但我未见过这一版本的样书。

老舍与郭镜秋女士合作译完《离婚》后，又一起翻译了一部《鼓书艺人》(The Drum Singer)。他们两人住处甚近，老舍写成一章交她译一章。一九五二年，才由纽约的哈各脱·勃莱斯出版公司出版。版权页上注明版权属老舍（舒舍予）所有。故事根据作者在重庆结识的北方大鼓名手富舫（艺名山药旦）

---

[1] 黄裳：《老舍在北京》，载于《文汇报》，1950年2月28日。
[2] 乔志高：《老舍在美国》，刊于香港《明报》，1977年8月。

及其养女富贵花的一段历史为素材，以战时重庆为背景，写大鼓艺人方氏夫妇和他们两个女儿，如何受苦挨穷，在国民党黑暗统治下，过着屈辱的生活。此书中文底稿并未带回。老舍家属从未见到。他在给我信中，我也不记得是否提起过，但我脑中毫无印象，原稿丢落在美国，极有可能。现已由马小弥同志译成中文，一九八〇年由北京人民文学出版社出版，最近听说香港三联书店有意印英文本向国外发行。此书美国英译本，我在一九七九年冬在老舍故居见到过，是标准的精装本。封套上，正面印书名，背面印作者像和作者其他英译本全目，包括《骆驼祥子》《离婚》和《黄色风暴》目录，附印一段刊于《旧金山新闻》上的书评，我试译如下：

> 老舍的成就，也许已达到像托尔斯泰那样伟大小说家的地位。在今天还健在的小说家中，在托尔斯泰那样的传统方面，老舍已远远地超过他们，正像托尔斯泰是永生的那样，几个世纪以后，老舍的作品也会传诵于世。

老舍作品在美国赢得的崇高荣誉，于此可见一斑。

老舍在美国三年，在写作上所获得的最大成就，莫如把在一九四五年在北碚酝酿，并开始在报纸连载的百万字大长篇《四世同堂》的未完成部分，即第三部《饥荒》三十三段，全部脱稿了。这件事在给我的信中曾屡次告诉我，因为前两部《惶惑》和《偷生》各二册早已编入"晨光文学丛书"，前后已印了几版，第三部《饥荒》不但早见诸预告书目，而且已接到许多读者的来信催问了。

老舍回国以前，不但把《饥荒》原稿全部写成，还把《四世同堂》全书三部一百段，委托抗战时期曾在中国大后方从事进步的社会事业——"工业合作社"运动的艾达·普鲁伊特女士（Ida Pruitt，中文名甫爱德）翻译。在他们二人的合作下，由老舍根据已出的前两部四册书六十七段，逐段念给她听，有时省略两三句，有时省略相当大的部分，这是因为该书是出版商哈各脱·勃莱斯提出出版的，不是出全译本，而是缩写本，所以对字数和全书篇幅都有一定限制（这又是美国出版商从生意眼出发提出的要求）；到最后一部，由于尚未出中文版，作者向她念的是手写原稿。这又使我想起，大约在一九四九年初，老舍曾来信要我把晨光版《惶惑》和《偷生》用航空快件，向他邮寄了两全套去纽约。当时他信中讲过，这部《四世同堂》，有美国出版商愿意考虑接受出版，我内心为他高兴；但不知后来出版的是一个缩写本，而不是全译本。可是现在就靠这一缩写本，才为我们后代人保存了唯一可以窥见一百段《四世同堂》的全书概貌。一九八二年，由作者老友马宗融的女儿马小弥同志，把这部缩写本译成中文，由北京出版社出版。书末还由作者家属胡絜青和舒乙合写了一篇跋文。正如跋文最后所说："一百段总算找齐了，虽然并不完全等于原来的一百段，但不论从那个角度上讲，都是一件很有价值的事！"[①]

这位译者艾达·普鲁伊特，在一九七七年二月二十二日写给费正清夫人信中说过这样一段话：

> 对于你提的关于老舍的问题，我只能表示抱歉，因为我没保存日记，我不记得老舍是什么时间离开

---

① 《四世同堂》缩写本，第756页，跋。天津百花版。

的。我们一直工作到他离开。他曾非常苦恼,因为我翻译得"太慢"。他想回家,回中国去,他为此而焦急。①

这是费正清夫人想从译者那里探听到更多关于老舍留美后期工作情况所得到的答复。据她猜想,正在同一时期,老舍和郭镜秋白天一起在翻译《鼓书艺人》,而晚上七点钟到十点,则和艾达翻译《四世同堂》。一九四八年二月九日老舍写给香港友人的信上还说:"《四世同堂》已草完,正在译。这就是为什么还未回国的原因。……并不是因为美国舒服,才不回去——此地,对我并不舒服。"②

　　从出版年月来计算,老舍在美国出版所有著作的英译本版税收入,《离婚》译本既遭盗译盗印,正规译本受到影响而"并不卖"之外;后来在美国边讲边译的《鼓书艺人》和《黄色风暴》两种,出版者都是美国的大出版商,版权页上,明白印出"版权为舒舍予所有"的法律语言,但都是一九五一年后所出版,当时作者既已回国,中美邦交,因抗美援朝战争而处于断交阶段,作者应得版税,简直一无所得。我最近去北京,与祖琬及幼子修礼同去拜访老舍一家人,和舒济、舒乙等合摄一影。我对絜青同志说,我们的国家版权局现已批准成立。老舍名下应得的原作者版税,都可在那几家美国大出版商账册的应付未付项目中查清,而每本出版物上的版权页上,舒舍予 S. Y. Shu 的大名是最好的证明。这次倒确实值得请一位我国的大律师向

---

① 胡絜青、舒乙:《破镜重圆》,见《四世同堂》缩写本跋,第756页,北京出版社,1982年。

② 《老舍教学资料・下》,第291页。

美国几家出版商提出法律诉讼了。这是一件保护我国作者著作权益的合法斗争。也足以说明老舍生前应得的美金版税为数甚巨,实际上都未到手!

七、晨光版《老舍全集》的设想

老舍有意把已出版的所有著作编成一套装帧印刷达到高标准的多卷本《老舍全集》,早在北碚时期就和我谈过几次,这正符合我胜利返沪后在"良友"出版计划中多出几套高标准的系列丛书的理想。老舍当时的设想是先把分散在各个书店如商务、人间书屋的旧作版权买回来,然后统一编入"良友文学丛书"中,把新写的《四世同堂》分三卷各上下二册先列进去,并把丛书改称为"良友文学丛书新编"。等全部旧著经作者整理修订后,依次列入。将来条件成熟,重新用大本子排印再出精装本。当时预计全集本可先出十卷,此后视新作的生产情况,隔一个时期,再出十卷,合成二十卷一套。至于散见各处的诗、戏剧、散文等,将来找到多少,就陆续整理成卷。我一九七九年十一月去老舍故居时,舒济就从书堆中找出《老舍诗选》一册,是排校完成后准备付印的清样,共一百八十页,牛皮纸封面上有我在一九四五年五月三十日亲笔签字付型(即同意把铅版铸成纸型)的字样,其中包括《剑北篇》、旧诗和歌词等,我还为此书写了篇后记。这件事,我一点都不记得,大约当时作者另有打算,没有携沪出版,但恰恰证明是老舍和我在北碚设计编纂《老舍全集》时未完成工作的一部分。而当年设计的《老舍戏剧集》,在一九四八年十二月,列入"晨光文学丛书"第二十九种在沪出版了。

晨光出版公司成立后，我按"良友文学丛书"的传统，主编了一套"晨光文学丛书"，原在"良友"出版的作品，由原作者出具书面证明，收回著作权后，改交晨光出版公司出版。这样，从一九四六年十一月起，"晨光文学丛书"就以老舍的《四世同堂》（先出《惶惑》《偷生》两部各上下两册，《饥荒》上下两册刊出预告）和巴金的《寒夜》《第四病室》四部名家名作开始同读者见面。接着出版了钱锺书的《围城》、师陀的《结婚》、王西彦的《微贱的人》和《村野恋人》、端木蕻良的《大江》、王统照的《春华》、谢冰莹的《女兵自传》、徐志摩的《志摩日记》、李广田的《引力》、肖乾的《珍珠米》和田涛的《流亡图》、周而复的《子弟兵》等二十余种，得到国内外舆论界的好评。袁水拍译辑《新的歌》也收在这套丛书中。但因限于条件，都用纸面平装本了。

为了替出版多卷本的《老舍全集》作准备工作，老舍的作品，在这套丛书中占的数量最多。现在我把晨光版每种老舍作品列入丛书的出版经过，简述如下，以供现代文学史研究者作参考，可惜的是老舍每当出版一本晨光版的旧作时，他都作了一些修订，并在来信中谈了对这本书的写作过程以及自己对此书的评介等等，这些重要资料都在"文革"中丢失了。所幸从美国寄来的新序，保存着宝贵的史料，一九四九年后其他单位出版的许多老舍本子，都把当时的序文删了。很是可惜。

编全集，长篇小说好办，老舍当时示意我《四世同堂》《离婚》等当然列入，但对《猫城记》就举棋不定，他说，到美国后考虑考虑再给你写信吧。一九四七年，他从纽约寄我一篇《猫城记》新序。序是这样说的：

在我的十来本长篇小说中，《猫城记》是最"软"的一本。原因是：1.讽刺的喻言需要最高机智与最泼辣的文笔；而我恰好无此才气。2.喻言中要以物明意，声东击西，所以人物往往不能充分发展——顾及人（或猫）的发展，便很容易丢失了故意中的暗示；顾及暗示，则人物的发展受到限制，而成为傀儡。《猫城记》正中此病，我相信自己有一点点创造人物的才力，可是在《猫城记》中没有充分的施展出来。

此书最初是在施蛰存先生主编的《现代》刊露，为长篇连载。后来，书局歇业，它变成了弃儿。听说上海还有未得作者允许而擅自印行的，我在国外，不知其详，也没得到过版税，现在已通知他们停止发售和印刷了。

现在晨光为出版《全集》，重排此书，我不晓得怎办才好：让它继续作弃儿吧，它到底是费了些心血写出来的，于心不忍；让它再出版吧，它又是那么"软"，于心未安！因此，与其说这是篇序言，倒不如说一个未入流的作家的悔过书了。

老舍　一九四七、纽约。

关于《猫城记》的评价，国外高于国内，美国和日本都早有译本，有人把它称作童话，最近又有人把它称作科幻小说。我在一九五九年和老舍谈到人民文学出版社拟出《老舍文集》事，问过他，是否将把它编入，那时，他抱绝对否定的态度，严肃地摇了头；和一九四七年在美国纽约时不忍把它作弃儿的容忍态度相比截然不同。这因为一九四九年后的历次运动中，已有人把《猫城记》作为批判老舍的重要对象。"文革"期间，更被造反派视作一棵大毒草。他死后，对《猫城记》应不应列入《老舍文集》也有各种不同的看法。最了解老舍的曹禺先生说得好：

> 老舍先生一生的文章著作在千千万万的群众中，自然有他的丰碑；在世界文学史上也有他的地位的。
> 　　我认为我们应该出老舍先生的全集，这是我经过认真考虑的一个严肃的建议。因为我们不应该轻率地衡量和取舍他的作品，应该留给后世去评介。①

曹禺同志这段话说得多好啊！他主张将来应出版《老舍全集》，我完全同意这个主张。最近舒济告诉我，《猫城记》已编入《老舍文集》第七卷了。附有"现代"版短序，至于作者序文用幽默手法写成"年月日，刚睡醒，不大记得"。应当是一九三三年。当年《猫城记》列为"晨光文学丛书"第十四种出版；第十五种是《离婚》。发稿前，作者于一九四七年从纽约寄《新序》来，说：

> 这本小说是硬"挤"出来的。
> 　　"一·二八"的前一年，我写完了《大明湖》（我的唯一的以济南为背景的长篇小说），交给《小说月报》去发表。"一·二八"的毒火，烧了东方图书馆；《大明湖》的稿子也变为灰烬。停战以后，我不愿重写《大明湖》——我的稿子向来没有副本，故重写不易。《现

---

① 曹禺：《我们尊敬的老舍先生》，刊于《人民日报》1979年2月9日。

代》索稿,我开始写《猫城记》。

言明:《猫城记》在《现代》杂志连载后,由良友公司刊行单行本。可是现代书局再三的说,它有印行《猫城记》的优先权,不愿让给"良友"。

于是,为免教"良友"落空,乃赶写《离婚》,所以它是硬挤出来的,现在"良友"停业,由我将版权收回,交晨光出版公司出版。

……

这篇序文的后半部分,谈的有关在美国翻译英文本的事,已见本文第六节,不再在此重复。但从这里看出,为了说明著作权已由作者收回,改交晨光,这些都是为了将来出版《老舍全集》作好法律上准备的。

老舍长篇列为"晨光文学丛书"第十六、十七、十八三种的是他早年在英国写的三本旧作,都是由商务印书馆出版的,即《赵子曰》《老张的哲学》《二马》。前二种初版于一九二八年一月和四月,《二马》初版于一九三五年四月。这三部长篇的收回版权,编入"晨光文学丛书",费了很大的口舌。因为商务印书馆是全国最大最富有的书店,它出版的书,从来不愿被作者收回,另交其他书店,他们认为这样做对老牌的商务是一件不光彩的事。所以开始我去交涉时,虽持有著作人老舍的亲笔信,商务负责人根本采取不理睬的态度,而且表示"良友"出多少钱也不能把这三部书买回去。为此,我和纽约的老舍通信商量,最后还是想出了一个办法,请老商务同人郑振铎先生出面周旋。我去振铎先生家恳求了几次,他看在老舍先生要编印《老舍全集》的份上,才出马去"商务"商谈。"商务"最高领导层里，就有振铎先生的熟人，结果顺利解决了。我记得出的代价并不很高，把三付原纸型带回来了。商务仅提出一个合理的要求，出版时应把第一版何年何月由商务出版，写在版权页上，我们当然照办了。所以直到今天，读者可以在晨光版的《赵子曰》《老张的哲学》和《二马》的版权页上，看到第一行写明商务初版本的出版期。而今天，人民文学出版社的《老舍文集》的出版说明页上，仅仅交代这三部长篇小说在《小说月报》上连载的起讫日期，不见初版出版者商务印书馆的大名，我认为这样做是不符合国际上通行的出版惯例的。这三种用的是商务版的旧纸型，字体不同，读者比较之下，极易辨认。

商务的版权收回重印时，作者并未另写新序，但对商务当局玉成其事，事后曾去信给商务和郑振铎道谢。

老舍的《牛天赐传》和《老牛破车》原是陶亢德先生主办的人间书屋出版的。老舍在陶亢德主编的《论语》《人间世》和《宇宙风》上，经常发表作品，他和陶亢德相识很早，交往频繁，对陶亢德先生印象很好，对他也很信任。锡金写的《追念老舍同志》文章中，老舍曾对锡金说过，他不喜欢林语堂，但对陶亢德印象很好，所以给了陶亢德办的人间书屋出了许多书。[①]他的重要作品《骆驼祥子》就是在亢德编的《宇宙风》上连载的，此书版权后由作者交巴金主办的文化生活出版社出版，但原稿一直由亢德保存。"十年浩劫"期间，亢德家被红卫兵抄了，原稿由上海图书馆馆长顾廷龙先生在废纸堆中找出，代为保存，直到落实政策后，才交还亢德家属。据说亢德逝世前，曾亲笔写信给老舍家属，说全部手稿"等归还给我后，我再给你们"。表示来日原稿落实政策后，他将交还给他们，意即无条件交给

---

① 锡金：《严肃·勤恳·诚笃——追念老舍同志》，《新文学史料》1978年第1辑。

老舍纪念馆保管。亢德和老舍,也像我与老舍一样,都是由编辑和作家结成的一对朋友,现在老舍纪念馆已在筹建之中,希望亢德先生的子女,能善体他们亡父对亡友的一片深情,把《骆驼祥子》原稿,及早如约地捐献国家。我记得一九四八年向陶亢德购买《牛天赐传》和《老牛破车》版权和纸型时,由于他尊敬老舍先生,知道"晨光"要编全集,我们非常顺利地办了移交和转让手续。因此我就想起了《骆驼祥子》原稿的事,作为一个老友在此提出这样一个希望。

那时纸型买回后,《牛天赐传》列为第二十种,《老牛破车》列为第二十一种出版。《火葬》是重庆出版过的土纸本,字迹模糊不清,我们把它列为第二十三种。是在上海重排的。

这样,如果把《四世同堂》上中下分作三部,那么包括《离婚》《火葬》等,长篇小说共出版了十部,诗集编就未出,戏剧集出了一卷,包括《残雾》《面子问题》等两个话剧本,这是一九四八年十二月,由老舍在纽约编选付印的,附加一九四八年在武汉应茅盾之约写的大鼓词《忠烈图》和京剧《王家镇》,未写新序。

老舍的短篇小说,数量很多,他当时计划编成几卷短篇集,第一卷取名《微神集》,一九四七年四月列为丛书第七种出版,其中包括《上任》《牺牲》《柳屯的》《毛毛虫》《善人》《邻居们》《大悲寺外》《马裤先生》《微神》《开市大吉》《歪毛儿》《柳家大院》《抱孙》《黑白李》《眼镜》《铁牛和病鸭》《也是三角》共十七篇,他在纽约寄来了一篇序文,文中说:

因为心欠秀气,我不大愿意写短篇小说。但是,朋友们索稿十万火急,短篇小说就非写不可;不是因为容易写，而是因为可以少写一些字，早些交卷。因此，以前所写的短篇中，有许多篇根本要不得。现在晨光出版公司要印我的全集。我想，我应当挑选一下，把值得留下的留下，不值得留下的删去。这样，虽然不大像"全"集了，可是使读者不至于多买坏东西，我的心里可以稍微舒服一点。

　　这一本经过选择的短篇集，即是全集中短篇集的第一本；名之曰《微神集》者，第一因为微神这两个字倒还悦耳；第二是因为它是我心爱的一篇；第三是因为这样一个名字也许比甲集乙集什么的更雅趣一点。

老舍　于纽约

这篇序文说明，《老舍全集》的短篇部分，不是像一般全集那样，把所有的短篇完全收入（按发表时间先后），而是经过作者精心挑选的，这也说明了作者对读者严肃认真负责到底的态度。此后，作者又编了第二卷短篇集，书名《月牙集》，列为第二十七种。第一篇就是被日军炮火烧毁了的长篇《大明湖》的缩写——《月牙儿》，用散文诗的形式，用一万七千字分成四十三节，写母女两代被迫当暗娼的悲惨故事。这第二个短篇集由纽约寄沪时，是一九四七年七月光景，内包括除《月牙儿》以外的几个短篇《新时代的旧悲剧》《我这一辈子》《且说屋里》和《不成问题的问题》共五篇，实际上都是中篇小说。同时也新写了一篇序文：

　　　　若是以字数的多少为凭，而把小说分为短篇、中篇或长篇三类，这个集子似乎应当叫中篇小说集，因为其中所收五篇作品都是相当的长的。这五篇写著的年月并不紧紧相靠，一篇与另一篇的距离有的约在十来年之久；现在我把它们硬放在一起，实在因为"肩膀齐是弟兄"。假若还另有理由的话，那就是这几篇都是我自己所喜欢的东西。我不善于写短篇，所以，中篇字数稍多，可以使我多得点施展神通的机会：即使不能下笔如有神，起码也会有鬼！

老舍　一九四七，六，廿三纽约

老舍在美国三年，"晨光文学丛书"共出版了他的十部长篇，仅《饥荒》只是预告，其他九部都印了好几版。一部是作者写作经验谈《老牛破车》；两部短篇选集；一部戏剧选集；诗集编就未出。这些工作都是为来日出版《老舍全集》作准备，打基础的。

在作者留美最后期间给我的来信中，关于《饥荒》的写作情况，因为我早把它刊入出版预告，随第一种《惶惑》，第二种《偷生》后，列为丛书第三种，经常收到读者来信询问出版日期，所以我经常去信催问写作进程。直到一九四九年春，他的复信中，都说草稿已完成，正在请人译全书缩写本，所以我预计一待作者回国，《四世同堂》全书即可如约出齐，不会失信于读者。至于在美期间老舍所写《鼓书艺人》新著，来信中从未提起，倒是他向我详细讲到了他计划回国后准备以北京旧社会为背景的三部长篇历史小说：他的计划是第一部小说，从八国联军洗劫北京起，写他自己的历史；第二部小说，写旧社会的许多苏州、扬州女子被拐卖到北京来，堕入八大胡同，娼妓火坑的种种悲惨结局；第三部小说，写北京王公贵族、遗老遗少在玩蟋蟀斗蛐蛐中，勾心斗角，以及他们如何欺诈压迫下层平民的故事。他信中还说，这三部长篇，可以放在全集的最后部分陆续出版。那将是第二个十卷中的压轴之作，将和第一个十卷中的第一部分《四世同堂》成为《老舍全集》的首尾两套重点著作。

一九五〇年初老舍从美国回来，我正随上海出版界东北华北参观访问团路过北京，老舍住在北京饭店，他因腿部刚开过刀，走路不便，我和他在北京饭店客房里谈了几次。我向他汇报晨光出版公司历年业务情况和《老舍全集》十数种书出版和销行情况，他听到这个出版社在内战时期经济如此困难的年头，居然还能维持至今，没有亏本关门，表示出乎他的意外。他听说一九四九年后，私营企业都要改造为公私合营，便要我按照党的政策，早日结束。他说："我们合办出版社不是为了谋利赚钱，主要是出些好书，造福读者；同时团结作者，为他们好好服务。现在历史任务已胜利完成，就应适可而止了。"老舍的这段话，以后就促使我暗中下定决心争取早日做到。一九五〇年国庆节前半月，北京召开第一届全国出版会议，在京期间，我妻陆祖琬陪我上京，她是初次到北京，我们夫妇就应老舍夫妇之邀，住在他家的三间前院中，朝夕相见，受到他们一家人的厚待。老舍还有几次亲自陪我们去王府井凤凰厅听侯宝林的相声等，两家人过了半个月欢乐的日子。我在那次会上提出要求早日公私合营；但因中央规定，除少数几家（如郭沫若主持的群益出版社等二三家）外，其他出版文艺书的出版社，还可以根据自己的特长，继续经营一个时期。于是晨光出版公司按"良友"的旧传统，除续出"晨光文学丛书"外，编印摄影画册画库等，开辟了一个新的出版部门。因文学书仍然继续出下去。这样，老舍的新旧著作，仍交我们出版，这里值得一提的是《骆驼祥子》。此书由于享有国际荣誉，而美国伊凡·金的译本又歪曲了原作，所以老舍回国后第一本交我出的书，便是《骆驼祥子》改订本。作者在故事的结束部分，未作修改。（老舍对《骆驼祥子》最后第二十三和二十四节自己进行删除是一九五〇年五六月间为开明版《老舍选集》时才进行的）并为这本小说写了一个新序：

  这本书是在七七抗战那一年写成的，在《宇宙风》上连载。连载还未登完，战事即起。后来，此书在广州印成单行本，或者还在桂林印过，我都没有看到，因为广州桂林也相继陷落敌手，大概此书也被敌人毁灭了。我看到的"初版"是在四川印的土纸本。
  据说，在抗战中，此书被译成日文，我没见到。战后另有个日译本，却是征得我的同意才翻译的。
  一九四五年，此书在美国被译成英文，译笔不错，但将……（此后引文已见第六节）
  此书原由文化生活出版社印行，今改由晨光出版公司出版，我感谢文化生活出版社的肯于转让。
老舍序于北京 一九五〇年四月

这本长篇小说收回编入"晨光文学丛书"是我向老舍提出的，上海的文化生活出版社是巴金与吴朗西两位老友办的，他们与老舍和我都是几十年老朋友，所以向他们一说，他们就把版权无条件让给"晨光"了。我要收回这部长篇，是因为还想为《老舍全集》加一把劲，这样重要的一部著作，全集里是不能缺少的。

此后，老舍又把他回国后的新著，仍源源不断地交"晨光"出版，第一种是创作剧本《方珍珠》，一九五〇年十月初版，未写序言；第二种是《过新年》，一九五一年二月初版，作者写了一篇序：

> 这本小集子里的作品(除了《家庭会议》一文)是我由今年一月至十月随时写出的。作品可分为两部分：论文与创作。论文都是谈论大众文艺的；创作都是用大众文艺的旧形式，装上新内容的。论文部分有的是报告，有的是给刊物和报纸写的稿子。他们的内容都偏重谈论大众文艺的技巧。创作部分只有鼓词，太平歌词与相声，因为我熟悉他们的形式，写起来容易些。
>
> 这十个月里不仅写了这十几篇东西，可是太坏的，太短的，就没有选取；自然，这选用了的十几篇也并没有什么了不得的地方。
>
> 老舍序于北京 一九五〇年十一月

这可以说是老舍为"晨光文学丛书"写的最后一本书。《饥荒》虽经我几次恳求，都没有拿到原稿。后来他交上海《小说》杂志发表了一十九节，以后自己把它放弃中断了。那三部计划中的历史小说，回国以后，更不再提起。到曲艺集《过新年》为止，丛书中一共出了十六种老舍著作。《老舍全集》的出版计划，在美国来信和寄来的序文中，屡屡谈到，但自从作者回国后，再也不向我提起此事。当时晨光出版公司已准备作结束工作，但我对北碚时设想的大本子全集本还是念念不忘，所以，当老舍的新创作《龙须沟》在北京排演，轰动全国的时候，我向老舍提出了一个最后要求，说，当年我们商谈回上海后办个出版社准备出《老舍全集》时，你提出将来要印个大开本的，现在"晨光"的历史任务即将结束，你能否把《龙须沟》修订后，让我们给你印个大本子的老舍作品，也算"晨光"为你做了一件早应当做的事，为后人留个纪念吧。老舍了解我的心情，一九五一年除夕，他把《龙须沟》修正本原稿寄了给我，还专门写了一篇序：

  《龙须沟》有两种不同的本子，一种是按照我的原稿印的，一种是北京人民艺术剧院舞台本。现在，我借用了一部分舞台本中的对话与穿插，把我的原稿充实起来，为是教找不到舞台本的也可以勉强照这个本子排演。因为我只借用了一部分材料，所以这一本在情节上还不与舞台本完全相同。至于舞台布景的说明，在原稿中本来没有，这次我全由舞台本借用过来。

  我应当向北京人民艺术剧院致谢！

  此剧原由大众书店印行，已售完两版，不再印，改由晨光出版公司印行修订本。

老舍于北京　一九五一年除夕

这完全是出于爱护这个由他和我合办的晨光出版公司，才把版权由大众书店移交给我们。这与过去移转版权的情况完全是两回事。我为这本《龙须沟》另外设计了一种近乎二十三开本的封面装帧,作为和作者老舍作品告别的纪念。出版二十卷本《老舍全集》仅仅存在于老舍的理想之中,也存在于我的梦境里,回忆当年,不过是一位伟大作家和一个青年编辑共同想望的一场痴梦而已。

一九五三年五月,晨光出版公司正式结束,我参加了上海人民美术出版社。反右斗争扩大化后的一九五八年秋,个别极"左"思想浓厚的上海"人美"领导,蓄意把我这个开过书店的旧知识分子当"资本家"往深渊里推,我为此患了一场大病。幸赖市出版局党组织的挽救和帮助爱护,我终于恢复了健康。一九五九年,调我入上海文艺出版社,担任副总编辑,分管外国文学编辑部门。在我大病期间,老舍先生经常通过第三者来信热情探问我的病情,要友人转告我,必须坚强起来,树立起自信心,不要多思多虑,党是会信任我的。他鼓励我在出版工作的道路上,还有一段很长的道路要走,在新中国的出版事业上,还可以作出很多贡献。当时巴金同志深夜里也常来电话,问起我的病情,电话中要我想想三十年代鲁迅先生是怎样教导我的,警告我,不能就这样倒下去,要勇敢地站起来,继续往前走。那时,晨光出版公司早已结束了。但是这两位最早支持我办起"晨光"的作家朋友,又一次共同发出同情和鼓励的呼唤声,才把我这个害了严重思想病的编辑朋友从泥潭深处拉上岸来。由于他们两位对我的关怀和鼓励,我才能活了过来,一直到今天,还在出版的道路上,蹒跚前行,从未停过步。

八、人文版《老舍文集》的出版

我进上海文艺出版社工作不到两个月,上海市政协组织了一个五十多人的参观访问团去南京、北京、武汉三大都市,让我也参加了,那是一九五九年冬,上海文艺界正在那位市领导的号召下,提倡"大写十三年"。姚文元已张牙舞爪地跳出来,组织文章,对巴金同志的作品进行公开批判了。我一到北京,就去丰富胡同看望老舍先生。他的院子里还是满园花木,石榴树上还挂着一只只熟透了的红石榴。他看到我虽曾大病一场,但已霍然痊愈,对我表示的高兴劲儿,使我大为感动。我们在客厅坐下后,他问起我最近几年的经历,上海文坛的情况等等。我就问他,人民文学出版社计划出版你的《老舍文集》,最近进行得如何了?因为我从"晨光"未能出版他的《老舍全集》后,总是关心着这件事。老舍就问到我巴金在沪遭蓬子宝贝儿子(姚文元)批判的事,①我一五一十地讲了。老舍就叹口气说:"老巴的旧作,还算是革命的,尚且遭到这帮人的批判;我的旧作,例如《猫城记》之类,如果编入文集,我还过得了安稳日子吗?"

老舍对编选文集的想法,从这个时期开始,完全改抱消极态度了。

一九五九年秋到一九六〇年夏,上海市政协派我参加在北京西郊中央社会主义学院学习一年。在这一年里,每逢例假日,我几乎都在老舍家里过。有时就同去小馆吃顿饭。那一年的年夜饭,我就在他家里吃的,当时他大女儿舒济刚结婚,女婿也在座,我是唯一的客人。他们阖家团聚。老舍看到全家儿女围坐过节,喝了几杯酒以后,那副出自内心的乐劲,我是很少看到的,因为他在家人面前,向来是非常严肃的。

---

① 《中国青年》1958年第19期,刊有姚文元所写《论巴金小说〈灭亡〉中的无政府主义思想》等,以后又把批评巴金的文章汇编成文集。

这一时期，我心中有个打算，决心催促并帮助老舍，把"人文"约稿的《老舍文集》早些编出来。我在沪时，也与巴金谈过这件事。我在京学习期间，巴金还给我来过一封信（这是"文革"期间，被迫上交作家书简六七百封中唯一的一封巴金来信。我和巴金同住在上海，经常见面或通电话，极少书信往来）。他向我建议，如老舍没有时间，就由我在老舍指导下，承担责任编辑工作。我每次到老舍家，就和他磨这件事。我说，"四十年代，你就想编一套《老舍全集》；合办'晨光'，也为了实现这个理想；现在国家出版社早有出版四位大作家的多卷本文集的计划，郭老、茅公和老巴的都已先后出版了，有的几十卷，有的十几卷，这样优越的条件，你为什么不动手编呢？"他用了许多理由来说服我。有次，他说："我要动手编，也抽不出足够的时间啊！你看，我每天收到这么多的请柬，开会通知，一大半时间都花在这上面了。"我一想，这确实是个难题，私下和胡絜青同志商量，也感叹时间确实是个问题。我想，时间问题牵涉到老舍担任的许多社会职务，像这类事，谁能替他说句话呢？几经考虑，想起了全国文联的党员负责干部阳翰老，他是老舍的老朋友，也可说老舍的领导。当时阳翰老住在文化部宿舍，我决定毛遂自荐，直接去登门拜访。要求他为老舍创造时间上的条件，让老舍摆脱一切社会活动，专心编出多卷本的《老舍文集》，需要修改的修改，需要增删的增删。完成后，即交人文出版。

大约是一九六〇年的春天，我先用电话向阳翰老约定了一个见面的日期，我如期去阳家拜访时，开门接待我的女主人，说一口亲切的松江话。早从朱雯同志那里知道阳翰老夫人是我们的同乡，所以一听到乡音，我的紧张情绪顷刻松弛了。女主人告诉我楼上有客，我在楼下等了几分钟才走上阳翰老的书房去。

　　阳翰老亲切热情的态度，使我感到像见了老朋友一样无拘无束了。他先问我上海一位共同朋友的生活情况，然后问我是否习惯于中央社会主义学院的学习生活。接着我就提出了我们想请求全国文联和北京市文联可否为老舍先生创造一些条件，让他有一段较长时间，摆脱一切社会活动，去一个地方专编《老舍文集》。我说，这是四十年代老舍在北碚时期就有的一个愿望，现在"人文"已把它列入出书计划，希望能早日交稿付排。阳翰老对我为老友各方奔走，促使文集的出版，表示欣赏，然后他建议可请老舍离京去大连或青岛宾馆住一个时期，把文集初稿编出来，生活上如有需要，可把家属带同前往。他认为出版《老舍文集》是新中国文艺出版界早应办好的事，比起其他几位已迟出了多年，但立刻动手，为时未晚。他送我出门时，答应见到周总理时也汇报一下，并将直接通知老舍先生作好准备。我满怀喜悦的心情向阳翰老道谢而出。

　　隔了一个星期的例假日，我先到楼适夷同志家，他是人民文学出版社负责这方面的领导同志，又是我三十年代的老朋友，他正在为这件事束手无策，听说我也为此着急，而且已征得阳翰老同意，请老舍去青岛或大连脱产专编文集，喜出望外。于是我们两人同车去老舍家里，准备谈些具体步骤。不料三个人一坐下来，我一张口，还未把会见阳翰老的事和阳翰老的安排全部谈完，老舍就站起身来说："我想写的东西还多得很；我肚子里的许多作品还没有问世，嘿！干吗现在就出全集、出文集？现在我得集中精力写新的，到那时候，咱们再编全集，算总账。"然后，从沙发边走向门口，接着说，"你在学院吃不好，咱们三个人外头去走走，到东来顺去吃一顿吧！"我们只有听从他的指挥，跟着他一起去吃了个饱；还得由他掏出钱包来会钞。出版文集的正经事，完全搁在一边了。我在这一年间，不知吃了他多少顿饭，有时絜青同志同去，邀请的客人有多有少。吃到最后，老舍带头领我们一起离席，留下絜青同志一个人去结账付钱，我心中一方面感谢他对朋友的热情款待；但是他对出版《全集》《文集》的兴趣，为什么这几年忽然变得这样冷淡了呢？我想不通。

一九六二年二月底，老舍突然从广州到了上海，先和我通了电话，然后亲自到我家来，才知道是参加了广州会议（即全国话剧、歌剧、儿童剧创作座谈会）后路过上海，专诚来看望在沪的一些老朋友的。听他谈到这次广州会议，有周总理、陈毅副总理参加，会议中最重要的精神是对知识分子实行了脱帽礼（不再称资产阶级知识分子），对今后文艺创作与出版工作也有了些反"左"的新精神。随后，阳翰笙同志也到了上海，上海的朋友们分别宴请了这两位远方来的客人。老舍还兴致勃勃地要我陪他去大世界看看，绕了一圈，扫兴而回。因为在老舍理想中的大世界，早已和北京的天桥同样都变了样了。当时他住在锦江宾馆，我所在的上海文艺出版社领导，还要我陪他们去见见这位北京来的著名文学家，一则表示敬意，也有想约他为"上海文艺"写本书的要求。我记得就是坐了社长的汽车去北站为老舍送行的。

老舍留沪时间甚短，但他还应《文汇报》之约请，发表了题为《春游小诗》四首。第一首《参观闵行》，第二首《雨夜在大世界》。第三首《游豫园》，第四首为：

赠赵家璧同志

桃花红映锦江边,

江上相逢又五年;

酒热茶香谈笑里,

相期干劲倍冲天。①

老舍这次到上海,是出国赴美经过上海后的第二次,也是他来上海的最后一次。我在和他谈话中,还是"三句不离本行"地敦促他快把《老舍文集》编出来,这次的反应似乎有所松动。老舍说、这次广州会议以后,整个文艺界情况可能会有所好转。结果,上海方面,连广州会议精神的传达都受到了限制,此后,一切又恢复到原路上去,最后更变本加厉地发展到"文化大革命"。

老舍先生逝世后,楼适夷同志的《忆老舍》文章中有一段话也讲到出版文集的事:

> 在二十年代一辈的老作家中,他是中华人民共和国成立后执笔最勤的一位。他热情歌颂祖国的社会主义革命与社会主义建设,歌颂伟大的抗美援朝战争,甚至市政的设施,街道的服务活动,一切新人新事,劳动模范,战斗英雄,无不出现在他的笔底,十多年中连续写出了十几个剧本,从没有休息过自己的笔。

---

① 这四首小诗,原发表于1962年4月22日《文汇报·笔会》;1977年老舍平反后,《上海文学》重新刊载这四首诗,把第四首改为第一首,而把《赠赵家璧同志》未征得同意,擅改为《沪上逢老友》,此中原因,实费猜测。

他还付出宝贵的时间替别人看稿和改稿……

在有求必应中,出版社求不到他的事只有一件。五七年后出版社组织重要作家的多卷文集,计划中列入了先生的名字,经过长时间多次的要求,他就是不肯允诺:"我那些旧东西,连我自己都不想看,还叫别人看什么呢。出了一部《骆驼祥子》就算了吧,我还是今后多写一些新的。"①

另外一位已故世的方殷同志,是老舍著作在人民文学出版社里的责任编辑,我看到过他在题名为《北京日记》(1979年11月23日)的一段重要回忆,文中说:

当时,冯雪峰当社长,对老舍不够尊重,认为老舍仅搞些曲艺、幽默之类,在美学观点上与老舍相左。"文化大革命"前几年,方殷已说服老舍,老舍心动了一下,最后拟出十卷目录(1949年前的),老舍也已动笔修改,未竣事而运动爆发了。②

方殷同志回忆中说到的史实,在我和老舍几次谈话中,也亲耳

① 载《新文学史料》,1978年第1辑。
② 《北京日记》一文,我摘录后,忘了出处。但方殷还写过:《痛怀老舍》,载《社会科学战线》,1979年第1期。但上述引文未见。后半部是这样说的:"出版社从一成立就订了'长远规划',规划中就定有出版他(老舍)的文集,在他生前,几乎是每次同他相见,我和楼适夷同志都要催促他,请他赶快编出来,可他,总是推说他没有什么值得留给后人的东西而一拖再拖下来。好容易,在'文化大革命'前'说服'了他,决定由出版社提出选目再由他本人修改定稿后出版文集十卷,可惜晚了,他在'文化大革命'一开始的一九六六年八月二十四日与世长辞了。"

听到过他流露了这种委屈的情绪。方殷生前，我也曾在北京和他共同研究过这个问题，因为我和方殷二人，是抱着同样的愿望，要使《老舍文集》能和读者早日相见的。方殷向我分析老舍所以多方推托，主要原因就在他文章中所说的那位同志。

现在老舍先生已含冤去世二十年，冯雪峰同志同样被"四人帮"迫害致死，而方殷同志也已不在了。如果要对历史还它以本来的面目，这种人所共知的史实，没有加以隐讳的必要，因为这决不是个人好恶，个人恩怨的问题。感谢包子衍同志最近供应我的一个重要材料，说明老舍生前对冯雪峰同志是极为尊重的。老舍在反右时期（1957年8月7日）在中国作协党组扩大会议上，曾在发言中说："有一次，冯雪峰同志指着我的鼻子，粗暴地批评我的作品，我接受了他的批评，没有闹情绪。事后，荃麟、默涵二同志为此事看我，他们可以证明我毫未介意，因为雪峰是我所尊敬的有学问的党员……"[1]一九四九年后，不但《猫城记》，还有《骆驼祥子》《四世同堂》，都挨到过批，遭到过冷遇。据说，连歌颂党的建设事业的《龙须沟》，也有人看不入眼。到"文化大革命"刚开始没有几天，连作者的生命都被葬送在滔滔的太平湖水中，追根究底，还不是由来已久的那股笼罩在中国文艺界上空的"左"的思想倾向才造成了这场时代的大悲剧吗？连冯雪峰同志自己在一九七四年"文革"后期，有人向他外调时，也承认："难道我就不'左'吗？我们都很'左'。"冯雪峰还举出几件事，独自承担了责任。[2]

十一届三中全会后，党提出了解放思想，拨乱反正，彻底

---

[1] 《为了团结》，刊《文艺报》1957年第20期。
[2] 唐弢：《追怀雪峰》，见《生命册》，第154页，浙江文艺出版社，1984年6月。

否定"文化大革命",坚决肃清"左"的思想,贯彻党的为人民服务,为社会主义服务和百花齐放,百家争鸣的方针,我国文艺界才迎来了真正的春天。出版事业也开创了一个万紫千红的新局面。老舍和冯雪峰的冤案都已先后得到了彻底平反。列入选题计划长达二三十年的《老舍文集》,已从一九八〇年起,在作者长女舒济独自一人搜集、编选复印等繁重劳动和辛勤编辑下,开始由人民文学出版社出版,迄今我已收到由胡絜青同志题签的赠送本十一卷,《猫城记》也已收入了。曾由作者自砍尾巴的《骆驼祥子》也根据一九三六年发表于《宇宙风》上的最初版本的本来面目,编入《老舍文集》第三卷了。我还记得老舍家属为了编辑文集,从一九七八年起,胡絜青同志和舒济二人,不断来信,要我在上海代替他们搜集有关资料。我都尽力相助,这些来信,我至今都保存着,代替了片纸无存的老舍来信,聊作纪念。近又得舒济来信说,长、中、短篇小说,基本上已全部收入,第十至第十二卷将收戏剧,第十三卷收诗歌,第十四卷收散文,第十五卷收论文,第十六卷收杂文、幽默文。(译文和日记暂时不准备收)。这样十六册皇皇巨著,几乎同北碚时期老舍和我理想中准备编辑的二十卷《老舍全集》相比,已所差不多了。我作为老舍的朋友和后辈,又长期来是他著作的责任编辑,一直关心《老舍文集》的命运,感谢人民文学出版社,虽遇出版业陷入低谷时期,终于把大家的理想逐步实现了。所以让我衷心期望早日得到这完整的十六卷本,然后把它同已于一九六二年出齐,每册由巴金同志亲笔签赠的十四卷《巴金文集》并列在一起,我将把这三十卷我国现代文学史上两位大作家的纸面平装本文集恭恭敬敬地陈列在我书斋的最中间一个书柜的正中一格里,好让我能日日夜夜看到它们。

如果把我的六十年编辑生涯分成一九四九年前后两个部分的话，那么，一九四九年前又可分"良友时期"和"晨光时期"两个阶段。前者主要得益于"左联"作家鲁迅、茅盾、郑伯奇、阿英等；后者就得益于老舍、巴金和郑振铎、钱锺书、王西彦、师陀、冯亦代等许多进步作家。作家是编辑的衣食父母，过去是这样，今天还是这样。编辑得不到作家的支持和信任，势必一事无成；而作家要求编辑做到的就是"以诚相见"四个大字。老舍与我怎样从作家与编辑的关系，几十年间发展到合办起"晨光"的历历往事，这次总算不厌其详地写完了。我就用它在老舍逝世二十周年纪念的日子里，奉献给老舍先生的在天之灵吧。告诉您，您几十年来要办好出版社、出版全集的理想和愿望，在社会主义实行四个现代化的今天，都在逐步实现了。安息吧！老舍先生！

1985 年 12 月 25 日初稿
1988 年 5 月 18 日修订

老舍《四世同堂》的坎坷命运

从北京来的消息，早已知道老舍创作百万字大长篇小说《四世同堂》已改编拍摄成二十八集电视连续剧，轰动了整个北京城。最近上海电视台也接着播放了，这几天上海的街头巷尾，公交车上，不论男女老少，一片关心和议论祁老人一家未来命运的声音。这部由我国自制的连续剧，第一次把几百万上海观众的心弦扣动了。我每天晚上坐在电视机前，当荧屏上出现老舍和《四世同堂》六个题头大字时，思绪万千，情不自禁。作者离开我们，已经整整十九年了。这部书的第一部原稿，我在重庆北碚从作者手中拿到，距今正好四十年。这部原来计划分出六卷的大长篇，至今没有出齐；作者写的一百段手稿，最后十三段丢了。这部作品的出版过程，可称命运多舛！看过电视剧的观众，对仅拍二十八集，每晚只放一集，都感到不过瘾。现在电视剧结束了，许多人都想完整地知道故事的全过程，而一部真正的好的艺术作品是需要认真仔细地欣赏的，单看改编的电视剧是远远不够的。所以我家书橱里所藏各种新旧版本的书，这两天一下子被亲友们借阅一空。现在由我来谈谈这本原作所遭遇的坎坷命运。

一

　　良友图书公司在上海遭日寇无理查封，被迫内迁，一九四四年底到了重庆，我把一家五口安顿在北碚友人家中。当时老舍就住在附近小山坡上一座破楼房里。胡絜青同志已带了三个儿女，历尽艰辛，死里逃生，安全到达北碚，全家团圆。我家两个儿女，拜托老舍夫妇帮忙，进入了他们三个孩子念书的重庆师范第二附小。两家人两代人时有来往。老舍卖文为生，正如舒济回忆父亲所说："我们姐弟十来岁时，从来不见他的笑容。"

　　胡絜青在沦陷时期的北平，为了谋生，当了四年多的中学教员，尝够了国亡家破的苦难，看到和听到了许多亲友和其他人遭灾受辱的悲剧，以及日寇汉奸狐鬼横行的惨事。她到北碚后，老朋友们都来看望他们一家人，并向她打听沦陷后北平城里的所见所闻和所感。这样，几个月里不断地重复地向来访者一遍又一遍的描绘讲述，在旁坐着静听的老舍的头脑里，结合他童年在北平小羊圈胡同老家的生活经验，逐渐地进行了一部大长篇的艺术构思。

　　一九四四年一月开始动笔，十一月十日起，由陆晶清推荐给《扫荡报》连载，至第二年九月刊完。我在北碚时就请求老舍给"良友"出版。因三十年代老舍已把长篇《离婚》、短篇集《赶集》交我编入"良友文学丛书"中，在作者与编辑之间结下了最初的友谊，他未加思索就欣然答应了，但要我将来三部出齐了，印成一部有插图的布面精装本，我答应了，这本来就是"良友"出书的一个特色。

　　抗战胜利，我把在重庆来不及付印的纸型带回来了。可惜我为它工作了近二十年的良友图书公司因故停业。幸得老舍先生的慷慨协助，我们两人在一九四六年秋合办晨光出版公司，由我主持，我便继承了"良友文学丛书"的传统，编了一套"晨光文学丛书"，用老舍的《惶惑》《偷生》和巴金的《寒夜》《第四病室》四部长篇，作为对读者的见面礼。前两种就是《四世同堂》的第一、二两部，各有上下二册，并把作者尚未写成的第三部《饥荒》也列入预告书目中。四部长篇，得到作者同意，办了合法手续后，都于一九四六年十一月正式出版（《寒夜》略迟）。所以关心和研究老舍著作的人，过去都以为《四世同堂》是"晨光"出的初版本，连我自己都这样说。最近无意中在一位老友处发现了《四世同堂》的真正的第一版，还是老舍签名的精装本，写着"良友文学丛书"新编第一种。这才使我想起一九四六年初，我回到上海，良友图书公司股东内部发生纠纷，将有停业的可能。一月间，将《惶惑》上册匆匆付印，仅印了数百册。二月底，老舍和曹禺经过上海去美国，我在寓所设宴饯行。我就赶在这天之前，把刚刚出书不满一月的样书，装出了几册精装本送给老舍。记得当天饭后，老舍就在一本书上，签名留念。此书至今保存完好，已成为最早最珍贵的签名本子了。我对朋友开玩笑说，五十年后，此书可标价百万元出售；这在国外是常有的事！

二

老舍对《四世同堂》如何写法，心中早有个计划。这在一九四五年写的序文中就说了："假若诸事都能照计（划）而行，则此书的组织将是一百段。每段约有万字，所以共百万字。分三部，第一部容纳三十四段，二部、三部各三十三段，共百段。

本来无须分部,因为故事是紧紧相连的一串,而不是可以分成三个独立单位的三部曲。不过为了发表与出书的便利,就不能不在适当地方画上条红线儿,以清眉目。因此也就勉强加上了三个副标题,曰《惶惑》《偷生》《饥荒》。将来全部写完,印成蓝带布套的绣像本的时候,这三个副标题就会失踪了的……"可见作者写的是一部一气呵成的大长篇,并非是三部曲。《惶惑》《偷生》出版后,直到他回国以前写给我的信中,我记得他屡次说起《饥荒》已写成,即可寄沪付排。但确切情况如何,因老舍一生写给我的二百多封来信,"文革"末期被人弄得不知去向,也无从查考了。他一九四九年十月十三日回到北京后,住在北京饭店,我正在北京参加一次出版方面的会议。我去见他时,他就告诉我,要修改后再交给我出版,此后一直没有下文。据老舍家属说,他们曾看到过这部用钢笔写在好几册黑封面的洋纸本上的原稿,"十年浩劫"中全部被毁了。

但是这第三部《饥荒》,一九五〇年时曾在上海商务印书馆出版的《小说》月刊上连载过二十段,不幸到第八十七段后就中断了。那么,还有十三段为什么不继续发表呢?《小说》月刊原在香港出版,由茅盾、适夷等编辑,迁沪续出后,由周而复主编。我为了要了解这十三段小说中断连载的原因,去年周而复同志因公来沪,住锦江饭店,我特为此事去看望他。他说:"第一期是我主编的,以后组织了编委会,靳以也在内,靳以还写过一篇编后记,所以当时有人说这个月刊是一个半人合编的。至于老舍的《饥荒》没有刊完,那是因为作者未把续稿寄来,后来用方纪写的一部长篇代替了。"

我最近读到老舍家属写的一篇跋文,他们分析研究的结果,认为:"已写好的结尾,由于时代的剧变,由于新中国的成立,在发表的时候,使老舍为了难。"接着他们又把作者对《四世同堂》的砍尾巴与对《骆驼祥子》的砍尾巴作了比较的研究。我同意这一看法。因为正在同一时期,一九五〇年五月,老舍把《骆驼祥子》的改订本交开明书店编入《老舍选集》时,把最后第二十三和第二十四节删去了。作者当时是什么心情,我们今天回顾是可以理解的。

值得庆幸的是,老舍离美之前,已与艾达·普鲁伊特女士合作,把一百段《四世同堂》译了一个缩写本。书名改为《The Yellow Storm》(《黄色风暴》),一九五二年在纽约出版,受到美国读书界的好评。《旧金山新闻》发表的一篇书评说:"老舍的成就,也许已达到像托尔斯泰那样伟大小说家的地位。"这本名为《黄色风暴》的缩写本,其中包括未在国内发表过的十三段,前几年由马小弥同志从英文译成中文,由北京出版社出版,这是一件值得称赞的事!虽非原作,但读者可从这个缩写本中了解到老舍最早的写作意图,是今天最值得推荐给读者的版本了,而且在这一版本中,还附有丁聪的插图。

说起丁聪的插图,我又想起一件事。一九四六年,丁聪同志与吴祖光同志在上海编辑《清明》,老舍的两部四册《四世同堂》即将出版,第三部来稿估计为期也不远。我记得在北碚时,答应过全书出齐了,要印成一部插图精装本,也就是老舍序中说的绣像本。我去请丁聪为每段绘一幅插图共一百幅。他答应了,我去信告诉老舍时,他大为赞扬。但当时丁聪未去过北平,而全稿也未到手,丁聪答应待书出齐了,去一次北平体验生活,一定画一百幅。丁聪至今还记得这件事,去年来信,还说:"这个回忆是没错的。"

一九四九年后,丁聪至今长住在北京,是老舍一家人的老朋友；一九七九年胡絜青忽然旧事重提，这次丁聪答应了，但仅画了二十幅，最先发表在《大地》月刊上。胡絜青还写了一篇文章，其中说："丁聪同志是重庆时代的老朋友，三十多年前，赵家璧同志曾请求过丁聪为《四世同堂》绘插图。"文中所说时间地点虽略有出入，但丁聪终于隔了几十年后实践了他对我的诺言，我对他是感谢的。丁聪高超的艺术所刻划的故事中人物造型，我看对电视剧的编导和美工同志，起了一定的启发和借鉴作用。

1985 年 8 月 11 日初稿
1988 年 5 月　　修订

巴金与"良友"

八十高龄的巴金,这次不远千里,飞往香港接受中文大学授予他的荣誉博士学位,引起香港文艺教育界一阵"巴金热",这是意料所及的。马国亮来信,说巴金在百忙中在宾馆单独接见他和香港《良友画报》编辑部的两位编辑,晤谈甚欢。巴老不忘旧情,古道可风;这使我追怀往事,感愧交集。回忆三十、四十年代,巴金曾大力支持上海"良友"的出版事业;画报同人要我略谈梗概,这是我应当做而且乐意做的。

一九三二年秋我从大学毕业后,良友图书公司创办人兼总经理伍联德,以奖掖后进的宽大胸怀,对我这个青年文学编辑放手信任,让我另辟一个专出文艺书的部门,因而在传统的画报外,增加了一块新园地。一九三三年创刊"良友文学丛书",以第一流作家的名作,全部用高级纸印软布面精装的独特形式,在上海文艺出版界打开了一个新局面,至今还受人称颂。第一种是鲁迅译的《竖琴》,第二种便是巴金的长篇小说《雨》。接着续出了《电》和《雾》;到一九三六年,合印成《爱情的三部曲》,书近千页,布面精装一厚册,巴金写了总序,加了附录,成为"良友文学丛书"特大本之一。作者在总序中说:"我不曾写过一本叫自己满意的小说。但在我二十多本文艺作品里面却也有我个人喜欢的东西,那就是我的《爱情三部曲》。"时隔半个世纪,《巴金评传》作者陈丹晨认为这部书"是巴金描写革命、恋爱一类故事中最有代表性的著作"。

当时,我还首次设计了一种作者签名本,新书出版那天,有一百册编号本在门市部按原价供应捷足先登的读者。这类书,现在已成为藏书家访求难觅的海内孤本了。我自己爱书成癖,当然近水楼台先得月,那几年间,曾把近四十种丛书的第一号签名本全部据为己有。一九四一年底,上海孤岛被日军占领,良友公司遭日寇查封,我们被迫撤退至桂林,身外之物都留在上海。抗战胜利返沪,"良友"因故结束,而我寄存在亲戚处的那套签名本丛书却被人盗卖一空。万万想不到的是:"十年浩劫"过后,上海旧书店为了供我写回忆文章,售予我一整套"良友文学丛书",打开满积尘埃的纸包,仔细检阅,内中竟有一本是作者第一号签名本,抚摸良久,喜出望外。此书历经三四十个寒暑,可能数易其主,最后仍归我所有,确是一件文坛佳话。更可贵的是这本书正是巴金的《雾》,是我最早和他缔结文字之交的作品。

当年的《良友画报》是我们公司的一面旗帜,名扬四海,其他还有四五种专业画报;美中不足的是没有一种纯文艺期刊。一九三六年初,感谢巴金的热诚相助,从六月号起,由巴金、靳以合编的《文季月刊》由良友公司出版了。实际工作由靳以担任,我独用的一间十平方米的编辑室,靳以来和我作伴。在这个月刊上,首次连载了曹禺的《日出》四幕剧和巴金的《家》续篇《春》长篇小说;还有许多至今成为传世之作的短篇,如罗淑的《生人妻》和丁玲的《团聚》等。出满第一卷六期后,对第二卷正准备大干一番时,十二月号出版不久,突遭政府查禁,到年底无疾而终,仅仅享受了七个月的生命,虽然在中国现代文学期刊史上至今受到重视和好评。巴金此后谈起这个期刊,总是充满着无尽的怀念和感伤之情,那不但因为它生命的短促,更因为和他合编的好友靳以,一九五九年突患心肌梗塞症而过早地离开了我们。

靳以在"良友"工作时期虽不及一年,他此后还为我们编了一套"现代散文丛书",作者中有严文井、何其芳、李广田、芦焚等,而最早出的是巴金的《短简》。在这本薄薄的小册子里,第一次编入了后来成为了解和研究作者青少年时期生活和思想的重要第一手资料。如《我的幼年》《我的几个先生》等,读来亲切动人,是作者自传的一部分。还有两封早期写给萧珊的信;当时她还在学校念书,一九三六年由于热爱巴金的作品,两人逐渐发生爱情,开始互相通信。从这部散文集中所抒发的思想感情和写作风格,同今天作者正在为香港报刊撰写,然后分册编集的《随想录》,可以说是一脉相通的。

一九四五年三月,"良友"迁至重庆复业,为了纪念良友图书公司成立二十周年,我曾编过一部名为《我的良友》纪念文集,请留居重庆的著名作家茅盾、郭沫若、冰心、老舍等十人,各写一篇文艺创作,描绘生平最不能忘怀而值得纪念的一位朋友;第一篇就是巴金所写的《一个善良的友人——纪念终一兄》。他所写的终一兄就是他的好友,多病早故的散文家缪崇群;缪生前所写的散文集《寄健康人》,就是由巴金于一九三三年底介绍给"良友"出版的。巴金曾介绍许多佳作交"良友"出版,这里仅举一例而已。

如果按这个题目放开写,给我十倍篇幅也说不完。在此带住,就算向香港和海外读者作个简略介绍。最后,让我和香港《良友画报》全体同仁一起馨香祷祝,祈愿巴老健康长寿!

1984 年 11 月 10 日

和靳以在一起的日子

写篇文章纪念靳以兄,这是近几年我写文学编辑回忆录以来经常在我心头的一个愿望,他的夫人陶肃琼和他的女儿章洁思听到我这样表示时,总是说:"你是他的老朋友,应当有许多往事可谈,希望你早些动笔。"在我所有怀念的文坛故旧中,与靳以兄不但相识二十四年(1935—1959),在良友编辑部又对坐共事近一年(1936—1937),我们两人之间,确实有着深厚的感情,对文学编辑工作准备贡献一生具有共同的意愿。为了一位朋友的死,我热泪盈眶,无法自制,过去一生中仅有过一次。那就是一九五九年十一月七日我在新文艺出版社工作,从电话中听到靳以因心脏病突然去世的噩耗时,我立即单独赶往淮海西路他的寓所去看望他的夫人,到了门口,还怀疑死讯是否可靠,因为两天前我还在华东医院病房里看到靳以,他的脸色一直比别人红润,那天躺在床上虽然有些疲乏之态,但在他红彤彤的笑脸所显示的那副一贯乐呵呵的精神,他还满怀信心地告诉我,医生说几天后即可出院。所以我进屋以后,还以为又可以见到这位老朋友。一转念,我明白我是来唁慰他家属的。那天,在左室里,双眼哭得红肿的陶大嫂正和作协一位干部在商谈丧葬后事,她看我进来,就先让我进右室的长沙发上稍坐。不久,她就镇静地坐在我身旁,叙述出事当晚,靳以自觉心肌梗塞复发,想自按叫急电铃已无能为力,而同室的病人正在熟睡中,并未发觉发生在邻床上的急变。直到天亮护士进来查房,才大惊喊叫,夜班医生赶来早已无补于事。我才如梦中醒来,靳以确实已不在人世了,不禁失声痛哭,自己感到从来没有这样像一把刀刺伤了我的心那样悲伤过。隔了一会儿,反倒让陶大嫂来劝慰我,我才慢慢把自己的感情控制住。此后,每想到靳以,每次再到他家去,上述这一幕又会呈现在我脑海里。但人死了不能复生,我也步入暮年,余生有限,纪念靳以兄的文章,我不能把它再推迟了。特别读到她女儿章小东今年九月十三日发表在《解放日报》所写回忆她爸爸的题为《病中重读〈同根草〉》的纪念文章,充满了女儿怀念爸爸,回忆自己童年时代爸爸靳以如何用那颗"爱人的心"抚摸坐在身边的自己,而现在小东自己也当了妈妈了。我记得小东是靳以最小的女儿,小名东东,正和我的孙女同名。她长大后和孔罗荪的儿子结婚,而靳以的《同根草》就是由孔罗荪作序的。我于一九八四年五月住在北京前门饭店时,曾去对面马路看望罗荪兄,他那时行动也不方便,我们这辈人都已垂垂老矣,当时谈及靳以,大家都感叹靳以兄实在死得太早。小东的文章对我是个促进,我决心要完却这个心愿,把它作为献给靳以坟头的一束鲜花。

　　这几年来,我已搜集了不少有关靳以的资料,也曾几次作过提纲,因为千头万绪,我从什么地方写起呢?我初次和靳以相识是在一九三五年的五月,地点在北平火车站,介绍者是我们共同的朋友郑振铎。那一年,我主编的"中国新文学大系

（1917—1927）"已全部发稿，初版二千部全部预约售出，茅盾编选《小说一集》已率先出书。"良友"经理余汉生为了奖励我编成了这套大书，由店方派我去北京旅游一个月。我就乘此机会经过南京去北平见见北方的许多著名作家，对已有联系者登门道谢，对尚无约稿关系者可乘机组织些新著。当年，我随身带有日记本，每天入睡前才把大事记上几笔。幸而这本大半空白的日记，"文革"期间未被抄去，现在摘录有关重要片段如下，为了便于读者计，原文后，略加注释。从这份书页早已发黄的旧日记中，既可看到我和靳以结交的最早纪录，也从中看出此后我约稿的对象大大扩大了。

一、北上组稿日记

一九三五年五月二十九日

晨去北站上沪宁车先去南京，余汉生、马国亮等同人到车站送行。午后车抵南京，老同学储安平①、高昌南②及"良友"分公司黄经理③来站迎候。往安平家，午刻与安平夫妇在他家共进便饭，午饭后与储、高二

---

① 储安平，1949年前夕在沪主编《观察》，一九五七年春任九三学社中委，《光明日报》主编，是我在光华附中、大学读书时代的同班同学，娶女同学端木新民为妻。当年在南京《中央日报》任副刊编辑。反右斗争开始，被错划为右派。据说"文革"期间已逝世。

② 高昌南，另一光华同学，曾共同选读徐志摩的英文课。当时在南京工作。

③ 黄经理，"良友"当年在全国八大城市均设有分公司，他是南京分公司的经理。

同学同去拜访张沅长老师①。晚饭张老师在一家德国人所开西餐厅宴请我们三人。饭后,安平陪我去张天翼②住处,适天翼有事外出未遇。安平乃陪我去夫子庙听大鼓,十时回山西路储宅。与安平促膝夜谈,对大西路时代草屋共读的生活,感到是一生中最可宝贵的日子。

五月三十日

晨应张沅长老师约,由安平夫妇伴同,共游中央大学校园。午饭由张老师宴我们于鸡鸣寺。午后,"良友"南京分公司黄经理与张天翼先后来储宅找我。傍晚时,同去后湖荡舟,晚饭天翼请我们在夫子庙吃。

五月三十一日

黄经理设午宴于川菜馆,安平、天翼等作陪,饭后雇马车同游燕子矶。黄经理为天翼和我二人摄影二幅。下午至储宅取行李去车站,过江准备搭津浦车北上,天翼等送我至车站,合摄一影,握手道别。

---

① 张沅长,曾在光华大学执教,当年在中央大学教英文,中央大学校长罗家伦的夫人为张沅长之妹。
② 张天翼,著名"左联"青年作家,当时长住南京。

六月六日

在泰安天津独游数天后,今晨搭七时开津浦车去北平,路程仅三小时余,十时半车到终点站北平。郑振铎①和章靳以②联袂来接。同去振铎家午饭,朱自清③在座。饭后同游古物陈列所和中山公园。夜宿章靳以所租北海前门东侧三座门大街十四号一座北方小院子的北屋④。

六月七日

靳以陪我去附近北海公园进早点。上午访问北

---

① 郑振铎,当时在燕京大学任教。我去北京前,他原邀我留京期间住在他家,临时因中日战局紧张,振铎急于离京返沪,故改请章靳以招待我,所以在车站上他们二人向我作了解释。我表示只要有个住所就可以了。

② 章靳以是巴金的好友,我常听他谈起,而且早知道他和郑振铎、巴金等在北京主编《文学季刊》。他的短篇小说集《虫蚀》,早已于一九三四年十二月,列入"良友文学丛书"出版。虽曾通信来往,但在此之前,从未见面。所以我和靳以的交往,可以从《虫蚀》出版开始,但当时来往信函,"文革"大劫中早已一扫而光。本文便从在京初次见面写起。

③ 朱自清,清华大学教授,著名诗人,虽在这次去京时初次见面,但他是"新文学大系"《诗集》的编选者,因上海国民党审查会坚决反对我们原来约定的郭沫若,后来请郑振铎改约朱自清担任,早有通信往来。见面是第一次。

④ 三座门大街十四号这个小院子是一九三三年暑假,由靳以租下的,南北屋各三间,另附门房、厕所、厨房门向东的一套房。巴金从上海北来,也住在此屋。南房中间一间是作《文学季刊》办公室用。郑振铎、沈从文、卞之琳、肖乾、何其芳、李广田、李健吾、曹葆华、曹禺等,经常来此。《水星》编辑部也设在这里。

大历史系教授陈受颐①，午刻，陈约我同去杏华楼进午饭，饭后，陈陪我去北京大学，三时独自去谒见周作人②。五时靳以陪我去见沈从文③，后三人同去北海，沈从文邀靳以和我在北海共进晚餐，交谈京沪文坛近况。

六月八日

今日中午靳以正式设宴于撷英番菜馆，把我介绍给北平的文学界朋友，到梁宗岱、沉樱、李健吾、萨空了、沈从文、郑振铎等十余人，午后，访问司徒乔④，下午四时去米粮库胡同访问胡适⑤。晚六时，振铎在家中设宴，把我介绍给几位从未见面的北方作家，有俞平伯、肖乾、毕树棠、王熙珍、高滔等，朱自清和靳以也在座，夜王熙珍邀我和靳以等四人去哈尔非剧院观韩世昌主演的昆剧《狮吼记》。

---

① 陈受颐，广东人，岭南大学毕业，留美得博士学位，是"良友"经理伍联德之同窗好友，这次北上，经理嘱我去专诚拜访。
② 周作人，已担任"新文学大系"《散文一集》的编选，是由郑振铎介绍的，曾通信数次。此次是初见。我约他为"良友文学丛书"编部散文集，那就是一九三六年出的《苦竹杂记》。
③ 沈从文，见面前已通信多次。他写的《记丁玲》，已于一九三四年列入"良友文学丛书"出版。
④ 司徒乔，广东籍名画家，他是"良友"的老朋友，住在北平。
⑤ 胡适，当时任北大文学院院长，由郑振铎介绍，已担任"新文学大系"《建设理论集》编选者，曾通过几次信，这次去拜访，一则向他表示谢意，同时向他催交导言稿。

六月十日

靳以伴我同去北平图书馆参观,在沙锅居共进午饭。下午独自去王府井东安市场逛旧书店,购得法国作家《A 法朗士全集》英译本二十卷。在靳以家晚饭后,同去吉祥戏院观《茶花女》演出。

六月十一日

晨十时,独去燕京大学,谒见谢冰心①;随即去见陈梦家②。午前坐洋车至朱自清家,他在家设宴,作陪者均为清华教授作家,有闻一多、顾一樵、俞平伯、浦江清③、毕树棠、陈铨④等。宴毕,由毕树棠引导参观清华图书馆。参观毕,由毕陪同去陈铨家进冷饮,朱自清、俞平伯、浦江清均已在座,四时半回城。

六月十九日

晨起整理行装。午刻假同和居菜馆设宴答谢在平部分文艺界友人,出席者章靳以、沈从文、李健吾、

---

① 谢冰心,是初次见面,但已为"新文学大系"的出版,应我函请,写过一段介绍语,印入《样本》中。
② 陈梦家,徐志摩的学生,我曾在上海四明邨徐志摩家见过几次。他写的《不开花的春天》散文诗,早已由徐志摩介绍,编入"一角丛书"中出版。
③ 浦江清,松江同乡,在清华教古典文学,久闻其名,这是初见。
④ 陈铨,在此以前,他的长篇小说《革命的前一幕》已于一九三四年十月列入"良友文学丛书"出版。

林庚、肖乾①等，郑振铎已于数日前离平南下。午后搭车返沪，靳以送我至车站，五时启行，扬巾而别。北游近月，胜利结束。

二、一个理想的实现

我在良友公司工作一段时期，编辑出版了几套较有影响的文学丛书，而又和各方面文艺界知名人士结交以后，心中一直有一想法，也可以说是一个愿望或理想：我们"良友"为什么不能像其他进步书店一样，请著名作家来编辑一种大型的文学期刊呢？一来可以通过这样的期刊，推广、宣传已出将出的文学读物，借此扩大"良友"在上海文艺出版界的影响；二则通过文学期刊，发掘更多的稿源，组到更多新老作家的文集，充实丛书的内容。但我自己没有条件来再编刊了。这愿望从何实现呢？

我这个理想大约经历过两次尝试。一九三五年二月，郑伯奇创刊《新小说》月刊时，我当时很希望他能编一种一般性的文学杂志，但郑伯奇自有他的打算，他回忆说："因为我在'左联'参加'大众化'工作，很想借这块园地来作试验。赵家璧同志希望办一个一般性的文学杂志，见我既有这样主张，便不再坚持"②。可惜这个以宣传大众化文学为主旨的月刊，出版七期后就因销路太少而停刊了，伯奇也因此辞职他去。

---

① 肖乾，在靳以家相识后，此后他常来三座门大街十四号。有一次，我曾和靳以、肖乾等四人合摄一影其中另一人，不记其名。最近在肖乾新著《负笈剑桥》(港三联版一九八六年版)书前插图中，才知他是肖乾青年时把他带到广东汕头的华侨朋友名赵登。

② 《"左联"回忆散记》，见郑伯奇著《忆创造社及其他》第136页，香港三联书店，1982年。

大约《新小说》创刊前一二年，我记起当时"左联"负责人周扬，曾约我去旧霞飞路（现名淮海中路）的一家名叫"文艺复兴"的白俄商人开设的咖啡馆商谈由"良友"出资办一种大型文艺刊物。事后经我请求经理后，他表示有些顾虑，不敢同意而告吹。我虽记得确有此事，但记忆已模糊了，为了求得旁证起见，一九八〇年秋曾去函周扬同志，请他帮我共同回忆。九月十日蒙周扬同志认真地复我一信。信中说：

> 您所写回忆史料，尚未拜读。老人写些回忆以留后人是有益的。……一九三四年、三五年，我和你约谈的事，也记不得了。你记得当不会错，大概是为"左联"筹划出版刊物的事情，我没有自己主编什么刊物的意思。后来陆续出版的《光明》和《文学界》都和我有关系，但都不是我出面交涉出版的。

我在一九三五年五六月间住在北平时期，就和靳以二人经常谈到他和郑振铎合编的《文学季刊》的业务情况，我早知道振铎仅仅挂名，实际工作是靳以一人挑的。

傅艾以写的《靳以的编辑生涯》一文对《文学季刊》的评价甚高，而且说得完全合乎史实。他说："《文学季刊》和《水星》的功绩，除了打破北平文坛的沉寂，陆续出现一批新人……外，通过这两个刊物，还打破了北京和上海、学院和文坛的隔阂和界线，沟通了作家之间的团结。三十年代初期，南北、京海两派之间存在隔阂，但不久，京海两派之间的区域打破了，北京青年的文章在上海报刊上出现了，而上海作家也支援了北方的同行。"① 根据当时接办《大公报·文艺》的主编肖乾的回忆:"这个渠道主要是巴金和靳以帮我打通的。"② 卞之琳在回忆《水星》文章中也说过:"当时北平与上海,学院与文坛,两者之间,有一道无形的鸿沟,尽管一则主要是保守的,一则主要是进步的,一般说来,都是爱国的正直的,所以搭桥不难。"③ 这个造桥搭桥的工作,主要是靳以和巴金二人担任的。靳以当时告诉我季刊有编委会,由巴金、冰心、李健吾、李长之、杨丙辰等组成,由郑振铎、章靳以出面任编辑,实际工作他等于一个人包了。发行者名义上用文学季刊社,地址写的就是北海三座门大街十四号。我在北平期间,这个中国现代文学出版史上第一种每期五十万字的大型纯文艺期刊的命运,已在危难之中。原来最早担任出版发行工作的立达书局,已拒绝继续出版。所以自第一卷第四期起,改交上海生活书店担任总经售。靳以和我闲谈中,对《文学季刊》的前途,颇为担忧,他说,这个刊物虽然是一个同人刊物,稿源充沛,青年文学读者极表欢迎,但受整个国家经济情况下降的影响,销数上不去,稿费也发不出;各地读者来信,也感叹买不到书。我把我所知道的全国各地,特别是上海的出版不景气情况,一边分析给他听,一边鼓励他继续努力。我说,只要刊物办得有特色有读者,它的生命是断不了的。当时我和他究属初交,心中的一些想法也不便随便吐露,而且我独自一人在外,未得经理同意,也不能轻率表态。为了写这篇史料文章,我才去找原始资料查阅,才在一九三四年十二月十六日出版的第一卷第四期《文学季刊》封二上,看

---

① 艾以:《艺海一勺》,第115页,四川文艺,1986年。
② 肖乾:《挚友、益友和畏友巴金》,见《文汇月刊》1982年第1期。
③ 卞之琳:《水星微茫忆〈水星〉》,《读书》,1983年10月。

到刊有这样的一条"本刊启事":

> 本刊为同人杂志,以前一切文稿酬劳,均未与书店有明确规定,故付给稿酬极不规则。第一期仅有四位得到极微的稿酬,计每面一元。……第四期起,已定当稿酬办法,为数虽微,但全是一律,不分等级。

当时上海一般报纸和文艺期刊发表费约在千字五元左右,立达书店的待遇是较低的。季刊改由生活书店总经售,经济方面略有改善。

《文学季刊》创刊号上,发刊宗旨是继承五四文学反帝反封建传统,"以更健壮的更勇猛的精神,从事新文学的建设"。靳以主编的《文学季刊》发表了许多以后成为著名作家的处女作或成名之作,如曹禺的《雷雨》、荒煤的《灾难中的人群》,青年作家田涛的小说等,至今这些作家还在悼念靳以文章中,对最早发表他们的成名作的已故编辑靳以怀着深厚的感激之情。他还团结了一大批著名小说家在他的周围,如巴金、冰心、老舍等;文学评论家李健吾、李长之等;诗人卞之琳、何其芳、方敬、陈敬容等;散文家沈从文、李广田、许钦文等。上海左翼作家胡风的《张天翼论》,因上海的检查官通不过,由当时任《文学》编辑的黄源,转寄北平的靳以才能在《文学季刊》上发表。这个材料,直到最近黄源发表回忆胡风[①]的文章才公之于世;同样情况也屡有发生。

不料一九三五年冬第二卷第四期就成为《文学季刊》的终刊号。在此以前,靳以主编的另一种小型文艺期刊《水星》也

---

① 见《新文学史料》,1987年,第4期。

已停刊。终刊号上,首篇载有《告别的话》,文中说:

　　季刊出到这期,刚刚满两周年。自然两年并不是长时期。但是这两年中间我们也曾经历了一些风波。有几次意外的困难几乎使这刊物夭折了。然而靠了几个人的苦心和多数投稿者与读者的大量的帮助,它终于支持到了现在。这其间我们除了看清楚我们这文坛的真面目外,还明白了人情世故,感到了爱憎,最可宝贵的是我们认识了一个整代的向上的青年的心,而跟着他们叫出他们的苦痛与渴望了。

　　单就这两年的短促的存在来说,季刊也并不曾浪费消耗过它的生命。然而环境却不许它继续存在下去。我们在这里只用了简单的"环境"两个字,其实要把这详细解说出来,也可以耗费不少篇页。在市场上就只充满了一切足以使青年忘掉现实的书报。在这种情形下面,我们只得悲痛地和朋友们——投稿者,读者告别。

　　………

　　别了,我们的真挚而大量的朋友们,这两年来承你们不断地给了我们种种的帮助和鼓舞,使我们在困难的环境中有勇气挣扎下去,倘使没有你们,我们连这一点成绩也不会得到,这是我们大家的共同力量的结果。这八册刊物摆在我们的眼前,闪耀着,就像一颗光亮的星。繁星虽然有时也会隐匿,但它决不消灭。倘使有一天环境使我们有余裕重提起笔管,那时这颗星会发出灿烂的光辉,而我们这季刊也会像从火里出来的凤凰那样,以新生的姿态和你们相见了。我们这次的分别不会是永久的。别了,我们的真挚而大量的朋友们①。"

这篇《告别的话》,我一直以为是靳以写的。直到几天前在《文艺报》上,看到巴金的近作《〈收获〉创刊三十年》,文中提到靳以。他说:"想着《收获》,我不能不想到靳以,他是《收获》的创刊人,又是《收获》的主编……"接着他又想到《文学季刊》,他说:"一九三五年年底《文学季刊》停刊,他(指靳以——赵按)在天津照料母亲的病,我去北平看完校样,写了《停刊的话》。"②经巴金一说,我才弄清这篇《告别的话》原来是出于巴金之手。这更引起我在《文学季刊》停刊后,我和巴金商谈由"良友"接办《文学季刊》的一连串往事。

我前面已说过,我在一九三五年六月去北京旅游组稿,经郑振铎介绍,既认识了靳以,又在他租的北海附近三座门大街那座北京式旧院子里,我和他共同生活了二十多天,对靳以的专心致志于文学期刊的编辑事业,认为是我事业上的一个知己,对他的为人热情诚恳,重视友情,深为钦佩。巴金和我在沪已结识了两三年,"良友文学丛书"的第三种就是他创作的《爱情三部曲》之一《雾》。因为巴金不但是位作家,他对编辑出版工作,也认为是一件有意义的事业,他后来就和吴朗西合办了文化生活出版社。我们两人之间,年龄相近,对文学编辑出版事业具有相同的兴趣,很快就成了无话不谈的朋友。我从北平返沪后,他知道我对靳以也有相见恨晚之情,而《文学季刊》

---

① 见《文学季刊》,第2卷,第4期第93页。1935年12月16日,北京文季社出版。
② 《文艺报》第47期,1987年11月21日。

的责任编辑就是他和靳以二人,实际工作巴金虽管得较少,但对《文学季刊》的命运,他们二人同样地关心,像两个人双手抚养大的孩子一样亲热。我去看望巴金时,自然谈起关于《文学季刊》的事。

一九三六年初,《文学季刊》停办的消息,文艺界中人都知道了。不少朋友听到,无不为之惋惜。我到北平了解实际情况后,回到上海,心中就有何不由"良友"来接办的想法。终于有一次,我在巴金面前吐露了这一意愿。巴金对当时"良友"的出书情况比较了解,对我也比较信任。那时,我担心《文学季刊》可能会由文化生活出版社接办,所以先想听听巴金的意见。结果,巴金对我表示,"良友"公司如愿接办,他认为可以考虑,但这要等靳以回到上海后才能作出决定,因为刊物的真正主人是靳以。我得到巴金的热情支持后心里踏实了,于是自己考虑如何去取得"良友"经理的同意,因为这里还有大量工作要做,良友公司素以出画报为主要业务,现在要出版一种大型纯文艺刊物,销路有无把握,这是经理首先要考虑的问题。

我要在这里插入一段关于"良友"如何出版林语堂编小品文半月刊《人间世》的史话。约一九三二年秋,我在"良友"专职工作后,在画报之外,新辟一个摊子,专出文艺书籍,同时所有画报上的书籍广告,统由我安排。当时,有一位伍联德的广东同乡,岭南大学同学简又文,在冯玉祥将军手下当过秘书的,他曾在别处主编过一种名为《逸经》的杂文月刊(瞿秋白的《多余的话》就是发表在这个刊物上),他和林语堂趣味相投,对小品文又有同好。一九三四年四月间,简又文介绍林语堂和伍联德来"良友"创刊《人间世》半月刊。这以前,林还编过《论语》,他对小品文认为应"以自我为中心,以闲适为格调"。推崇晚明公安派的性灵文学,鼓吹文白兼用的"语录体",反对"左联"提倡的大众语,攻击白话文。林语堂的《人间世》受到当时鲁迅等"左联"作家的批评和指责。《人间世》出版前,伍联德曾征求过编辑部同人的意见,在旧社会,老板要出什么刊物,大家都无权插嘴反对。而且这一刊物实行的是承包制,由"良友"每月出一笔编辑费和稿费交给林语堂本人,由他支配,"良友"担任总经售,对刊物不加干涉。记得当时林自己从不来上班,由他聘请陶亢德和徐讦二人作助编,"良友"拨出一间小房间,作他们办公之用。林语堂也把马国亮、梁得所和我三人都列入特约撰述人名单中。出版初期,该刊销路尚佳,能有盈余。一九三五年四月,伍联德脱离"良友",《人间世》出至第四十二期(一九三五年十二月),也因销行大跌而停刊。第四十一期上,刊了《良友公司启事》一则,说明"本公司与人间世社所订合同期满,第四十三期起不再续出";另刊一则《人间世社启事》说明"近因本社同人他事忙碌,势难兼顾,决定出至本年底停刊"。停刊以后,我曾把发表在《人间世》半月刊上的较有学术和史料价值的文章,编了五卷文集,分别名为《人间小品甲集》《人间小品乙集》《人间特写》《人间随笔》和《二十今人志》,公开发行。我所以要把这些题外话写在纪念靳以的文章里,因为《文学季刊》和《人间世》半月刊是在同一时期停刊的。而《人间世》的停刊,正成为我向"良友"经理余汉生建议接办《文学季刊》的最适当的时机和最充足的理由。当时余汉生已继伍联德总抓公司的所有业务了。

在《人间世》出版二年中,每期封二、封底都由我安排文艺新书的广告,每期都充分利用,出"中国新文学大系"发售预约时,我还加印了彩纸插页。我和巴金初步交换意见,蒙他同意考虑后，一九三六年春，我就向余汉生正式提出由我们接办《文学季刊》，理由是我们出了不少文艺书，应当出版一种纯文艺月刊，由名家来主编，像生活书店出版的《文学》、现代书局出版的《现代》那样十六开大型刊物。我说服他的理由就是我们在这个刊物上，可以替我们的文艺书推广宣传，像已停刊的《人间世》半月刊一样。余汉生是一位满脑子经营管理的企业家，对这样的话是比较容易接受的。他想了一下，似乎允予考虑。但他接着问，谁来当主编？是否有政治背景？我说是进步作家巴金和靳以二人，他们在北平出的季刊停了，我想由"良友"来接办，不出季刊而改为月刊，由巴金和靳以合编。他们两个人的名字，在全国读书界中是有一定名声的，他们过去编的就是同人杂志，没有什么政治背景，是一种纯文艺的刊物。他说，你去谈谈，可以照林语堂那样搞承包制，订一两年合同，先试试。第二天，我把北平版《文学季刊》送他几本，请他翻阅。

我在得到余汉生点头后，就约了靳以一起去巴金家正式商谈。他们听说"良友"不但愿意接受，还有意改出月刊，这是出于他们意料之外的，靳以听了特别感到高兴。关于刊物名称，很快三人同意用《文季月刊》，我建议用巴金靳以合编名义，靳以也同意。巴金表示他仅可挂名，将来实际工作完全由靳以担任，他不管编务，靳以也不表异议。至于经理提出的用合同承包制，他们反对，我也不赞成。我认为这次如果靳以来编一个期刊，应当像郑伯奇参加"良友"，后来主编《新小说》一样，作为公司编辑部正式成员享受一切待遇，同时也要求靳以来公司上班，但不必像我们职工那样八小时工作。经过一度商讨，事情很快决定。至于文稿稿酬，一律按当时上海通行标准，千字五元左右，出版后即发稿酬单，对靳以专付一笔编辑费。靳以的办公室，我提出请他到我所用的一间三楼向西的十平方屋子里一起工作，原有一张写字台，一张三用沙发，一架书柜，再放一张写字台也可应付了。为了使编辑者对刊物内容行使独立权力起见，对外发行仍用文季月刊社名义，良友图书公司担任总经售。

当时郑振铎在沪担任暨南大学教授，我和他经常来往，因为《文学季刊》的最初编辑者是他和靳以二人，现在改由"良友"接办，并请巴金靳以二人合编，我认为理应向他打个招呼，而且也是应当征求他同意的。我便专诚去庙弄拜望他。经我说明来意后，他完全同意我们的计划。临别时，他紧握住我的手，接连地热情地向我说："这样做，真是好极了，再好也没有了；又从季刊一跃而为月刊，肯定会受读者欢迎的。"良友"又做了一件好事！"

长期以来，我一直盼望能在"良友"出个大型文艺刊物的理想，在巴金和靳以二人的大力支持下，终于在一九三六年六月份实现了。为了纪念这一刊物既有继承旧的《文学季刊》的复活，又有改为月刊的新生的双重意义，决定把创刊号增加一倍篇幅，号称特大号，同时要把这件事，大大地向全国进行宣传。靳以写了篇《复刊词》刊于卷首。其中说：

四个月以前我们怀着苦痛的心告别了读者，在《告别的话》里面，我们解说了我们所处的"环境"，我们曾痛切地说：

"文化的招牌如今还高高地挂在商店的门榜上，而我们这文坛也被操纵在商人的手里，在商店的周围再聚集着一群无名的文人。读者的需要是从来被忽视了的。在文坛上活动的就只有那少数为商人豢养的无文的文人，于是虫蛀的古籍和腐儒的呓语大批地被翻印而流布了，才子佳人的传奇故事之类，也一再地被介绍到青年中间，在市场上就只充满了一切足以使青年忘掉现实的书报。……在这种情形下面，我们只得悲痛地和朋友们告了别。"

这篇《复刊词》中所引《告别的话》在解说我们所处"环境"以下的一段关于利用文化招牌出版使青年忘掉现实的书报等文字，我未能在《文学季刊》《告别的话》全文中找到。我开始认为靳以写《复刊词》时没有查对自己写过的原文，因此前后不符。最近读了巴金纪念《收获》三十周年的文章，才弄清楚《告别的话》是巴金写的，《复刊词》是靳以写的。但是他们两人对这个刊物的编辑思想是共同的。《复刊词》的后半段接着说：

然而连这样软弱的话句也遭受了藏在王道精神后面的刀斧。当我们的呼声被窒息的时候，别人甚至不许我们发出一声呻吟，申辩一下是非。于是各种各样的流言就在外面散布了，据说，我们这季刊的休刊，原因是读者的不需要。我们自然没法替自己辩护，但同时却有不少的读者用了笔和舌给我们送来了安慰和鼓舞。

这安慰和鼓舞始终没有间断过，到后来就离了语言文字而被行动来表现了。这一次是真实的读者出来表示了他们的需要。这事实使我们得以从被强迫的沉默中翻了身。我们这季刊是复活了，而且正如我们所期望的，是以新生的姿态复活了。

但我们并不是忘恩的背信的，我们在《告别的话》中所允许过朋友们的一些约言，我们要尽力去实践，以前的季刊是我们和朋友们共同努力的结果，以后的月刊也应该是的。

我们是青年，我们只愿意跟着这一代向上的青年叫出他们的渴望，在这一点上，我们的季刊曾尽过一点责任，我们的月刊也会沿着这路线进行的。至于我们这一次能否完成这工作，那全靠朋友们的大量的支持了。

这本重获新生的《文季月刊》创刊号在一九三六年六月一日诞生，厚三百六十四页，我利用该刊发了十页广告，包括封二、封三、封底，另加插页。其中两幅刊的是《作家》《译文》的交换广告。同时在《良友画报》封底，登了创刊广告。

从《告别的话》到《复刊词》充分说明两位编辑对这个同人刊物怀着深厚的感情，着眼于中国的青年一代，包括作者和读者。对当时的出版界里挂着文化的招牌，而不从读者需要出发，专于翻印古书谋求利润的商人表示不满。至于《文学季刊》生命之被无端扼杀，还听到不公正的舆论，他们是决心要用行动来驳斥他们的。所以良友公司当局愿意接办《文学季刊》这一光荣的事业，这对编者来说，似乎也是有些意外高兴的。双方都希望这一事业今后能发扬光大，长期地继续下去。根据我当时的预测，三年五年的寿命是不成问题的，刊物的政治态度，国民党反动统治也没有理由来扼杀它的。结果它的寿命仅仅维持了七个月，这是完全出于我们意料之外的。虽然如此，《文季月刊》在现代文学期刊出版史上，仍然占有光辉而重要的一页，我将在下面谈谈《文季月刊》出版期间的一些值得一提的大事，供现代文学史研究者作参考。

至于用巴金靳以合编六个大字印在刊名之上是我的建议，说穿了，也是一种吸引读者的广告术。当时我怕巴金不赞成，因为《文学季刊》出版时，仅在书末版权页上，在编辑者项目下普普通通印上四号宋体的两行字：郑振铎、章靳以。我这次是用二号黑体大字，印在每期封面上端，每期都印，这一办法我是从欧美日本著名严肃的纯文艺刊物在封面上标上著名编辑的先例而办的。巴金最近说："一九三六年，他（指靳以——赵按）到上海编辑《文季月刊》就用了我们合编的名义。我们彼此信任。"[①]想不到一九五七年，作为中国作协大型刊物《收获》出版时，虽由靳以创办，设有十三人组成的编委会，巴金是编委之一，仍由靳以主持，出版时，版权页上就印着"主编巴金靳以"六个字。巴金回忆说："《收获》的编委会果然开得少。刊物在北京印刷发行，因靳以不愿把家搬到北京，编辑部便设在上海，由靳以主持。大约创刊前三四个月，有天晚上靳以在我家聊天，快要离开以前，他忽然严肃地说：'还是你随我合编吧，像以前那样。'就只有这么一句，我回答了一个字：好。"[②]靳以所说的"以前那样"，就是指三十年代他们二人合编的《文季月刊》。我想不到这两位作家的名字以后一直并列印在每期《收获》的版权页上。所以我每当看到《收获》就会联想到《文季月刊》。而这两位作家之间深厚的友谊，以及他们对办好文

---

① 巴金：《〈收获〉创刊三十年》《文艺报》，第47期。
② 巴金：《〈收获〉创刊三十年》《文艺报》，第47期。

学期刊的两颗跳动着的心,永远值得我向他们学习和纪念的。

三、靳以和《文季月刊》

靳以正式来"良友"上班工作,我记得大约是一九三六年四月一日,有这样一位可以互相谈心,互相研究工作,并可在许多方面向他讨教、学习的知己好友,并坐办公,天天见面,真是我编辑生涯中最可珍贵而难忘的日子。当时郑伯奇已离职他去,他在"良友"同室办公时,因为他已是成名的创造社老作家,又是"左联"主要成员,比我年长得多,我把他尊为老师,视为畏友,说话请教,懂得掌握一定分寸。我对靳以就不同,我和他年龄相近,我还比他长一岁,他毕业于复旦,我毕业于光华,两人都在大学时代爱上了文学,毕业后走上了文学编辑的道路。但他是位作家,很早就从事创作,已写出许多优秀作品,而我仅是个编辑,因为在校时选读英国文学,也偶尔搞些英美文学研究和翻译工作,自己知道不是当作家的料,一直没有这种当作家的想法。但靳以就鼓励我要多写作、多研究、多翻译,他在编《文学季刊》和《文季月刊》几年里,就约我写了好几篇外国文学研究和名著的翻译,这次为了写这篇史料,翻阅旧刊,才发现有我的三四篇旧作,连我自己都忘记了。特别值得一提的是一九三五年八月在《文学季刊》第二卷第三期上我写的《海明威研究》一文,现在被认为在国内较早发表的海明威研究论文[①]。思念故友,更当感谢靳以对我在这方面的期望和鞭策。

---

① 李国强辑:《海明威研究论文及其著作译文索引》《美国文学》1987年第1期,第155页,山东大学出版社,1987年。

我当时自己虽不搞创作，但由于编辑文艺图书的关系，和各方面的作家都有接触。三十年代的上半期，是中国左翼文艺运动蓬勃开展的时期，对国民党的反革命文化"围剿"进行了有力的反击。我当年受时代潮流的冲击和在学校里受到国民党特务学生的迫害，加上以后郑伯奇给我的身教言教，政治上反对国民党的反动统治，痛恨旧社会的腐败制度，争取进步，向往革命和反帝反封建的民主革命的要求是很迫切的。但是对当时"左联"执行的"左倾"错误路线——关门主义，也有自己的看法。所以我在组稿工作中，作者对象并不限于左翼作家，除属于国民党右派外，对所有进步的、爱国的作家的作品一样努力争取。靳以对我在组稿路线上的这一做法，有一次谈话中表示了支持和赞赏。历史已过去了半个世纪，事实证明鲁迅下列这段名言是完全正确的。鲁迅在《论"第三种人"》一文中曾说："左翼作家……不但要那同走几步的'同路人'，还要招致那站在路旁看看的看客也一同前进。"[①] 现在回忆靳以，记得我们在编辑的组稿方针上是有共同语言的。两人对鲁迅先生的这一主张都怀有无限崇敬的心情。

靳以在编辑工作中，对年轻的无名作家，热情扶持，尽力给他们发表的机会，这种提携新人的作风给我很深的印象和影响。这方面我记得一件有关出版葛琴《总退却》的事。一九三六年四月四日，鲁迅应邀来"良友"三楼编辑部挑选苏联版画。那时，我的办公室里已放了两张写字台。鲁迅在选完画片抽烟休息时，他还坐在那张长沙发上，指着另一张写字台问我，谁在这里和你一起工作，我告诉他，是章靳以，我们即将出版由巴金和靳以合编的一个大型文艺刊物，名为《文季月

---

① 鲁迅：《南腔北调集》。

刊》。同时我告诉他,我们将出版一套《中篇创作新集》,都是青年作家的未发表中篇小说,我把已约稿的作家名字讲了几位,其中之一就是女作家葛琴。鲁迅就向我推荐葛琴的一部短篇集《总退却》。那天鲁迅来选画,临时用电话通知我的,靳以正好出外组稿去了。第二天靳以上午来办公,我把昨天鲁迅来"良友"选画的事告诉他,也对他说起葛琴还有一部短篇集《总退却》要求"良友"考虑出版的事。靳以就表示昨天失去了一个见到鲁迅的好机会;对于葛琴的作品集,他认为值得出版。那时我对葛琴并不熟悉,她已有一部中篇《窑场》将列入《中篇创作新集》出版,这部短篇集又不便列入"良友文学丛书",我还在犹豫不决中("良友文学丛书"仅收名家之作,这是我个人的一种想法),靳以就对我表示不满,很直率地批评了我,并把葛琴的近况和她作品值得出版的理由向我作了介绍。原来靳以对这一位左翼女作家非常了解,而且知道她在杭州的一所小学校里任职,《文季月刊》已向她约稿。我接受了他的批评,后来约葛琴来上海面谈,用单行本形式为她的小说集《总退却》印了一版。这件往事,我在回忆鲁迅史料时已写到过。这里重复叙述这件旧事,说明靳以和我一起工作期间,在如何正确对待青年作家的应有态度上给我起了很大的教育和榜样作用。不久葛琴的一个短篇《一天》就发表在《文季月刊》的九月号上。另一位女作家罗淑,她的成名作《生人妻》也是靳以第一个发现而把她的这篇处女作发表在同一期《文季》上的。靳以的这一优点是最令同辈人赞美的!我仅举这些作为我当时受到他教益的一例而已。

《文学季刊》时期,经常发表作品的作者以集中在北方的进步作家为主,加上一部分上海的左翼作家。其中出身于清华大学的作家曹禺、吴组缃等在这个刊物上发表了他们的处女作《雷雨》和《一千八百担》《樊家铺》。老舍的《黑白李》和巴金（笔名欧阳镜蓉）的《龙眼花开的时候》（《电》），张天翼的《女儿们》、叶紫（陈芳）的《星》都发表在这里。其他住在北方的作家冰心、沈从文、林庚、肖乾、李健吾、卞之琳、何其芳和在武汉的凌叔华等都是靳以所联系的作者。刊物栏目分创作小说、诗、散文、剧本、文学评论和文学研究等，每期目录，都排得满满地占了两页，每期字数都在四五十万字左右。这样一种大型的专刊创作的文学期刊，在我国文学期刊出版史上，靳以是首创的编辑。这个刊物因当时印数较少，靳以曾赠我两卷精装合订本，"文革"后期，我因生活所迫，出让给上海旧书店时，代价超出《文学季刊》合订本几近两倍，现在更难觅购，也未见书店将它影印。

转入《文季月刊》时期，除保持原有作者队伍外，因刊物迁沪，靳以个人的接触范围也随之而扩大，上海左翼作家的作品有了明显的增加，如茅盾、丁玲、草明、欧阳山、肖红、荃麟、葛琴、刘白羽等。有时小说栏几乎成了左翼作家的阵地，当然也发表了进步作家田涛、沈从文、骞先艾、陈占元、叶圣陶、齐同等的作品。三部连载长篇最有特色。巴金的长篇《春》连刊六期。鲁彦的《野火》连载七期，这部长篇由我争取到手，于一九三七年五月编入"良友文学丛书"；另一部长篇剧本曹禺的《日出》，连刊四期。我原想把这三个长篇都争取编入丛书，因种种原因，仅得其一。

我记得那时曾向曹禺约过稿，以后就落了空。曹禺的主要代表作《雷雨》《日出》等都是最早由靳以发表在他主编的两个刊物上的，他们两人交情极深。所以前几年，曹禺来上海小住，因偶患小恙，去华东医院门诊部治病，那天我也去就医取药，在门诊候诊室内与久别的老友不期而遇，握手互问患什么病以后，很自然地就谈到了我们共同的故友靳以，曹禺就提到那部《日出》原稿就是靳以拿去首次与读者见面的。他夸称："他是一位好编辑，可惜现在像他这样的好编辑太少了！"

《文季月刊》在沪复刊后最大的变化，根据我的记忆，是它与上海的左翼文坛，特别是与左翼文坛的主将鲁迅的关系越来越接近。当时"左联"工作中患着教条主义、宗派主义的错误倾向，鲁迅曾对此进行过中肯而切实的批评，靳以对鲁迅这一点极表钦佩。巴金、靳以与黄源、黎烈文二人来往极密，他们之间有许多共同的见解，他们四个人中，黄源所编《译文》直接与鲁迅有关，黎烈文主编的《申报·自由谈》，开始一个时期，鲁迅虽屡易笔名，一直是最重要的支持者，以后黎烈文脱离《申报》，一九三六年九月，改编《中流》文学半月刊，鲁迅仍是主要撰稿人之一。四个人中仅黎烈文和黄源二人经常出入鲁迅寓所面谈，而巴金和靳以则在鲁迅生前没有去过大陆新邨九号。所以在两个口号论争期间由鲁迅签署的《中国文艺工作者宣言》，根据巴金的回忆，是他和黎烈文协助起草的。巴金说：

> 一九三六年五六月文艺家协会成立，发表了宣言。鲁迅先生拒绝参加文艺家协会，他不参加的原因在他的书信中讲得很明白。黎烈文、黄源、靳以和我还有别的一些人拥护鲁迅的主张，也都没有参加协会，更没有在宣言上签名。当时鲁迅先生身体不好，外出活动较少。黎烈文和黄源经常去看鲁迅

先生。我向他们谈起,我们也应该发表一个宣言,表示我们对当前民族危机的态度,他们同意我的意见。本来这个宣言由鲁迅先生起草,我们大家签名最好。可是先生有病,不便请他执笔。我们考虑之后,决定我们自己先起个草稿请先生修改后发表。这个宣言,黎烈文要我写,我要他写,推来推去并没有谈好。有天晚上,我和黎烈文又谈起这件事,他答应第二天就去找鲁迅先生,不过他要我起草宣言稿,我最后同意了。我开了夜车,写了一个稿子。第二天我和黎烈文在北四川路新雅酒楼见面,他也带来一份稿子。我说:"你写了,我的就不用了。"他说:"还是用你的吧。"最后他说:"两个稿子都拿去给鲁迅先生看,由先生决定,请先生第一个签名。"黎烈文从鲁迅先生家出来拿了一份有先生亲笔签名稿找我和靳以,他已经把两份草稿合并成一份宣言了。他在先生家里就抄了同样的几份,出来交给黄源,胡风等人拿去找人签名。黄源的一份发表在七月号的《译文》月刊上;我在靳以的一份上签了名,这一份就在《文季》七月号上发表……①

我现在查阅《文季月刊》,这份宣言用"来件"为题,刊在该期最后一页。宣言署名第一人为鲁迅,其中包括茅盾、巴金、靳以、曹禺等。我是在靳以征求我意见时签上的,但我申明在另一个宣言上,曾经与郑伯奇、马国亮已同时签名了。靳

---

① 巴金:《关于〈中国文艺工作者宣言〉及其他》,见《鲁迅研究资料》第8卷,第101页,天津人民出版社。

以说,也有人在两个宣言上同时签了名,我便签上了。

当时集合在鲁迅周围或是说思想比较接近的,有两种人,一是党员作家和编辑,一是党外的进步作家和编辑,后一种人由于接近了鲁迅,因而在鲁迅影响下,对党有了进一步的认识。

今年十月间,上海鲁迅纪念馆举行鲁迅先生来沪定居六十周年纪念大会,老友黄源同志专诚从杭州赶来上海虹口文化馆参加,会议休息期间,他特来我家叙旧。当我告诉他我正在写一篇纪念靳以的史料文章时,他十分激动地说:"现在文学青年几乎把靳以忘记了,你应当写他,他是一位对革命文学事业有过特殊贡献的文学编辑,又是一位著名的作家。"黄源还根据他亲身的经历,谈到他们几位当时都还年轻的文学爱好者,如巴金、靳以、黎烈文等,写文章、编刊物,无不向往革命,向往中国共产党,认为能救中国的只有共产党。但当时上海地下党和"左联",犯了"左倾"错误,歧视党外进步作家,而鲁迅先生就不一样,因此他们几个人是通过鲁迅的身教言教,才逐渐走上革命道路的。他自己就在中华人民共和国成立前夕去了苏北,参加新四军,以后入了党。他说靳以在中华人民共和国成立后的一九五八年入党的,可惜他死得太早了。

靳以对鲁迅的感情特别深,还表现在鲁迅逝世后的一系列悼念工作上。

靳以写的《回忆鲁迅先生》一文中是这样描述的:"我是在十月十九日清早听到先生逝世的信息,仿佛一下子被丢进冰冷的海水里,我们就急忙赶到大陆新村的住处去。在我第一次跨进那门口,原来是多么值得兴奋的,单单在那么一天,一切的兴奋化成更沉痛的悲伤了。我看见先生安静地躺在那里,一张清癯的脸容和疲弱的身体。他的眼睛闭上了……"①

许广平和海婴都在床前哭泣,屋子里还有几位文艺界老朋友和报社记者,我和靳以向许广平说了几句致哀安慰的话后,就和众人一起站在室内,全室完全沉入无声的静默中。不久,有位日本人进来,坐在床前,从带来的口袋中拉出一大块雪白的软石膏,把死者的脸全部盖上。开始我不懂这是为了什么,经旁人轻声解释,才知这个人是日本雕塑家奥田杏花,是替鲁迅留下一个最后的石膏面容,以便翻模雕像,这样才可以真实地再现鲁迅的遗容。②我和靳以站了一会,就告别下楼,同回"良友"编辑部。

虽在大家十分哀伤之际,靳以回到"良友"编辑部,立即想起要在早已发稿的十一月号《文季月刊》上,抽掉一些内容,赶编一个《哀悼鲁迅先生特辑》插入插图和正文中。大约受到那位日本雕塑家的启发,靳以还想出要请一位名画家为鲁迅先生在盖棺前画一幅最后速写,刊在《文季月刊》的第一页,以作纪念。我们和《良友画报》总编辑马国亮三人商量后,决定托马国亮去请著名画家司徒乔担任这件光荣任务。司徒乔是广东人,鲁迅生前早已和他相熟,马国亮打一个电话,事情就谈妥了。靳以又向我要了两封鲁迅最近写给我的手迹书简,作为插图。靳以又请黄源写了一篇悼念文章,置于卷首。靳以自己也写了一篇悼文,文末说:

"别了,鲁迅先生!忘掉我。没有一个人能忘

---

① 《靳以散文小说集下》,第255页,上海文艺,1984年。
② 《靳以散文小说集下》,第25页《追忆一件往事》。

掉你的。我们不会让你静静地死去，你会活起来，活在我们的心里，活在全中国人民的心里，你活着来看大家怎样继承你的遗志向着中华民族解放的道路迈进。"

巴金、靳以等敬爱鲁迅，决心走鲁迅指出的文学道路的感情，还可以从万国殡仪馆门口，把鲁迅灵柩扶上灵车的十四位扶灵者名单中得到证明，他们是鹿地亘、周文、沙汀、胡风、肖军、巴金、张天翼、欧阳山、靳以、曹白、吴朗西、黄源、黎烈文、姚克。这幅照片和其他五幅逝世纪念照片都刊在该期《文季月刊》上、用黄道林纸印的插图页中。《文季月刊》还在十二月号上特别刊发了《鲁迅先生纪念委员会筹备会公告》第一、第二号全文。

《文季月刊》较《文学季刊》时期在反帝反封建的政治立场上，也表明了更激进的倾向；在鲁迅和革命文学运动影响下，为广泛团结不同政治倾向和艺术流派的作家作出了贡献。为纪念东北沦陷五周年，十月号上发表了《我们的纪念》一文，这又是出于靳以的手笔：

五年了！这五年我们是在怎样的情形下面过日子，我们记得很清楚。我们决不是健忘的人。不仅那白山黑水，广漠的原野，浓密的松林，肥沃的土地，还非常鲜明地现在我们的眼前，并且在那边铁蹄下面挣扎的我们兄弟们的呻吟和呼号依旧洪亮地响在我们的耳边。我们不会辨不出兄弟们的声音，我们更不会听见他们的声音而不感动的。这几年来我们的确含着眼泪怀着热血大声疾呼地响应过了……

这段话，也是《文学季刊》和《文季月刊》编者章靳以的心里话。我最近查阅旧刊，还在第十二月号上发现一篇题为《一封信和一个电报》的补白。这个补白的内容是说一九三六年十一月五日，日寇进犯绥远，傅作义率部抵抗。上海的文季月刊社、中流社、作家社、译文社联名打电报给傅作义和前线全体将士，电报说："我们谨以万分热诚希望诸君为中华民族之生存与独立抗战到底。"十一月二十日文季月刊社又送了国币五十元到《大公报》社，托他们转汇绥远前线去，并附了一封信给《大公报》主笔，信中说："这是我们由文季月刊编辑费项下撙节下来的，请转寄绥远前线为中国民族争生存的将士。"这是两件小事，但从中看出这四个文学期刊编辑部（《中流》黎烈文主编、《作家》孟十还主编、《译文》黄源主编）之间的密切关系和统一的立场；而五十元捐款就是靳以个人节衣缩食而捐献给抗日战士的。这也说明靳以和巴金一样，自觉地走上以文学为武器，"向一切旧的传统观念一切阻碍社会进化和人性发展的不合理的制度，一切摧残爱的势力"（巴金《写作生活的回顾》）作斗争的道路。《文季月刊》的政治立场，从上述几篇文件里已非常明显地向全社会表态了。

这样一种为青年作者所支持，为青年读者提供精神粮食的文学期刊，改为月刊后仅出版了七期，到第十二月号出版后，就遭到上海国民党反动统治的查禁。据张静庐主编的《现代中国出版史料乙集》（第49页）所载，一九三六年十二月，上海有十四种杂志遭政府查禁，其中有《文季月刊》《作家》《中流》《生活星期刊》《读书生活》等。次年七月下旬北平禁售刊物又达六十余种。

一九三六年秋，我还曾设想为了替《文季月刊》推广销路，多拉全年订户，征得经理同意，在七月创刊号内，就刊了一幅"良友文库"十五种书目，说明七月底前预订《文季月刊》一年者，赠"良友文库"一种，（不论价目多少），并用彩色纸夹印一条广告用订阅单订在创刊号第一页。这种兜揽订户的广告手段，现在的文艺期刊编辑也许不屑为之，但是我这个编辑，至今还不以为耻，并劝说今天的年青期刊编辑也不要轻视推广自己出版物的宣传广告工作。

关于如何协助《文季月刊》推广销路，在读者中发生更大影响，靳以和我经常讨论探索，每期印数，实销数，数目经常由发行部报给我们。那年国民经济萧条，读者购买力低落，而文艺期刊数十种，市上竞争激烈。一九三六年冬，靳以和我考虑到《文季月刊》第一卷六期出至十一月号已告一段落，十二月号便是第二卷开始，一九三七年订户如何早日争取极应早日筹划。我提出由文季月刊社精选一九三六年全国所有文学期刊中的最佳短篇小说，编辑出版一册《最佳短篇1936年选》，凡《文季月刊》全年新订户，赠送一册。这一建议，靳以说"举双手赞成！"但有两个问题，须得到解决。第一，谁来编选；第二，这样一个选本，要五六十万字，售价至少要在二元上下，白送订户，经理算盘之下，能否同意是个问题。

关于谁来编选的问题，是在南京路上永安公司三楼所设大东茶室的一次"文艺沙龙"中得到解决的。那时上海人下午饮茶成风，南京路上广东人开的饮食铺都兼开午后茶座，上海文艺期刊中，有近十位关系比较接近的青年朋友，如黎烈文、章靳以、肖乾、黄源、孟十还等约定每一个星期几的下午，一起去那里饮茶聊天，实际上是谈谈文艺界的情况，也互通消息，交流作品等。我称之为"文艺沙龙"式的聚会，有时我也去参加。这些朋友，每个人手中都有一个文学期刊，所以交谈内容，丰富多彩。我的《短篇佳作年选》的出版计划，就是在几次文艺沙龙交谈中逐渐形成了一个较具体的执行计划[①]，由遍布全国各地的著名作家和著名文艺编辑中选出二十位（其中两位女作家林徽因、凌叔华我记得是靳以建议的），每人自选三篇，交由我负责汇辑成册，那就是我已写过一篇回忆专文的《二十人所选短篇佳作集》，共六十万字，五十六篇，三十二开纸面精装本，厚八百页，售价一元。经我说服经理赔些本作广告费用，就在一九三六年年底出版。在十二月号《文季月刊》封底刊了整版广告，说明预定《文季月刊》一年，奉赠一册。可惜广告刊出，《文季月刊》就在十二月底被迫停刊，我和靳以两人费尽心机，企图维持《文季月刊》的生命，用各种办法去打开销路，到第七期还是无法挽救。一九三七年初，靳以离开了"良友"，八个月后，抗战爆发了。

四、靳以主编的《现代散文新集》

靳以在"良友"主编《文学季刊》后期，还曾替我们编过一套《现代散文新集》，当时印数不多，至今很难找到全套，我自己所留也仅一二种，这次为了写这篇史料，感谢傅艾以同志代我向上海作协资料室借到了六种，上海书店刘华庭同志借给我一种，原订出八种，除李广田的一种未出外，其他七种都被我收齐了。这是一种新型的袖珍本，封面统一规格，篇幅

[①] 详见《编辑忆旧》，第259—271页，北京三联，1984年。

五万字左右，售价一律三角（最后两本是孤岛时期印，售价略高）。里封页上写明"靳以主编"四个字。这套专刊散文的小丛书和另一套《中篇创作新集》（原计划出十二种，后出十种）一样都有它各自的特色。后一套实际上是托张天翼组稿的，作者都是"左联"青年作家，就是书前未写张天翼主编字样而已，我早已为这套丛书写过一篇史料题为《三十年代的革命新苗》，不再在此赘述。靳以主编的这套散文丛书，作者都是靳以所熟悉而经常在他主编的两个文学期刊上发表散文的作者。其中有的如师陀（芦焚）、肖乾也是我的朋友，也有后来一直没有见过面的，如何其芳、方敬、李广田等，而有关这套丛书，今天回顾，倒也有不少史料，值得一谈。书共八种，都是靳以在"良友"工作时期所约定的，但出版时，靳以早已离开了"良友"。靳以离开之前，有四种书已付排，所以内容介绍的广告辞是靳以写的。现在先把最早出的四种介绍如下：

1. 巴金《短简》(1937年3月出版)

有许多不相识的青年时常写信给作者，作者充满着热烈同情所答复的短简，现在全收在这里。作者说："纵然不能帮助他们解决一些困难的问题，但是我的短简也竟告诉了他们一些同情。"爱读巴金小说而要认识巴金其人的，这是一部最亲密的书信集。

2. 芦焚《黄花苔》(1937年3月出版)

作者把这本书自比乡间的野花野草，为我们所看到的却是一份真,一份确实的美。这里没有都市的煤烟,也没有阴沟的腐臭;是人生路上的一些点缀。也许看见过了,会引起亲切之感,若是你这茫昧呢,暗音会使你喜悦,小小的刺或许使你皱眉。

3. 方敬《风尘集》(1937年4月出版)

方敬先生是一位谨严的散文作家,也不轻易下笔,若有所成,都是深刻的描绘。"风尘集"是他第一本结集,作者自己说不会以异乡人的眼光来看它,读者更不会以异乡人的眼光来看它的。

4. 严文井《山寺暮》(1937年6月底出)

作者虽然有一点陌生,可是他那敏锐的感觉,流利的文笔,会引起每个读者的爱好。所写的事物,正是一些人所习见的,只是他用异样的角度来观察,来描写,把天地渲染得更广大了。也许你这样想过,只是任之飞去,作者却为你抓住了,放在纸上,使你欣赏,使你感叹,终于使你爱好。

凡是文学家兼任编辑时为自己所赏识而推荐给读者的文学作品所写的广告辞,都是值得保存和研究的重要史料,也是提供今天在编辑岗位上的同行们引起重视和学习的榜样。最近也有几种期刊陆续介绍了叶圣陶为开明书店,巴金为文化生活出版社文学书籍写的几种广告(过去鲁迅也这样做过),今天我把靳以所写的广告辞也照录如上，读者一看就会感到这些都是出于散文家靳以的手笔，不但文字华丽，分析深刻，各有创见，不同凡俗，证明是第一位读者所写出自肺腑的评价，绝不是一般订书目录上那种千人一面的广告辞所可比拟的。可惜到其他三种已到手的散文集出版时，靳以早已脱离"良友"，而日寇的侵略战争不久即在北方芦沟桥爆发。我现在只能还把以下各书的书名和作者分别先后抄录如下：

5. 肖乾《落日》(1937年6月出版)
6. 臧克家《乱莠集》(1939年5月出版)
7. 何其芳《还乡杂记》(1939年8月出版)
8. 李广田《雀蓑记》(未出版)(1939年改由文化生活出版社出版)

从第六、第七种版权页上我才查出，靳以走后，为了实现他自己未完成的丛书出版计划，把五、六、七三部未发排文稿留给我，仅肖乾的《落日》赶在"八一三"前，仍由地处北四川路的良友图书公司出版，付排是一九三七年五月三十日，出版是六月三十日，初版印二千册。而臧克家和何其芳的两种是隔了两年以后，才有机会在孤岛初期由上海的良友复兴图书公司出版的。

太平洋战争发生，上海"良友"被日寇查封，我们良友复兴公司无法在沪继续营业，便在一九四二年迁到桂林复业。当时仅有土纸可供使用，我便设法将沪版新书在桂林重排，印成土纸本在内地国统区发行。当时巴金随文化生活出版社也迁来桂林，巴金就住在一条小街的文化生活出版社楼上，我们时相过从。我向他提出把他的《短简》在桂林印一版,他不但表示同意,并把原书进行了修订,更联系当时日寇大军侵略我国大片土地的新形势,他作为一位爱国作家为修订本加了一篇题为《给日本友人》的文章。仍用书简的形式写给日本的××君。结尾处说:"你应该出来有所动作了。我并不来求助于你,我并不代表那无数受了损害的中国人民来求你们给一点同情。决不是这样。我要求的,只是你和你的同胞们的反省,希望你们起来和我们共同阻止那破坏人类的繁荣的暴力。"此文下署十一月十五日。序文后作者又加了一段附言,署一九四三年二月。桂林土纸本是一九四四年二月出版的,附言说:

今天有机会重读这本小书,我觉得很高兴。我并没有说错什么话。不过我也删去了几段现在看来已经过时的文句,另外加了一篇《给日本友人》,那是在上海大火中写的公开信,但也已经是六年前的旧作了。只是可以告慰读者诸君的,是我对抗战必胜的信念至今还是一样的坚定。

巴金　一九四三年二月

著名散文家方敬在他《忆靳以同志》一文中说起他于一九三四年开始向《文学季刊》投稿,对那样一个大型文学月刊,心里感到有些惶恐。他说:"靳以却并没有以一个无名的初来者幼稚的小作品而见弃,这不但使我高兴,而且更使我感动。这就像在启蒙的私塾第一次识字,在小学第一次作文那样地高兴。而这高兴,是从那时开始就成为朋友的靳以给我的,是他给我难忘的帮助和鼓励。"① 在《文学季刊》发表的方敬处女作是《夜谈》（第一卷第四期）和《扑满》（第二卷第三期）。

方敬回忆中还提到了我前面谈过的被列入良友版"现代散文丛书"的《风尘集》，方敬是这样说的：

> 靳以主编过几套文学丛书。一九三八年他为上海良友图书公司编一套《现代散文新集》，他亲自写预告介绍，能掌握不同的特点刻画出每个集子的面貌。当时我写散文时间不久，写得也还不多，他主动热情地从上海写信到北平来要我给一本散文集，编入丛书。这样，我的第一本散文集在他主编下出版了。这对我的创作是更大的决心，更大的鼓舞，比两年前在《文学季刊》上发表我的诗文更令我感动。
>
> ……
>
> "四人帮"肆虐，我多年珍藏的图书……和朋友的书信，都被洗劫一空，荡然无存。靳以写给我的信和送给我的书已遭了殃，现在只幸存他的一封短简和他为我编入《现代散文新集》我的第一本书，第一本散文集《风尘集》。每次我看见他信上龙飞凤舞的手迹和《风尘集》扉页上印着"靳以编辑"，他亲切的笑容就浮上心头，现在眼前，我的思绪久久围着它萦来萦去。

我原来有意在桂林续印其他几种散文集。但有位朋友给我

---

① 方敬：《红灼灼的美人蕉——忆靳以同志》，《新文学史料》1982年第2期，第159-163页。

看了列入桂林工作社出版的何其芳作《还乡记》,是一九四三年桂林青年印刷厂印刷,大地图书公司总经售。书是方敬所编,书末附有他写的《附记》。我从头到尾细读一遍后,才明白我在一九三九年八月根据"八一三"战争爆发前从靳以手中拿到的这部何其芳散文集原稿,不但把书名搞错,内容也有几篇失落。方敬的附记是这样说的:

  我们终于从各处把这些散失的篇章搜集在一块儿了。多少曾费了一点力气。当然,上图书馆,逛旧书铺,托朋友,真想尽了方法,不过我们觉得为了一部好作品,一切全属应该,现在,全书编好过后,依次读了一遍,心里自然的感得喜悦。……连同这份喜悦,我要讲一讲这本书的一段小小的经历。
  这本书抗战那年由靳以编入《现代散文新集》,交上海良友图书公司出版。嗣因战争的影响,迟了很久才印出来。书隔绝在孤岛,传到后方来的为数寥寥。这寥寥之数竟给我们带来了莫大的惊讶。一寓目便知道书名《还乡记》变成《还乡日记》。而且,里面还漏掉了三篇:《私塾师》《老人》与《树荫下的默想》。《我们的城堡》也只印了一个头。这是意想不到的大错。对作者和读者都是一个损失。不说写作时茹辛尝苦的作者本人,连我们心里也觉得不安,不但不满意。我们一直想重印,好让大家得以窥全豹……

当时在桂林第一次读到这些话,好像句句针对我下的严厉的批评,我脸上羞得发红,感到无地自容。虽然可以推说是孤岛时期的上海情况特殊，但由我负责编辑部整个业务的良友复兴图书公司怎么会把书名弄错内容漏排三篇半的一本名家散文集，公开发行，还送到内地来欺骗读者呢？当时我曾向巴金谈到过这件事，我原来准备在桂林全书重排重印，以赎前愆。但当时版权已转给第三者，我也无权那样做。今天写纪念靳以文章时，重新读方敬的后记，我更感到作为一个出版工作者，我向来自以为对作者和作品都是认真负责的。这本弄得面目全非的何其芳《还乡记》真正是我六十年编辑生涯中的最大遗憾，我对不起编者章靳以，更对不起作者何其芳。

把何其芳《还乡记》一书造成差错所以使我最感愧恨的另一原因是，因为作者文学生活中思想上发生极大变化的一本书就是这本小小的散文集《还乡记》。他前一时期的代表作是《画梦录》（一九三四年）和《刻意集》（一九三八年）。原来诗歌是作者最先喜爱和运用的文学形式。他自称开始创作时"成天梦着一些美丽的温柔的东西（《刻意集》序），于是较多徘徊于怀念，憧憬和梦幻中，只能留下寂寞和忧郁"。这一情况到《还乡杂记》中有了变化。作者写到了人间的不平和苦难，写到了可诅咒的侵略战争，出现了时代的气息。何其芳在《还乡记》的《代序》（我与散文）中说：

1. 我是怎样写起散文来的呢
2. 关于《画梦录》和那篇代序
从《画梦录》中的首篇到末篇有着两年多的时间上的距离。
3. 关于《还乡杂记》
我到了山东半岛上的一个小县里。

这时一位在南方编辑杂志的朋友来信问，我是否可以写一点游记之类的文章。因为暑假中我曾回家一次，这使我突然有了一个很小的暂时的工作计划，想在上课改卷子之余，用几篇散漫的文章描画出我的家乡的一角土地。

　　这就是《还乡记》。一个更偶然结成的果实。

从上面代序中，就可见这位在南方编杂志的朋友就是靳以。而通过这本散文集的写作，作者在代序中说："当我陆续写着，陆续读着的时候，我很惊讶，出于我意料之外，我的情感粗起来了。它们和《画梦录》中那些雕饰幻想的东西是多么不同啊！"[①] 作者于一九三八年八月曾和卞之琳同去延安，卞之琳在前方主要是随军生活（和参加临时性工作）总共一年以后，以有"后顾之忧"，离开了延安，"回西南大后方"[②]。作者就留在延安鲁迅艺术学院任教，这标志着他已踏上了一条新的生活道路。因此由靳以约来的一部如此重要的散文集，由于我工作上的疏忽失责，造成了这样一本与原作面目全非的出版物。事隔近四十年，我还是希望今天的青年编辑能从我这失责事件中吸取教训。

　　至于严文井的《山寺暮》，也是靳以约作者所写的处女作。他是现代著名作家、儿童文学家。他的前期创作多为散文、小说。

---

① 　何其芳这篇写于一九三七年六月六日深夜于莱阳的《还乡杂记》代序，以后又有所修改，但上面引用的话都无变动，却又增加了一些关于"我不只是关心着自己，还看着无数人群辗转于饥寒死亡之中……"等话，见《何其芳文集》第2卷，第130—131页，人民文学出版社，1982年。

② 　卞之琳：《何其芳与〈工作〉》，《衷心感谢他》第26页，上海文艺，1981年。

《山寺暮》是生平第一部面向全国读者的重要代表作品。上海《书讯报》第三十七期（1981.7.10）上刊有《我怎样与文学结下不解之缘——严文井同志答记者问》的访问记一文，在答复"有人说，搞文学创作非上大学不可，对吗？"严文井就自己介绍他于一九三四年高中毕业后，经堂兄介绍进入北京图书馆当职员，一边工作，一边读书，在猛读了一阵书以后，又产生了写作的念头。在第二年春夏之交，他写出了一篇散文，随后又接连写了几篇。当时，他很喜欢沈从文的作品，就寄给《大公报》转沈从文。沈从文有一次回信说："你写得这么快，何不多改几遍，再寄出呢？"从此多改就成了他的习惯。

一九三七年春天，出版了他第一个集子《山寺暮》。一九三八年五月，他经西安徒步来到延安，进抗大学习。因他发表过不少作品，又出过集子，早已引起主管文艺领导同志的注意，便被提前调出，分到陕甘宁边区文化协会从事写作。不久，又在延安鲁迅艺术文学院文学系任教。从此，他与文艺再也分不开家了。

这段访问记，使我想起一九七九年第四次在北京召开全国文代大会时，当时由靳以一人负责组稿的《现代散文新集》，我前面已说过其中有些作家是常住北方的年青作家，有几位我根本没有见过面，也未通过信。但因大家把我的名字常和"良友"二字联在一起，所以一九七九年冬开会期间，有一次在大会门口站着一批我熟悉的作家，我向他们打招呼时，一位头已秃了的作家向我自我介绍，说是严文井，他的《山寺暮》是他的处女作，是由"良友"出版的。他就向我谈起，他当年去延安参加革命时，领导上就因为这本《山寺暮》，才把他调到鲁艺教书，从此就和文学事业结了不解之缘。言谈间，他表示给作者出版第一本书的出版者，作者永远不会忘记他。当时他是人民文学出版社社长。我说，那要感谢我们共同的好朋友、好编辑靳以同志，可惜他早已离开我们了。我们两人同时感到一提起这件伤心的事，就再也没有什么话可说了。

五、最后几年间的交往

一九三七年八月十三日抗战爆发，靳以最初留在上海，负责小册子形式文学期刊《烽火》的编辑工作，这个刊物是由素有密切联系的四种大型进步文学月刊《文学》《文丛》《中流》和《译文》联合创办的。八月二十五日创刊时刊名《呐喊》，第二期后改名《烽火》。这个小刊物的创刊启事中说："沪战发生，……四刊暂时不能出版，四社同人当此非常时期，思竭绵薄，为我前方忠勇之将士，后方义愤之民众，奋其秃笔，呐喊助威，爰集群力，合组此小小刊物。"《文丛》就是继《文季月刊》被迫停刊后在巴金大力支持下在沪创刊的，由文季社发行，靳以主编。

这一时期，上海处于日军包围之中，租界地区，保持安定状态。靳以寄寓于沪西极斯菲尔路（现称梵王渡路）一条新式里弄名"华邨"的一号三楼。这幢三层住房，原由靳以的华侨同学林登租用，沪战发生后林登举家返美，先由康嗣群住在二楼和底层，不久康也迁走。靳以是单身汉，一面编《烽火》，一面就为找寻一个适当的同居者而各方奔走。当时我的故乡松江于十一月十日陷落敌手，我举家逃入上海租界，老小三代暂住东新桥附近一家中等旅馆，食宿两项，所费甚巨，良友公司的命运也危在旦夕，我的饭碗即将发生问题；正要找个住处，以便安置家眷，再谋生路。

有一天我偶遇靳以，他问了我的近况后，出于我意外地对我说："我住的一幢三层楼房，底下二层正空着，原主还留下一些家具可由你取用，你全家马上可搬来，但有一个条件，我仍然要住在三楼，除分担一层房租外，我的一日三餐要在你家贴钱搭伙，我不会烧菜做饭，这是你知道的。"这样好的机会真是从天上掉在我的眼前，正在走投无路的我，像发现了大救星一样，我开始还半信半疑，我素知靳以一直是一位说话算数的老实朋友，当我们双方同意以后，我真想把他拥抱一下，以示我衷心的感谢。试想战时的上海租界各地难民群集，房屋紧张万分，我一家六七口的乡下人能一下子找到如此理想而不附任何经济条件的一套住房，今天回想，简直像是《天方夜谭》里的故事一样。然而靳以不要我说一个谢字，两天后还特来旅馆看望蜗居斗室的我的一家老小，他带了几件食物礼品送给我的儿女，说了许多安慰和欢迎的话。我在第二天整理行装后，就告别了旅馆，很快就安全迁入了一个现成的家。从此，我和靳以同吃同住，像一家人一样过了近一年的愉快日子。晚饭后我经常到他卧室促膝长谈至深夜。

靳以在平时一日三餐就从三楼下来和我们全家老小一起吃饭。但不久，常有一位女友上三楼去看望靳以，到了吃饭时刻，我妻祖琬就专门预备几碟菜，加上两付碗筷遣女佣送上三楼去，好让靳以不用下楼来吃。经过几次送饭以后，靳以有一次在送这位女友出门时，对我们夫妇作了介绍，原来她就是后来成为靳以夫人的陶肃琼。此后有一次巴金来看望靳以，也带了一位女友，他们离开后，我问起靳以，巴金的女友是谁，他说是陶肃琼在爱国女中的同学名陈蕴珍，都是爱读小说的文学女青年。

现在熟悉巴金和靳以的老友，都知道他们二人不但是一对知己朋友，而且这两位夫人也是一对知己朋友。我一直以为是靳以和陶肃琼结交后，由陶肃琼把陈蕴珍（笔名萧珊）介绍给巴金的。我为了写这篇有关靳以的史料文章，曾于前几天专诚去淮海西路靳以故居看望陶肃琼和他们的长女洁思。我把有些自己的记忆要求他们帮我核实，避免资料出错。又一次看到老友的遗族，他们一家三个儿女都已成家立业，而且都有了第三代，生活过得幸福美满，我也感到安心。我把最近北京三联范用老友送我的新出版物《雪泥集——巴金书简》中杨苡写的代跋《梦萧珊》问陶肃琼，这篇文章中有一段话说："我听说你（指萧珊——赵注）与陶肃琼，作为巴金先生与靳以先生的读者，曾邀请他们到你们学校去讲话。"[①] 陶看了这本小书以后，告诉我，编者杨苡也送了一本给她，但她还没有细读。陶现已离休，家务事很忙，但我一见她，听了她的带有宁波口音的声调，就想到半个世纪多以前第一次由靳以在华邨一号向我介绍时的情景，再次到了靳以故居，见到他生前所藏的一架英文小说书，触景生情，也联想到我去他家吊唁，痛哭流涕的一幕。关于我的提问，她说："我和陈蕴珍当时都在上海爱国女中读书，由于爱好文学，爱读巴金和靳以的小说，因此敬佩这两位作家。我认识靳以正和你所说的相反，不是我介绍陈蕴珍去认识李先生，而是由陈蕴珍介绍我，才与靳以交上朋友的。说来也很可笑，有一天，我和陈蕴珍在逛马路，背后有人盯梢，我害怕了，陈蕴珍就拉我一起到四马路文化生活出版社去看李先生，就在那里，我第一次见到巴金和他的弟弟采臣，这样我才认识了巴

---

① 《雪泥集——巴金书简》，第103页，北京三联，1987年。

金。以后由陈蕴珍介绍，我才与靳以结识。当时我们都在爱国女中同班读书，我是学生会主席，常想法找一些知名文学家来校做报告，郑振铎先来演讲过一次。以后，我和陈蕴珍共同邀请巴金来作报告，我记得巴金不善当众讲话，他第一句话就说：'我是四川人！'台下听众对他的发言不易听懂，都窃窃私语，但当他把话讲完后，听众热烈鼓掌，因为当时学生最爱读巴金小说。现在第一次亲眼见到这位作家，又亲耳听到他带有四川口音的讲话，大家都对我们两人能请得到这位名人来校表示兴奋和感谢。"最后她叹息地说，"这些事现在回想已恍如隔世了"。

靳以在一九三八年初离开上海，和巴金一起经香港去广州，他离开上海的原因是他们出版的《烽火》已不能在上海继续与读者见面，可惜在广州也仅出到第二十期，日军进逼广州，不得不被迫停刊。靳以曾两次到重庆，进入内迁北碚的他的母校复旦大学任教。第一次是一九三八年秋，教课之外，仍主编一个文艺刊物《文群》。一九四一年，我又和他继续通信。那时上海虽成孤岛，在新闻出版方面却出现了一个奇迹，原来国际局势的变化，造成占领租界的日军新闻检查当局，对挂英美洋商招牌的华商报刊，一律不加检查，可以放手宣传抗日，也可发表有关新四军八路军的文章图片。良友图书公司复兴改组后，把因抗战停刊的《良友画报》复刊了。此外还继续出版文艺书。我和靳以通信中，除告诉他把他主编的《现代散文新集》未及出书的几种继续出版外，还约他为《良友画报》写篇有关上海的回忆文章，信去不久，他就用《忆上海》为题，写了一篇二千多字的散文，下署"28(1939)年12月，黄桷树"。后者就是复旦教师宿舍所在的地名。在这篇怀旧的散文中，靳以既充满着对"我曾先后住过八年的上海引起一些具体的思念和忆恋",也对这个"建基于金钱和罪恶的大城市"发出无情的诅咒,而对上海保卫战中中国士兵在四行仓库的斗争,引起了他的思念和崇敬。他说:"当着那一支孤军和那一面旗,最后点缀着蔚蓝的天空,河的这一面是数不清的企望的头和挥摇的手臂,河的那一面,在炮火的下面,在铁丝网的下面,是年青人和食品一齐滚进去……"他在寂寞古老的小镇上,盼望有一天能胜利地回到上海来。他说:"当着那一天到来,朋友们,我将急切地投向你们的怀中……"① 他在附言中,知道我们已把有光荣战斗历史的出版阵地重新复业,表示了无比的欣慰,并希望我们在孤岛上把爱国抗日的进步出版事业,继续维持下去。他还热情地鼓励我说,编辑出版工作是值得为之贡献一生的伟大事业。

我和靳以重新见面已在抗战后期的重庆北碚了。那时他虽然仍在复旦执教,但其间他曾受国民党反动派的无端迫害,一九四一年底曾去福建永安,帮助黎烈文在那里编过文艺刊物,到一九四四年,才由马宗融介绍向复旦校长章益保荐,重返复旦教书。那一年,良友复兴图书公司因太平洋战争发生,遭日军查封,先迁桂林,一九四四年湘桂战争发生,再迁重庆。公司设在重庆民生路,和巴金的文化生活出版社重庆分社距离不过几条街,当时巴金已与陈蕴珍结婚,婚后就住在出版社的一间斗室中,因我刚到重庆,对当地情况不熟,经常去文生社请教巴金和吴朗西,所以时有往来。我的家安置在郊外北碚,《良友画报》四川经销商唐性天把他所开华中图书公司楼上房屋租赁给我,一家老小就住在那里。当时靳以和陶肃琼早已结婚。于是我和《文季月刊》的两位编辑老友,在战时陪都异地重逢,

---

① 靳以作《忆上海》,刊于《良友画报》第105期,1940年1月,上海良友版。

又恢复了三十年代经常见面的机会了。我于一九四五年在重庆编一本纪念"良友"创业二十周年纪念文集《我的良友》散文集时，巴金写了《一个善良的友人——纪念终一兄》，靳以写了《记忆里的花朵》，都是悼念一位朋友的散文。巴金夫妇也常从重庆来北碚靳以家小住休息，我和老伴也曾带了两个孩子坐了渡船去黄桷树看望靳以一家人。最近去靳以故居，他们的女儿洁思把早已褪色的老照相簿给我观看时，还发现了一幅我的两个儿女和洁思一起围坐在陶肃琼身边的照片，当时洁思年龄最小，现在他们自己都当上父母了。住在北碚时，和我家经常来往的还有老舍一家人。我老伴在烹调上有她专长的一手。记得一九四五年春有一次例假日，老舍、靳以和马宗融等老友都来叙旧，当时已胜利在望，大家谈得最多的是国共合作的可能问题，也担心将来回家的交通工具问题。那天我妻在嘉陵江渡口买到一条难得的大青鱼，我的小儿子就对妈妈说要尝尝这条大鱼的味道，他妈说，等客人吃剩了再给你吃。结果，大家尽情喝酒笑谈，对这味红烧青鱼大为欣赏，等到把盆子撤下时，只剩一付光光的空骨，我的小儿子不禁大哭一场。至今谈起，比他长仅两岁的姐姐，还常常以此嘲笑他。这种在重庆北碚所挨过的战时生活，现在每逢节日，合家团聚，共同回忆这些半个多世纪前的趣事，还会引起老年人的不少感怀。

抗战胜利后，靳以全家回到上海，住在江湾复旦大学校园宿舍里，他一边教书，一边写作，还编辑《大公报·星期文艺》，参加文艺界、教育界的种种反蒋救国活动，当时我在晨光出版公司主持编辑工作，我也曾去江湾看望过他们一家人。上海解放前夕，国民党反动派为了挽救自己灭亡的命运，拘捕知名的革命知识分子和进步知识分子。据陶大嫂告诉我，一九四九年五月下旬，上海郊区南翔真如都已解放，反动派军警去复旦大学搜捕，靳以被告知也在黑名单之内，便躲在伍蠡甫教授的空屋里，次日正巧有辆搬场汽车自复旦开往市区，靳以乘机搭这辆搬场汽车去康嗣群家住了几天。五月二十七日，第三野战军进入市区，靳以便弄来一身灰布解放装在街头欢迎，表达了他盼望多年的人民翻身当主人的愿望终于到来的无比喜悦的心情。

我当时家住桥北虹口区北四川路附近，市中心区和西区虽已解放，桥北还在国民党残余顽抗的少数军人手中。我记得那天靳以忽然给我来了一个电话（当时桥北电话线仍畅通无阻），他那兴奋的情绪和激动的欢笑声，通过电波也感染了犹在等待解放，困处书斋中的我。他告诉我解放大军已占领了上海，劝我在家内静候一两天，上海的天快全亮了，我们大家多年的希望即将实现了。我放下话筒，想起桥南我有许多朋友，就是这位知己，想到了我，关怀着我。这个激动人心的信息传达，至今还是使我永记不忘的。第二天，桥北残余部队被迫竖起白旗无条件投降，我奔到弄口看看街上情况，我们弄口地上倒毙着一个穿国民党军服背上中了一枪的尸体，我便立即打了个回电告诉靳以。我最近问起陶大嫂，靳以那天的电话从哪里打给我的，经她一说，我才明白是从康嗣群家打来的。人称他"小康"的嗣群，也是一位作家，以前所述极斯菲尔路华邨一号的两层房屋就是他迁出后我才搬进去的。他也早已离世了。

一九四九年七月二日，中华全国文学艺术工作者第一届代表大会在北京举行，我和靳以等一起自沪搭火车去北京参加，在那里又见到了老友郑振铎，他是在中华人民共和国成立前夕由沪去港，再从香港直返北京的。回想我们在北平火车站初次会见，相距已十多年了。此后，郑振铎担任国家文物局局长，办公地点就在北海大门旁名为团城的一座小山上。我每次去京出差组稿,总要上团城去看望振铎,他经常送我下山,同去北方小馆子吃顿便饭,而靳以的旧居三座门大街十四号是必经之地,他总问起在上海的老友巴金、靳以等近况。振铎每次来上海,我们在沪老友七八人总是要合请他上一次南方菜馆聚餐,席间,振铎毫无官架子,大家随便谈笑,回忆往事,而靳以最爱给振铎开玩笑,振铎还是赤子之心如旧,爱憎非常分明。正如靳以一篇写振铎的纪念文章中所说:"他虽然清贫如洗,他的气节却是坚贞如铁,朋友之间肝胆相照,满腔热血仍然赤红沸腾!……尽管我们都很忙,尤其是他最懒于写信;可是我们只要到了一个城,就尽快地通知,尽快地相见,见了面就有说不尽的话语。"① 想不到不喜写信的振铎于一九五八年十月十七日从莫斯科写出了他一生最后的一封信后,上了图-104飞机,中途失事遇难,而这封信就是写给靳以的。靳以次日写了一篇悼念文章,文末说:"但现在不是悲伤的时候,我们应该接过来他未完成的使命,继续努力,……"② 不料一年零一个月后(一九五九年十一月七日)靳以也随振铎而去了。终年仅五十岁。明年将是他的八十诞辰,也是逝世三十周年。我这篇文章,正好作为对他的一点纪念。

1988年2月11日

---

① 《靳以散文小说集》第267页,第268页,上海文艺出版社,1984年。
② 《靳以散文小说集》第267页,第268页。上海文艺出版社,1984年。

悼念郑伯奇

　　一个月前，突然接到"西安甜水井郑寄"的来信，我以为伯奇写信来了，读完信，才知他已瘫痪近年，最近心力衰竭，生命危在旦夕。弥留期间，神志尚清，想起我这个四十多年的老友，因而嘱咐他女儿来信问候，并表示将来若有机会去上海，当谋一晤，重叙旧情。我有一年多未和他通信，想不到他病得如此快，如此严重。从来信语气中，预感到有一种不祥之兆，我便立即写了封信给伯奇，除了慰问病情外，情不自禁地抒写了一大段向他恳切感谢三十年代对我教诲和帮助的心里话。因为粉碎"四人帮"后，各方面鼓励我写些三十年代我在良友图书公司担任文艺编辑期间的史料文章，而每次动笔，就自然而然地想到伯奇，写到伯奇。事实确实如此。如果没有伯奇，我不可能走上进步的文艺工作者的道路；如果没有伯奇，"良友"也不可能出版那么多当时产生一定影响至今还受人称颂的文艺作品。我相信他会看到这封信，至少他的儿女会在病榻旁念给他听。可惜这是我们之间最后一封信了，伯奇同志真是我的恩师益友。一九三七年"八一三"战争爆发，我们就从上海各奔东西，从此音讯隔绝。直到一九五〇年,我们才在北京前门旅舍匆匆一见。一九六〇年第三次全国文代大会在北京举行,我和他同住一个宾馆,一起出席大小会议,一起参加观摩演出。二十多天里,几乎朝夕与共,经常促膝谈心,重温了三十年代在"良友"并坐共事的欢乐日子。临别前,我们还在宾馆花园里坐在一条石凳上合影留念。今天翻阅这幅照片,老友的音容笑貌,如在眼前。我原有乘身体尚健去古城西安一游的打算,同时看望几位老友。不料一月二十五日噩耗传来,伯奇已永远离开了我们。大家虽然都有重谋晤面的心愿,现在只有待之来世了。

伯奇是创造社的老将。他是我国现代两位伟大文学家鲁迅与郭沫若的好朋友。一九二七年十一月间,就是他,曾试图把他们二人联合起来合办一个革命文艺刊物,虽已获得双方同意,后因他故未成事实,但这是现代中国文学史上的一件大事。一九三〇年三月二日"左联"成立大会时,报告筹备经过的也是他。一九三二年,他为了避免国民党反动政府的迫害,改名"君平",来良友图书公司编一个刊物。当时,我是一个爱好文学的青年,刚刚跨出校门,一心想干一番编辑出版事业。就在他的教育下,懂得了革命的道理;通过他的关系,认识了"左联"的重要作家鲁迅、茅盾、周扬、阿英等,开始了作为一个进步文艺编辑的生涯;也是在他的帮助下,到"八一三"战争发生前,编辑出版了大量进步的文艺书刊。其中值得一提的是总结五四新文学运动的十卷本"中国新文学大系"。这套书最近将由上海文艺出版社重印。当年这部"大系"得以顺利出版,伯奇之功不可抹!他不但自己担任《小说三集》的编选工作,当鲁迅编选的《小说二集》因检查官从中作梗中途几乎流产的时光,全靠伯奇陪我去求见鲁迅，几经劝说，鲁迅才答应下来，使这个计划不致功亏一篑。所以在我的印象中，鲁迅与伯奇之间的友谊是非常真挚十分深厚的。伯奇尊重鲁迅，鲁迅信任伯奇。这是我和他们二人一起谈话的几次接触中所深切体味到的。

但"四人帮"横行时期，伯奇在西安，也和其他三十年代的老作家一样受尽迫害。"罪状"之一说他曾反对鲁迅，真是颠倒黑白，无中生有。我亲身经历的一件事说明了同样的情况。一九七五年，我在一本征求意见的鲁迅著作注释本里，看到一条注释，把伯奇说成曾攻击、贬低鲁迅。我为此大抱不平，写信告诉伯奇，征求他的意见。他复信上说："至于自己的态度，最近观察世态动向，转觉沉默为佳，因为原书编释者的态度，既属抹煞有关人物，自己跳出来表白，未免愚蠢可笑。"这几句话真实地反映了老知识分子在那乌云遮天的日子里心情多么沉重，欲言又止，悲愤填膺。虽然这个注释后来根本取消，但那些完全违背历史真实的诬陷之词，怎样地伤害了老人的心啊！

粉碎"四人帮"后，被颠倒了的历史都要颠倒过来。"四人帮"妄图从中国现代文学史上抹掉三十年代，我们就要大张旗鼓地宣传三十年代的文艺，这是五四新文学运动的继续，是马列主义和中国文化革命的进一步结合。我们既是那个伟大时代的历史见证人，更有责任把那个时代的辉煌业绩，不论点点滴滴都记录下来，供后人作参考。伯奇晚年曾写过有关创造社的史料，极为珍贵，不知他还有什么遗稿保存否？

记得一九七六年三月二十六日他复我的信上，说过这样一段话："来信谈及冯雪峰同志逝世情况，不禁引起凄怆之感。古人云'既悲逝者，行自念也'。听说阿英正患重病，正在治疗，望他早日痊愈。"现在阿英已于去年去世,伯奇自己也随之作了古人。我虽年逾古稀,在哀悼老友之余,还应珍惜今天的大好形势,在有生之年,为祖国的四个现代化多作贡献。

1979.2.7.

蔡元培先生二三事

被称为我国学术泰斗、人世楷模的蔡元培先生,今年一月十一日是他诞生一百二十周年纪念日。刘开渠所作全身坐像于是日在上海静安公园揭幕。三十年代我刚跨出大学校门,在良友图书公司当文艺编辑。蔡元培当时任中央研究院院长,他长我四十岁,与我既无师生之谊,又素不相识,却曾五次应我的请求对我编辑的书有时亲题书名,有时写一二百字前言,其中最为重要的是为一套"大系"写了万余言的总序;几乎有求必应,从未拒绝。至今回忆,他对我这个青年编辑的信任、培养、教育,对学术界素不重视的良友公司如此大力支持,"高山仰止,景行行止",蔡元培先生的音容笑貌,对出版工作认真负责的精神,永远留在我的心中,也是我一生热爱出版事业的最大推动力。

最初一次是一九二七年。这还是蔡建国在整理他曾叔祖父遗物时找到了那年十一月四日郁达夫写给蔡元培的一封信才发现的,信中说:

> 子民先生:前恳题字之"迷羊",想已挥就,当即前来拜领。刻又有志摩学生赵家璧先生托为介绍,

欲乞先生为伊所编书上，题一书名，若蒙俯允，则编者读者皆受赐无量。屡渎清神，迟日当来面谢。肃此敬请冬安　后学郁达夫顿首。

十一月十四日

据研究郁达夫专家陈子善的考证，《迷羊》出版于一九二八年一月，此信估计写于一九二七年。这第一本请蔡元培题字的书，是我第一次踏上编辑道路主编《中国学生》月刊后，把三年里先后介绍国内四十七所公私立大学的资料汇编成图文并茂的精装大画册——《全国大学图鉴》；出版于一九三三年。

一九三二年，介绍苏联的书刊要冒一定的风险，我由"左联"的汪仑介绍，出版了"左联"成员韩起编译的一部二十万言附有大量插图的精装书《苏联大观》，胡愈之写了序，我自己去信请蔡元培先生题写书名，他答应了。此书全面介绍苏联第一个五年计划的辉煌成就，获得读者的好评。此书现在旧书店也极少见，我自己留有一本。

一九三六年秋，苏联版画展览会首次在上海举行。我通过当时交大校长兼任上海中苏友协会长的黎照寰的推荐，向主办单位苏联驻沪领事馆无条件取得全部展品的出版权。这本精美画册由鲁迅亲自选编，他还抱病写了序文。画册付印前，我征得鲁迅的同意，去中央研究院请求蔡元培在书前写几句前言，他一口答应了。蔡元培的前言是这样说的：

木刻画在雕刻与图画之间，托始于书籍之插图与封面，中外所同。唯欧洲木刻于附丽书籍外，渐成独立艺术，同有发抒个性寄托理想之作用，且推广为铜刻、石刻以及粉画、墨画之类，而以版画之名包举之，如苏联展览会是矣。鲁迅先生于兹会展览品中精选百余帧，由良友公司印行，并以见版画进步的一斑，意至善也。廿五年六月廿五日 蔡元培题。

我记得当我把这本鲁迅编序的《苏联版画集》样书送到蔡元培先生手中时，他极为欣赏。可惜这种豪华本印数不多，此次特向上海鲁迅纪念馆借用豪华本，才得复印了一份作为纪念。

一九三五年我主编"中国新文学大系·第一辑（1917—1927）"，由蔡元培写总序的事，大家都已知道了。他当时曾鼓励我续编第二个十年、第三个十年。这个使命在一九四九年前我无力完成；但前几年已由上海文艺出版社续编了第二辑（1927—1937），共二十卷，今年即可出齐；第三辑（1937—1949）二十卷也已上马。最近听说上海还有一家书店准备把鸦片战争到五四运动八十年间文学成果进行总结，编辑一套"中国近代文学大系（1840—1919）"数十卷，这是蔡元培先生生前没有想到过的。但这套"大系"中包含了专收《翻译文学》的一卷，倒使我想起半个世纪前，我把"新文学大系"全十卷送给蔡元培先生留作纪念时，他一边抚摸着烫金布脊的灰面精装本时，一边用沉重的语气，向我提出了一个愿望。他说，"五四"时代如果没有大量的西洋优秀文学作品被介绍到中国来，新文学的创作事业不可能获得目前的成就，当时从事翻译工作的人，他们所留下的种子是同样值得后人珍视的。他建议可续编一套翻译作品的结集，也编十卷，可以成为"新文学大系"的姊妹篇。

我在蔡元培的启发指示下，向文学翻译家前辈请教后，把编选范围限制于短篇小说，因为短篇小说是近代国外开始风行的文学品种，中国短篇小说受外国的影响很深，介绍来的外国作品数量也很大，值得做一些搜集、整理、总结的工作。因此于一九三六年决定出版一套"世界短篇小说大系"，书分十卷，约定郭沫若、黎烈文、曹靖华、郁达夫、巴金、傅东华、耿济之、戴望舒等十人分别担任各卷编选。仍由蔡元培写总序。约稿工作完成后，准备发售预约时，按前例出版一种预约样本。大局已定，我又去中央研究院谒见蔡元培先生，请他先在这部新"大系"的预约样本上写几句话，将来出书时，再写长序。他欣然同意了。隔了几天，我就收到他写在二十行宣纸上的一篇前言。文中说到：

> 短篇小说的译集，始于三十年前的周树人(鲁迅)、作人昆仲，但好久没有继起的。最近十年始有"世界短篇杰作选"……等出版，但各从所好，不相为谋。
>
> 良友图书公司新编一部"世界短篇小说大系"，取已译的本，重加审核，选取合格的译品，并补以新译的代表作，又加以各国短篇小说发展历史，名家传记与最近十年的译本索引，不但对以往的短篇小说界作一普遍的介绍，并且对将来的短篇小说定有良好的影响。

上述摘录的最后一节，蔡元培实际上已代替我们把具体的编选要求都一一缕述了。可惜这部"大系"文稿收到一半，预约广告也已刊出，"八一三"抗战炮火把这个编辑梦完全轰散了。

一九五七年五月十七日，我把这个未完成的编辑计划写成了《编辑忆旧》为题的短文，刊于《人民日报》第八版，三四天后，北京中国青年出版社来电表示愿意接办这个计划，要我等待他们派人来沪面议。当我正在庆幸三十年代的一个编辑梦，有了实现可能时，反右斗争突然开始，中国青年出版社的负责同志靠边检查，我的梦想又一次告吹。

"四人帮"粉碎后的一九七九年十一月，北京《读书》杂志创刊不久，我借纪念五四运动六十周年为名，写了一篇《想起蔡元培先生的一个遗愿》的文章。当时我身边保存的译稿资料，经过"文革"早已一无所有，却还是希望能有什么出版社来投资出版。记得当时主办上海译文出版社的周晔曾向我谈起过，不久，周晔离开了译文（出版），随后又过早地离开了这个世界。一转眼，又过去了近十年，但我对蔡元培的这个遗愿还是念念不忘。

蔡元培这一极有远见并富有学术和史料价值的建议，在比较文学受到国内文学界重视，全国出版社多达四百余家的今天，如果我们能按蔡元培的遗愿，扩大范围，延长下限，聘请对不同语种的外国文学研究和翻译专家担任编选，把"五四"以来直到最近已翻译的世界数十个国家的翻译短篇小说，进行搜集、整理、挑选、补充，每卷加上一篇有质量的导言，出它二三十卷，我敢说，这比今天出版界一哄而起，竞相出版社会科学方面的系列成套丛书，对文化积累，整理史料，开拓眼界，提供国外信息方面，会作出更大的贡献，而且也一定会有市场的。那时蔡元培的短序，略加说明，仍可署于卷首。出版界的仁人志士，如能采纳，这将是对蔡元培先生诞生一百二十周年最好的纪念，蔡老先生地下有知，肯定会含笑九泉。

1988 年 1 月 8 日

哀胡愈老

昨天早上起身照例翻阅上海"两报"头版时，一幅胡愈之老先生的大幅头像，四周加上了黑框，突然出现在眼前，顿时使我目瞪口呆，五内如焚。胡愈老的逝世是我国出版界的一颗巨星的陨落！去年十月十九日在北京新侨饭店举行的开明书店创建六十周年纪念会上，我的座位有幸被安排在胡愈老的右边，正满足了我多年来的一个私愿。

一九三一年秋，我刚跨出校门，在上海良友图书公司开始编辑第一套系列书"一角丛书"。最先五六种出版后，因内容平凡，作者都非知名之士，加上正值东北"九一八"事变突发，这一新品种读物问世后，简直无人问津。当时全国人民关心的只有一件事：东北的前途和国家的命运，而读者对书的著作者也是颇具眼力的。当时出书的两个关键（今天也何尝不如此）问题，一要面向群众，二要紧跟时代，我还没有实践，也无经验可言。这时期，被日寇一把火烧毁的商务印书馆正从废墟中开始复活，他们改变了旧办法，把最有影响的《东方杂志》，包给主编胡愈之。而胡愈之那时刚经欧洲各国返沪；途经莫斯科时，参观游览了七天，写成了《莫斯科印象记》，第一次冲破了国民党反动派不准宣传苏联的禁令，一时轰动了上海和全国的读书界。复刊后的《东方杂志》编辑部设在旧法租界辣斐德路（现改称复兴中路）的一座小洋楼中。我忽然想起要找这位大名鼎鼎的国际问题专家、《东方杂志》主编胡愈之，来为我这套"一角丛书"写一本有关东北事变和国际关系的书。这样一位著名作者来写这样一个火热的题材，我认为肯定会符合读者想望的。但我当时仅是一个二十余岁的青年编辑，与胡愈之先生既无一面之缘，也没有熟人可为我介绍。真是初生之犊不畏虎的勇气和一股干劲，促使我于十月初，拿了一张名片和已出的几本样书，毛遂自荐地去辣斐德路东方杂志社求见主编胡愈之先生。大出意外的是主人了解我的身份和要求，并翻阅了几本他从未见过的小丛书以后，便一口答应了我了请求。当他问我今后准备干什么，我作了回答以后，他对我说了许多鼓励的话，他认为编辑出版工作是大有可为的。此后，不到一星期，一万五千字的《东北事变的国际观》寄到我手中，正好列入"一角丛书"。立即出版，不久就销售一空，从此我改变了丛书的编辑方针，配合当前的国内外形势，想方设法争取对路的作家。我一生中几频绝境的第一套版本统一、售价统一的系列化丛书，终于在胡愈之对一个素不相识的青年编辑的爱护、指导下，起死回生；两年内出了八十种，行销五十万册。此后，其他系列书，如"良友文学丛书"等随之一一上马了。抚今追昔，我对胡愈之先生一直怀着一种感激之情；但除了把上述细节写入《编辑忆旧》外，这几年，大家都老了，总盼望有个机会能见到胡愈老，好对他老人家一表此情。因为我此后近六十年走在编辑出版的道路上，当年胡愈之先生爱护青年雪中送炭的盛情，在我漫长曲折的人生道路上，是起了关键性作用的。

一九五〇年第一届全国出版会议在京举行，胡愈之当时任出版总署署长，他在接见上海代表团时，我才第二次见到他；当然没有机会作什么私人交谈。

三个月前那天，胡愈老年已九十，精神矍铄，左耳虽用了助听器，右耳仍有听觉，我正好坐在他的右边，还能互相交谈几句。我当然先表达一九三一年"九一八"事变时期他为"一角丛书"写稿的旧事。人到老年，越是几十年前的往事，越能记得清楚。这事，在我一生的编辑生涯上虽然是关键性的转折，但在胡愈老伟大的革命的一生中，毕竟只是一件小事。但经我一提，他似乎还能记起，并且谦虚地摇摇手说："这些事完全是应该的！"

胡愈老左边原来是个空位，一会儿，手执拐杖的夏衍同志来了。夏老前几年我在北京看到他时，还坐在轮椅上，现在除比较瘦弱外，行动很灵活，精神非常好，眼睛已完全治好了。这位老作家，也是三十年代支持过"良友"出版事业的，当年经常来"良友"看望他的好友郑伯奇，因此我也认识了他。第一本中国人写的《高尔基评传》，就是出于夏老（用沈端先名）手笔，也编在"一角丛书"中。三联书店最近为他出版厚厚一本《懒寻旧梦录》。两天前已由三联书店赠我一册，有关《左翼十年》的丰富内容，我已在旅舍中把它读完了。我向他口头祝贺写了这样一本好书，他告诉我是花了两年时间才完成的，还准备继续写第二本。他也读到我这几年所写的回忆史料，因此也鼓励我再写下去，还说我记忆力不差。

由于我隔了胡愈老与夏老谈到回忆录的事，虽然其间有许多老朋友都走到胡愈老面前致敬问好，我后来还是利用大会开始别人在麦克风前发言的机会，轻声问起胡愈老："你的回忆录写得怎样了？"因为"三联"编辑周健强同志是我那本《编辑忆旧》的责任编辑，为人诚恳朴实，工作认真负责，至今与我保持通信往来。她告诉我，她受文史资料出版社委托，正拟整理出版一部胡愈之回忆录，她经常去胡愈老家催稿，争取早日出书。胡愈老听完我的问话后，他叹口气说："最近身体不很好，社会活动又多，实在心有余而力不足啊！"

自从《新文学史料》季刊创刊以来，向研究现代中国文学史的中青年一代学者，提供了许多珍贵的史料，为中国出版界做了一件功德无量的好事，也为写回忆史料的老同志提供了一块宝贵的园地。去年第四期，该刊发表了胡愈之的《我所知道的冯雪峰》一文，对于久已争论不休的一个问题，提供了第一手的史实。原来一九三六年五月，冯雪峰从瓦窑堡秘密来到上海后，究竟先找党员还是先找鲁迅先生，有不同的两种说法，使文学史研究者不知所从。胡愈之这篇文章作了明确的答复。原来一九三三年胡愈之早已在上海入了党。冯雪峰到沪后，住在鲁迅家；胡愈之住在他的弟弟胡仲持家，仲持正任《申报》主编，很有名，胡愈之就约冯雪峰在仲持家见面。当时上海和大江南北的党组织连续遭到破坏，国内形势变化发展很大。他们两人谈到上海地下党情况时，胡的文章中说："我第一个告诉他，夏衍是可靠的。雪峰第二天就去找了夏衍。但后来夏衍很有意见，说雪峰'先找党外，后找党内'，这是夏衍的误会。"胡愈之的这篇史料文章，是一九八五年六月由周健强同志整理笔录的。 我还在一九八五年五月山西出版的《编辑之友》第二期上，看到周健强写的一篇《访问胡愈之先生》，谈的就是三联书店如何计划为胡愈之出版回忆录派她去访问的谈话经过。

胡愈老首先谦虚地说："我写的这些回忆录，大都是'文革'以后,报刊来催来要的应景文章。时过境迁,没有什么大意思,写得也不好,我看没有什么出版价值,就不要出书了吧!"陪同周健强去访问的中国出版工作者协会常务副主席王仿子同志(胡愈之先生是我们协会的名誉主席)在旁说:"您这些文章可以帮助年轻人了解过去的斗争生活。"胡愈老的亲密伴侣沈兹九老太太便对周健强说:"愈之总是这样,说他的书没有出版价值。……比方说,《郁达夫的流亡与失踪》就是很重要的史料,第一个揭开了郁达夫失踪之谜。……可见愈之的文章影响很大,很有保存价值。我写的《流亡在赤道线上》与他不同,是用文学笔调写的……发表以后,许多读者和朋友纷纷来信,都表示欢喜和感动。……不要说你们年轻人不了解,就是有些老首长也不很了解哩。"

胡愈之经过大家的说服,他对"三联"的建议表示了接受,但又从老编辑的角度,谈了他对回忆录将来编排出版的方法。他说:"这许多文章不能像这样子凑在一起,我看该成为两本书,一本以南洋为中心,包括《郁达夫的流亡与失踪》《流亡在赤道线上》,专门讲南洋的斗争生活。还可以把我们办《南洋商报》《风下》和《南侨日报》的前前后后写一篇文章加进去。另一本以人物为中心,收进对蔡元培、杨贤江、邹韬奋、潘汉年、郑振铎、许地山等的纪念文章。"可见胡愈老心中早已有了打算,也许两本以外还有很多本可写。

胡愈老从三十年代起,一直是我国现代革命出版史的带头人。上海的生活书店等,抗战时期被称为文化城的桂林的文化供应社,根据已有资料,他都是身居幕后的重要创办人之一;他还创办过几十种在国内外发行的报纸和刊物,又是最早的世界语研究者,一生致力于统战工作。他是许多著名历史事件的参加者和见证人。

如天假以年,他的回忆录,可能比夏老的《懒寻旧梦录》,面更广,量更多。我从《新文学史料》上见到周健强整理的关于冯雪峰那篇后,立即写信给她,我说"史料珍贵,文章也写得好"。并鼓励她加快步伐,争取早日出书。去年十二月十四日接到复信说:"给胡愈老整理回忆录事,虽已整理了几篇,但我觉得写这些很难,尤其要以胡愈老的口吻来写,更是难上加难。……这些都要在业余时搞,而我现在觉得自己已焦头烂额了,只能写到哪里算哪里了。"

读完报上关于胡愈老噩耗后,再想到不过三个月前还健康地和我并坐叙旧,今天已永远地离开了我们,而数量更为庞大的回忆录,以作者的作古而人琴俱亡了。我们出版工作者是否可以从中吸取些教训,把史料抢救工作提到议事日程上来呢?

1986 年 1 月 17 日

忆往事　学叶圣老
——庆贺叶圣陶先生九十寿辰

生于一八九四年十月二十八日的叶圣陶老先生，今年欣逢九十华诞，我衷心祝愿他健康长寿，希望到一九九四年，为他庆祝百岁寿辰！

叶圣老是五四时代开始，直到今天还在坚持写作的老一代著名文学家、教育家、编辑出版家，著作等身，名扬四海。但他多次说过这样的话："作家不是我的职业。""如果有人问起我的职业，我就告诉他，第一是编辑，第二是教员。"这对我们广大的编辑出版工作者和教育工作者来说，有叶圣老这样的前辈，站在我们队伍的前列，感到光荣，感到骄傲，因而对自己所从事的工作，加强了信心和决心，把它视为自己的终身事业。我是编辑出版战线上的一个老兵，回顾我在半个多世纪的编辑生涯中，长期来受到他老人家的鼓励和支持。直到今天，他每有新著问世，总是亲笔签署，道远邮赠，我真不知怎样答谢他才是。

记得是一九三五年秋，我主编的"良友文学丛书"即将出足二十种时，称它为第一集，作者中有鲁迅、茅盾、巴金、老舍、丁玲等。一九三六年一月号的《良友画报》封底广告上，刊出了第二集二十种的新书预告,叶圣陶的短篇小说集《四三集》列为第二十二种。但他工作忙,没有如期交稿,屡经催促,才于一九三六年八月出书,列第二十九种。此书共收短篇小说二十篇,内有数篇是童话。作者认为童话"本是儿童的小说,'文学概论'的编者固然要严定区别,但是实际上未尝不可和小说'并家'。"集中作品大部分写成于一九三五年到一九三六年上半年。集子之取名《四三集》,据作者说,是因为"编一本集子,必须定个名字,以便称谓。名字很不容易,于是想到取巧的办法:这本集子是四十三岁这一年出版的,就叫《四三集》吧。"今年作者正寿九十,这本唯一以作者写作年龄为书名的小说集,简单一算,就知是四十七年前的作品。在此书自序中,有这样一段话:

> 印在这本集子里的几篇东西,同以前的东西一样,都是由杂志编者逼出来的。信来了不止一封,看过之后,记在心上,好比一笔债务,总得还清了才安心……
>
> 末了,对于"催逼"我出版这本集子的赵家璧先生谨致感谢。

今天重读,颇有所感。作者提到我当年催逼他早日交稿之事,在催逼二字上加了个引号,富有寓意,这正表达了作者当年对我这个青年编辑爱护、宽容和同情之心。编辑向作者催逼文稿,有时的确会使作者为难、厌恶甚至反感;但从编辑角度看,这是一种责任心的表现,未可厚非,而且有时也会对作者起一定的积极促进作用。一部文集的完成,报刊杂志的编辑常常是第一线的催逼者,丛书或出版社的编辑便是第二线的催逼者。有的好文章,有的成为传世的作品集,往往是由编辑逼出来的;所以我说,除了乐于为他人作嫁衣裳以外,编辑还有一功,那就是催人上轿。叶圣老是最能体会编辑要求出好书、早出书的一片心愿的,所以他对我的催逼除了加以引号之外,还在最后向我表示感谢,这说明作家和编辑之间是心心相印的。

但他作为一个作家,对自己提出了严格的要求。他认为催逼之作,不免会草率从事,因此寄希望于未来。他说:"很想望有这么一个境界,不受别人的催逼,待一篇小说自自然然地结胎、发育、成形,然后从从容容地把它写出来。……可是,既已生在一个非催逼不可的时代,这种境界就只能想望,无从实现。"他当年所暗示的时代,早已一去不复返,我们今天的写作环境已和中华人民共和国成立前大不相同。但是我认为在新的条件下,编辑的催逼工作有时还必不可少;我这篇文章就是几天之内被逼出来的。

在茅盾生前最后留下的回忆录《一九三五年记事》一文中,被茅盾称誉为"总之,称得上'声势浩大'四个字"的"中国新文学大系"出版前,为宣传广告用,我们编印了一本叫《中国新文学大系样本》的小册子,除发表十位编选者的《编选感想》外,又邀请叶圣陶、冰心、张天翼、傅东华、沈起予和林语堂等,分别对这个庞大的出版计划说几句话。叶圣老用毛笔作了这样的题辞:

"良友"邀约能手,给前期的新文学结一回账,是很有意义的事。结算下来,无论有成绩没成绩,对于今后的文学界总有用处。

这十卷本"大系"由于选稿时期仅限于"第一个十年",即1917—1927年,故称第一辑;经一年半时间的努力,于一九三六年二月出齐。当时虽有续编第二辑的打算,不料一九三七年"八一三"抗战爆发,此事当然无从说起。抗战后期,良友图书公司迁至重庆。一九四五年春,我们估计日寇投降,指日可待,为"大系"作续编的想法,一直萦绕于怀。抗战发生于一九三七年,那么续编第二辑,即1927—1937年,正好称为"第二个十年"。但这一时期的各种原始资料都集中在上海,在后方重庆是无法搜集齐全的,这一计划只能暂时搁下,待之来日。为争取时间,利用当时的有利条件,我们决定先编第三辑,称为"抗战八年",即1937—1945年。这一计划得到郭沫若、茅盾、老舍、巴金等大力支持。准备全书八卷,抗战胜利回归上海后出版。当时叶圣老正在重庆主持开明书店的编辑工作,经常用笔名在《中学生战时月刊》上发表文章。我去开明书店访问他,邀约他担任该辑的散文集编选者时,他欣然答应了。以后,我们还签订了两份约稿合同。为了答谢各位编选者,我曾在重庆曾家岩一家酒馆里设宴招待。席间,叶圣老与郭老、老舍等举杯痛饮,希望胜利早日到来,好回上海去共同开展新文学事业。可惜良友图书公司于一九四六年初迁回上海后,因股东内部纠纷,宣告停业。续编"大系"第三辑的梦想,化为乌有;对同意担任编选的几位前辈作家,深感歉仄。

一九八二年,上海文艺出版社决定续编"中国新文学大系(1927—1937)",也就是第二辑,我举双手赞成。十二月间,该社社长兼总编辑丁景唐同志和我一起在北京开会。有一天,他约我同去看望叶圣老。当时,周扬、巴金、夏衍、丁玲等都已答应出版社参加这部续编的编选作序工作。老丁知道我在重庆时期，曾得到过叶圣老的俞允，担任第三辑散文集的编选者，因此要我代向叶圣老旧事重提，邀请他编选第二辑的散文集。我们一进门，先受到叶至善同志的热情招待；不一会儿，须眉皆白的叶圣老从另屋走出，与我们一一握手。我们在沙发上坐下后，互相交谈别后多年的情况。一九七九年第四届全国文代大会在京开会期间，我曾去看望过他，一别又三年多了。叶圣老问了我的年龄，我和他相差十五年，三十年代我们开始交往时，我仅二十五岁，现在已活了一个世纪的四分之三了。叶圣老不胜感慨地说："我们大家都变成老人了！"接着我把访问他的意图直率地提了。叶圣老对一九四九年后，时隔三十余年，上海文艺出版社能下决心续编"大系"，表示赞赏。但是他说："我的身体已非一九四五年在重庆时期可比，要我担任散文集编选，实在勿来事，实在勿来事！"他一边说，一边摇手，诉述他已大不如前的健康情况，紧接着又说："我近来夜里还能安安静静地睡觉，如果我答应了你们，就要困不着觉了。"老丁和我细声商议后，感到叶圣老如此高龄，这样繁重的工作，可能对他健康不利，于是转而请他为我们推荐一位散文家，他毫不思索地说出了吴组缃的名字。后来这部选集确实由吴组缃承担，但叶圣老对第二辑续编的出版计划仍然关怀备至。当出版社仿照三十年代出版《样本》的方法，编印《宣传手册》时，他亲笔写下了下列这段美好的鼓励的话：

"中国新文学大系"按时期继续编下去是非常有意义的事：一方面能让读者看到各个时期的人民的生活，这是文学创作的"源"；另一方面记录了新文学运动的发展和演变，这是文学创作的

"流",可以供今后的作者作借鉴。

从三十年代到八十年代,我们虽然没有得到叶圣老直接参加编选"大系"的机会,但他对这个计划的赞助却是始终如一的。

拨乱反正后,我有一个写作计划,利用有限的余年,把我从三十年代开始的文学编辑生涯,分书分人,撰写回忆史料,这可能会给现代文学史、出版史、艺术史的研究工作者提供一些有用的第一手资料。纪念鲁迅诞辰一百周年的一九八一年冬,我把已写成的十篇有关鲁迅的文章编成《编辑生涯忆鲁迅》由人民文学出版社出版。当我把该书邮赠北京叶圣陶老先生时,他很快就亲笔复我一信,信中说:

家璧兄惠鉴:承赐尊作《编辑生涯忆鲁迅》昨日接到,至深感谢。鲁翁毕生致力于编辑极勤,主旨唯在益人,其于"良友",即已尽力不少,信可感念,鄙况如常,唯视力听力益差,阅览书写,与人接谈,咸感不便。年老固当如是,只得任之。余不一,即请

撰安

叶圣陶(八二年)二月一日上午

这是我目前留存的叶圣老给我的唯一来信手迹,而他三十、四十年代写给我的许多书简,都在"十年浩劫"中,不知落入谁手了。就在这封短简中,他仍然着重于"编辑"二字。叶圣老和鲁迅先生一样,是我一生事业上的前辈、导师,是我学习的典范!

一九八三年，上海出版工作者协会创刊《出版史料》，在创刊号上，叶圣老为我们写了一篇题为《出版史料与出版事业》的笔谈。他认为出版这样一种刊物是有意义的，"意义不在于为史料而史料，而在于鉴往察来，也就是通常说的总结正反两方面的经验，使出版事业不断发展，日益昌盛"。他在这篇短文中，把出版事业与教育事业相提并论。他说："我说当前的出版事业与中华人民共和国成立以前有本质上的不同，这不同是由社会制度决定的。……可是排版先得有稿子，稿子要作者写出来，编辑者编出来，这又是什么事业呢？我要回答得更严重些，这是教育事业。你出的书刊无论是深的，浅的，通俗的，专门的，总之影响人们的见识和思想，你不是在当人们的教师吗？"这对今天的编辑出版工作者提出了很高的要求。编辑工作者同时也是教育工作者；而优秀的文学作品为语文教员提供了教材和参考资料。这样，叶圣老自认他的职业是编辑、是教员，其中深意，不讲自明了。

我这篇文章，除了向叶圣老表示祝贺外，如果对中学语文教师们还有点滴阅读或参考价值，那就算不辜负本刊青年编辑对我"催逼"的一番好意了。

1984 年 8 月 11 日

回忆郁达夫与我有关的几件事

郁达夫在抗战胜利后不数日,不幸在印尼苏门答腊的班牙公务城郊荒野中惨遭日本宪兵杀害,到今年九月十七日整整四十周年。最近发表日本人今西健夫写的文章[①]中,经过他的调查研究,连凶手是谁都弄清楚了。当我知道文艺界将为这位爱国烈士、著名作家举行大规模的纪念活动时,这促使我要把这篇原已列入我写作计划的回忆史料早日写成。我保存的一大札达夫来信,虽已于"文革"末期被人弄走,不知去向;但生活版《现代作家书简》里还收有郁达夫给我的三封信;我在一九五七年五月为《人民日报》写的文章中,也引用过他的两封信,这些给了我不少启发。出于我意外的是,在达夫日记中,竟有好几节与我有关,回顾联想,引发了许多早已淡忘的事;至于向达夫家属请教所得的答复,共同回忆的结果,更把一些模糊不清的事得到了澄清。按时间先后为序,计算一下,正好有十件往事(以后又加了一件)值得一提,因而分成十节,记叙如下;其中少数与我已发表的

[①] 今西健夫作《消失于南洋的郁达夫》,译文载于《新文学史料》,1984年第2期,第149-152页

文章中稍有重复,那是无可避免的。

一

今年上半年,我为《郑伯奇文集》作了一次原稿校阅编选工作,虽然花了我三四个月时间,对这位谊兼师友的逝者,为他做好这样一件最后的工作,是我心甘情愿的。通过百数十万字原稿的阅读过程,对作者的一生事迹,有了更进一步的了解和认识。对他在创造社时期所作出的贡献,他和创造社其他成员之间的关系,他早期在文学革命运动中的活动情况,思想感情,以及遭遇到的不如意事,也掌握了较全面的资料。郑伯奇晚年写了不少回忆文章,提供了许多珍贵史料。其中有一段涉及郁达夫与我的。郑伯奇说:

> 不久,文坛起了波动,新的运动发生了。达夫对新运动早有共鸣,大家都希望他能参加。也许是达夫在文坛的地位和他的社会关系妨碍了他,大家总觉得他不甚积极。但是当团体成立的时候,他当然参加了。不知由哪里传出来的话,据说,他曾对徐志摩说过:"I am a writer, not a fighter!"这句话引起青年朋友们的不满。在我主持的一次大会上,通过了请他退出的决议案。其实,"我是作家,不是战士"这一句话,严格解释起来,固然有点不妥,而解决的办法,至今思之,实嫌过火。我在当时不能制止,自然应该负责。这句话若以后几年说出来,决不引起这样的波澜。

这件事给达夫和我的中间划了一条鸿沟。我们彼此疏远起来了,一直到在良友公司跟赵家璧计划出"良友文学丛书"的时候,我同家璧去看他,向他要稿子,我们才又恢复了正常的来往。

　　这段重要史料,伯奇一九四五年十二月写于西安,刊于《书报精华》第十二期,那时,日寇已投降,抗战幸告结束,而郁达夫在海外遭难的噩耗早已传遍国内文坛,郑伯奇用《怀念郁达夫》为题写的这篇悼念文章,第一次透露了发生于"左联"时期,他对挚友所犯的一大错误,内疚之情,溢于言表。他文中所说的那个团体就是中国左翼作家联盟。据说,这次大会是"左联"的第四次全体大会,时间是一九三〇年十一月十六日下午六时,出席联盟会员三十余人,还有日本战旗社及文化总同盟的代表多人参加。在六项决议中,第六条写着:"肃清一切投机和反动分子——并当场开除郁达夫。"[①]主持那天大会的是"左联"常委之一的郑伯奇。

　　此事鲁迅知道后也不以为然。据冯雪峰回忆,会上投反对票的有雪峰、柔石等四人。当他告诉鲁迅时,鲁迅说,极左最容易变右,右的也可以变化,郁达夫不能写什么斗争文章,但国民党对他也不会好的。鲁迅主张要多团结一些人。后来文委书记朱镜我知道后,也批评了有关的几个人。[②]据另一篇《郁达夫访问记》中记载,郁达夫曾说过:"因为我是一个小资产阶级出身的人……我对他们说,分传单这一类

---

① 《"左翼"作家联盟第四次全体大会补志》,作者未署名,刊于《红旗日报》第91期第3版,1930年11月22日出版。

② 《冯雪峰谈"左联"》,《新文学史料》1980年第1期,第11页。

事我是不能做的，于是他们对我更不满意起来了，所以左翼作家联盟中，最近我已经自动的把'郁达夫'这个名字除掉了。"①现在读了郑伯奇所回忆的第一手资料，可以弄清当时究竟发生过什么事。

使郁达夫遭到"左联"成员不满的那句话，他并非仅仅对徐志摩说过，郁达夫在一九三九年旅居南洋时，发表于新加坡《星洲日报·晨星副刊》的一篇散文中也曾说："从前和鲁迅一道在上海的时候，我曾对史沫特莱女士说过一句话：'I am not a fighter, but only a writer'（译意：我不是一个战斗者，仅仅是一个写作者），这是当自由大同盟（应为民权保障同盟——引者按）正在孙夫人家开会的时候。……我不过是一个文艺作者，只想站在自己的岗位上做点文章，并且也用点心思，细细看看来稿。"②这种表白自己，作为作家和文学编辑的一颗纯洁和真诚的心，是贯彻他一生始终的。

二

我开始读到郁达夫的著作，还在松江高小读书时期；但对郁达夫其人，是在一九二四年暑假，从我六叔的同学夏莱蒂口中知道的，当时夏莱蒂已在上海从事进步文学活动，暑期回故乡度假。他常常对我们描绘这位创造社作家如何和他

---

① 邹啸编《郁达夫论》，第186—187页，1933年版，见《郁达夫研究资料 下》，第577页，天津人民版，1982年。
② 郁达夫作《我对你们却没有失望》，发表于1939年1月23日。见秦贤次编，《郁达夫南洋随笔》第38页，洪范书店，台北。

一起喝酒吟诗,郁达夫写的小说如何引起青年读者的喜爱等等。夏莱蒂那时也鼓励我将来到上海去读书,把文艺作为自己的事业。所以我接触最早的新文学作家,夏莱蒂可算是第一人。现查得一九二八年九月,上海现代书局出版的《大众文艺》月刊,是由郁达夫、夏莱蒂二人分任正副主编的;出满六期后,郁达夫辞职,由夏莱蒂编至一九三〇年六月。我在良友图书公司最早编辑的《中国学生》(1929—1931年)里,曾几次发表过夏莱蒂的散文,这位前辈作家不幸已于一九七三年逝世了。

一九三二年秋,我离开大学后,决定编一套内容和形式都是第一流的"良友文学丛书",一反市上流行的白报纸印纸面平装文艺书的传统,改用米色道林纸印,软布面精装本,另加彩印护封,售价不论厚薄,一律九角,先在装帧设计上打开一个新局面。鲁迅第一个支持这套丛书;在郑伯奇的协助下,在一九三二年十月初,他又陪同我去首次谒见郁达夫,那时,郁达夫因上半年患伤寒并发黄疸病,刚刚痊愈,正在休养中。到了他家门口,我发觉伯奇在打门之前,踌躇再三,似乎欲行犹止。但一进门,郁达夫与王映霞热情接待,伯奇把我介绍一番后,大家就无拘无束地谈开了。我要求郁达夫为初创的"丛书"写稿,他回答说,因肺病有复发可能,即将去杭州疗养,至于为"良友"写一本书,容他慢慢考虑,如有所成,即将通信联系。离开达夫家后,伯奇感到格外高兴,与未入门时,情绪完全不同。第二天上班时,伯奇要我去信达夫勤加催问,他说,有些作家的书,就是被编辑逼出来的。

在写本文之前,我仅知道"良友文学丛书"中,到一九三五年才组织到达夫的散文集《闲书》一种，创作小说集从未到手。当我最近查阅《郁达夫文集》第九卷日记书信部分时，才发现了我过去从未知道的珍贵史料。原来一九三二年秋我初次谒见郁达夫先生后，他就有意把一部短篇小说集给"良友"出版，事后虽未实现，经历的曲折过程，倒是值得一记的。原来是年十月二十日，他写成中篇小说《迟桂花》，交《现代》发表。此后又写成《蜃楼》和其他。十月三十日从杭州致上海王映霞信中说：

> 今天天气特别好，我在午前写了二千字，已有六千多字写好了。……我预备把这一篇及《迟桂花》，和其他的短篇集合起来，合成六七万字，给"良友"去出书，可以拿他们二百五十元的版税。①

当时上海出版商付作者稿酬分为两种办法，一是版税制，按书上标明定价，根据实售册数，付百分之十至百分之十五的版税，一年分两季结算。有的书店可在交稿时预付部分版税。"良友文学丛书"每种不论字数多少，一律售大洋九角，版税一律百分之十五计（鲁迅的按百分之二十计，这是当时上海其他书店的惯例），交稿时，都可预付一笔版税，约二百元左右，这在当时是比较受到作者欢迎的。第二种是一次买绝版权，每千字五元至十元或更多。所以是年十一月十日致王映霞信中，达夫曾说："洪（指现代书局店主洪雪帆）若有信来，则《弱女子》落得卖去，有一千二百元也可以了，最低不得比一千元少。"十二月一日的信上又说："出

---

① 《郁达夫文集》第9卷，第435页。

卖印行权,有千元也好,还是弄几个现钱在手头的好。"但我在"良友"工作期间,对任何文稿从不采取第二种办法,因为这对作者是不利的。

那本包含《迟桂花》在内的小说集,从来没有交给我;但他在十一月二十七日的家书中又说:

> 赵家璧的那一本东西,若如此寒冷过去,怕有点靠不住,但无论如何,我将勉强地写去。①

隔了五天,在十二月三日家书中又说:

> 赵家璧的那篇(本),我一定要写好了才回来。②

从以上几次写给王映霞信中所表达确实要为"良友"写本小说集的美好意图,今天读来,还是使我对这位前辈作家肃然起敬的,不要忘记,我和他开始建交还不到半年呢!

现在查阅有关资料,证明包括《迟桂花》在内的十二篇小说散文集,一九三三年二月由上海天马书店出版,书名《忏余集》;同年三月,还由天马书店出了《达夫自选集》。这几天,三十年代天马书店创办人之一楼适夷同志,正寓居在上海他的大女儿家里。前两天,我才和他相约,在上海和平公园见面叙旧,畅谈往事;再互相搀扶,坐上街车,两个老头六条腿,上北四川路内山书店旧址隔壁的一家新开西菜馆共进午餐。为了写此文,我打电话给他,我向他

---

①②《郁达夫文集》第九卷第442,445—447页。

开玩笑地说:"一九三三年初,郁达夫原来答应写给"良友文学丛书"的一本小说、散文集,当时被天马书店中途抢去了,你是否还记得?"适夷答复说:"天马书店于一九三二年成立后,我就约鲁迅、茅盾等出自选集,郁达夫也有一本,他们把版税捐赠给天马书店;达夫同时还把《忏余集》也给了天马,是否抢了你的,当时并不知道。"我和适夷是三十年代开始,至今一直保持着往来的极少数几个忘年知友之一,开个玩笑,他决不会见怪。经他一说,更进一步证实了当时的历史背景。这本《忏余集》与我一度有缘,是这次意外的收获,天马书店是"左联"外围出版机构,郁达夫用这本文集表示支持是完全可以理解的;最足珍贵的是从这几则日记和家书中,见到郁达夫对我这个青年编辑,怎样从一开始就伸出了热情的手,支援我的事业啊!

三

一九三三年秋,我从现代书局叶灵凤处看到比利时木刻家麦绥莱勒创作的四种木刻连环图画,那就是鲁迅在《"连环图画"辩护》一文中所推荐的。我决心借来按原图翻印,再请人翻译并另加新序。由于原作是德文,我分成两组各两册,附信送给鲁迅、郁达夫二人,因为他们都是精通德语的。我要求他们帮助良友图书公司做两件事:把原来的德文序译成中文;另外请他们各写一序,并把无字的木刻连环画加写故事说明,帮助中国读者能理解这一外来的新鲜的艺术作品。鲁迅和郁达夫一样,仅仅接受了一种:鲁迅拿下了《一个人的受难》,郁达夫拿下了《我的忏悔》,把另外

各一种都退回了。郁达夫的一封复信写于一九三三年八月二十四日,刊在《现代作家书简》中。信中说:

> Mascrccl的画集Mein Stundenbuch中所刻者,系他的自传,译作《我的忏悔》或比较适当。原书是有计时、历程的意思的。mein系my,Stunden系hours,buch即book也。法文的成语,有一句Livre d'Heures,亦即Book of the Hours之意,此外有更适当的译法与否,我不知道,总之,此书是他的自传及经历,实无前后连贯的故事的。
>
> 余事面谈,序文这几日内写好,大约有二千多字,三千字不足。

这本由一百六十五幅木刻画组成的图画故事,大约深深地吸引了达夫的兴趣。他接受了写序工作,但对原有德国著名作家托麦斯·曼写的一篇长序没有翻译,仅利用部分资料写入序中。原来《我的忏悔》是麦绥莱勒创作于一九一九年的早期名作。麦氏于第一次世界大战期间迁居日内瓦,在国际红十字会里认识了以罗曼·罗兰为中心的进步作家,继第一部《一个人的受难》在日内瓦出版后,接着就刻了这一部。他当时常为罗曼·罗兰和美国诗人惠特曼等爱好和平的作家的作品作木刻插图,所以《我的忏悔》前,他引用这两位大作家的两句话作为书前题辞,郁达夫都把它译出了。他还把一百六十五幅图画所叙述的故事,用他那支散文家的妙笔,作了简单扼要的叙述。书中主角"终究是一位小市民之子,信仰不坚,主义不定,虽满有革命的热忱,却缺少了贯彻到底的毅力"。他在芸芸众生的繁华都市里，身历了许多现代的享受、斗争和辛酸。见到社会的不平，也曾参加过革命运动，自己上过讲台，率领群众进行示威运动。动摇之后，又演出一幕幕得恋失恋的悲喜剧。失恋后皈依宗教，忏悔过后，又和自己领养的养女，感到了父亲和恋人的双重恋爱，不料女孩得病身亡，于是周游世界，飘流异国；重返欧洲，又演出了许多风流痛快的奇行奇事。终于厌倦了物质的繁华，接受了时间的裁判，最末一幅是一架骷髅悠游在众星世界中。这组数量庞大，内容繁复的木刻连环画，不能说是作者的自传，但有些事迹与作者本身经历有关。麦氏刻此书时仅三十岁，他享寿八十三岁，于一九七二年逝世。一九五八年十月间，麦氏曾来我国访问，陈毅副总理把我们翻印出版的四种木刻连环图画故事，包括郁达夫作序的《我的忏悔》在内，亲手送了给麦绥莱勒作纪念。麦氏曾激动地说："这不仅是四本书，而是全人类四分之一对我艺术的支持。"

郁达夫在这本画册序文的结束部分，对木刻家说了这样一段话："这种复杂纷繁的身世起伏，与夫热情的变幻高潮，他真表现得多么简单诚挚啊！麦绥莱勒自己，虽则并不是一位具有阶级意识的大众的斗士，但他的书却是可以为无产者申诉，使文盲者阅读的大众的书。他的木刻在中国的翻印，重要的意义，我想也就在这里。"现在重读此文，再联系他在当时所遭遇到的误解和非难，这里不也表达了达夫自己的人生观和文艺观吗？

四

一九三四年春,我和妻子陆祖琬同去杭州旅游。那时,岳王坟附近新建了一家旅馆,在上海报上大登广告,取用上海著名电影女明星胡蝶、徐来两人的名字,叫做"蝶来饭店",开幕日,还聘请这两位大明星剪彩。我们去租住了一夜,房价甚昂,第二天一早就迁入老式的西湖饭店。那天下午我去郁达夫在杭州官场弄的寓所访问,适他外出未遇。傍晚时分,达夫匆匆来西湖饭店回访,我就把昨夜住蝶来饭店的趣事告诉他,他就笑着对我们说:"你们一到杭州,就被刨黄瓜儿了!"①接着他就请我去湖滨散步闲谈,又上一家酒馆吃了宵夜。当时上天下地,古今中外都谈了,具体内容完全记不起来。又是《现代作家书简》中留存的一封信,使我想起了当日我们谈话中的一个内容。

那时,我对几位有代表性的现代美国作家发生浓厚的兴趣,例如德莱塞、舍伍德·安德森、海明威、福克纳等;我写的十篇论文,一九三六年编成一个集子,书名《新传统》,列入"良友文学丛书"出版。其中关于女作家维拉·凯塞(Willa Cather)的一篇,我记得事先曾和郁达夫讨论过,从下列这封信的日期推算,我们那天既谈到达夫托我回上海后去旧书店为他找寻西书,也向他提到他对维拉·凯塞作品的评介,并向他告借她的著作。此信达夫于一九三四年六月十二日从杭州发出,信中说:

---

① "刨黄瓜儿"是杭州土语,意指上当受骗。

来函拜读，《雪勒全集》我已有，可以不要了。若是有《海涅全集》的德文补充本，倒很想买一部，因我所有者，只四本一部之选集也。Willa Cather的其余四本，除The Song of the Lark与Obscure Destinies外，两本我曾读过，也许有的，不知何人借去，书库中却不存了。O, Pioneer! 系八九年前读过，不甚佳。Shadow on the Rock去年才读，乃一九三一年所出的书，也不能算作杰品。我大约一礼拜后去沪，当来看你。马君去黄山未回，大约或能同时去上海。W.C.诗集，尚有April Twilight(《四月黄昏》)一册，我没有。

信中所说《啊，拓荒者！》一书，达夫早在《日记九种》中谈过。一九二七年二月十二日，就记有"此外又买了许多英文小说"，内有维拉·凯塞的One of Ours(《我们中的一员》)等，"都是很好的小说"。二月十八日记有他读《啊，拓荒者！》的感想。达夫说："凯塞女士描写Praire(大草原)的移民生活，笔致很沉着，颇有俄国屠格涅夫之风。瑞典移民在加州的生活，读了她的小说，可以了如指掌。"十九日读完此书后，接着写道："描写的细腻处，却不能在这里重述。"原来活跃于三十年代美国的"中代作家"中，德莱塞和安德森等都属于进步的现实主义传统，而维拉·凯塞属于另一流派，她躲在象牙之塔里，发思古之幽情，怀念早已过时了的美国西部的边疆生活。她作品的最大特点是每部小说都是用最精致美丽的散文写成的，因此深得散文家郁达夫的欣赏。我还记得《新传统》出版后，我曾签名寄赠郁达夫一册，他复信鼓励我继续在这方面努力。达夫对欧美文学学识渊博，年青时，曾读完过一千多本外文小说；可惜我后来没有在这方面继续钻研，实在有负故友的期望。

五

时间进入一九三五年，十卷本"中国新文学大系"的编辑出版计划已安排就绪，内小说集三卷，依文学团体分，由鲁迅、茅盾、郑伯奇分别担任编选；散文集二卷，由郁达夫、周作人担任编选，依什么标准分由两位编选者自行协商。郁达夫这时常和我通信往来，每次从杭州到上海，常来"良友"看望我和郑伯奇。主编《良友画报》的马国亮，也和郁达夫交上朋友，从此达夫的散文，经常发表在《良友画报》上，计有《半日游程》（1933年6月）、《冰川纪秀》（1934年1月）、《雁荡山的秋月》（1934年12月）和《伟大的沉默》（1935年6月）等。在此之前，一九二七年八月号上，也有一篇题为《祈愿》的小说，那是在梁得所主编期间发表的。

一月初，"中国新文学大系"的筹备工作完全就绪，不久即将刊登广告，发售预约，这时郁达夫和王映霞一起到上海，又到"良友"来看望我们。为了表示对郁达夫先生支持我们出版事业的谢意，约定一月十日中午，由良友编辑部同人在北四川路味雅酒楼二楼设宴招待，同时请鲁迅先生和许广平女士作陪。这样规模的招待作家的宴会，在"良友"历史上也是少见的，主要还在为"中国新文学大系"这个庞大出版计划的初步成功，一方面表示祝贺，另一方面向两位热情支持的编选者聊表谢意。那天郁达夫与王映霞同来，鲁迅和许广平也把六岁的海婴带来了。主人是郑伯奇、马国亮和我，经理并未参加。那天席上谈些什么，我已完全记不起来，只有鲁迅日记中的一段话，为我们这次叙会留下了记录，成为中国文坛上的一段佳话。鲁迅的日记是这样写的：

> 十日，晴。午达夫、映霞从杭州来，家璧及伯奇、国亮延之在味雅午饭，亦见邀，遂同广平携海婴往。

两卷散文集编选者如何分工的，其间细节，我当时也不得而知，仅知道双方协商，按人分选。一九五九年，周作人写给正在搜集郁达夫诗词的周艾文一封信，说："偶整理故纸，找出达夫书信数封，颇有意思，日内即另封寄呈，请察收为幸。"周作人找出的共四封，其中一封，正是郁达夫向他函商两人如何分认作家进行编选的名单。这封郁达夫的信，在周作人那里耽了二三十年，在周艾文那里又耽了二十余年，终于在一九八一年四月的《大地》月刊上公开发表。此信全文略长，照录如下，以存其真：

> 启明先生：
>
> 1月13日的信，拜读了，以人名决定界限，最直截了当，我们以后，只须想出人数，各补各的不足好了。赵家璧又有信来，新提意见却并不妙，所以又去信复他，告以已决定标准了。在这信中，再加上几个名字罢，以后你有所见请通知我，我有所见，当通知你。

原开列者亦抄在一道

周选

郁、志摩、废名、平伯、沫若、半农

应加

徐祖正(及骆驼草时的散文)

江绍原(及除林语堂、鲁迅外之《语丝》散文

钱玄同？李守常？顾颉刚？

春苔、庐隐、沈从文、绿漪、凌叔华、高一涵(浅草社同人)。

郁选

周、冰心、鲁迅、朱自清、叶圣陶、林语堂

应加

川岛(创造社除郭沫若外的散文)

茅盾、蒋光慈、丰子恺、钟敬文、田汉、冰莹、许钦文、冯沅君(湖畔诗人等)、丁玲。

此外还有名不甚著，而小品散文之类，间有很好者，如浅草社同人(如陈伟嫫、陈翔鹤等)，湖畔诗人同人(如冯雪峰、修人、汪静之等)，只能以团体分了……

你若有第三批人想出，可将前一两批人的名字省去不再录一道，即以第三批人为眉好了。

大约选三十万字一册，也很难，到后来总得滥选一点才能补足字数耳。匆问近好

夫人小姐及少爷外不另

达夫敬上 一月廿一日

这封两位散文集编选者之间对被选作者名单进行协商的信，对我是意外的收获。现在如把两集成书后各人收入的作者名单拿来对比，现代文学研究者，很可以进行对照，分析研究，写出几篇论文来。周作人在《散文一集》中实际选入徐志摩、刘大白、刘半农、梁遇春、郁达夫、郭沫若、俞平伯、废名等十七家，共七十一篇，每人至多八篇，少者一二篇。郁达夫在《散文二集》中实际选入十六家，共一百三十一篇，其中有冰心、林语堂、丰子恺、钟敬文、川岛、朱自清、郑振铎、叶绍钧、茅盾等，每人少则一篇，多则五六篇；而对鲁迅选了二十四篇，周作人选了五十七篇。两位编选者选稿的标准和方法，显然是不大相同的。

"大系"出版前，为宣传广告用，我们编了一本《样本》，请各集编选者写一二百字的《编选感想》，就用作者手迹制锌版发表。郁达夫写的一段后半部，曾说了这样几句话："中国新文学运动，已经有将近二十多年的历史了；自大的批评家们，虽在叹息着中国没有伟大的作品，可是过去的成绩，也未始完全毫无用处的废物的空堆。现在是接近于过去，未来是孕育在现在的胞里的，'中国新文学大系'的发行主旨，大约是在这里吧。"这些话，我收到后一看，就知道是针对郑伯奇而发的。原来一九三四年三月，伯奇在《春光》创刊号上，提出了《伟大的作品的要求》，开宗明义就这样发问；"中国近数十年发生过很多伟大事变，为什么没有产生一部伟大的作品？像《怒吼吧，中国！》，像《鸦片战争》，这样的作品，为什么中国作家还写不出来？"他提到的两部出于外国作家之手的作品，前者是苏联特莱却可夫所作，后者是日本作家村山知义的创作。他接着说:"我们身历的事变也正不少,随时随地都有我们的题材。"他这种要求文艺创作直接反映重大政治题材的主张,早在一九二八年六月,用何大白笔名写的论文《文坛的五月》(发表于《创造月刊》二卷五期)上早已提了出来。他说:"我们试问自从鸦片战争以来帝国主义侵略的历史,真是指不胜屈了,我们的作家(就连Bourgeois[资产阶级]都包括在内),可有作品表现过没有?没有,没有,什么也没有!"他接着就举苏联作品《怒吼吧,中国!》为例,可见在他的思想深处,这一观点早已有之,到一九三四年又冒了出来,写成文章,因此引起了文坛上的一场论争。郁达夫后来在《春光》上发表的论争文章中就不以为然,他举鲁迅的《阿Q正传》和茅盾的《子夜》为例提出异议。当年,郑伯奇在我手中看到杭州寄来的达夫手迹时,情绪极为激动,以后在他写的《编选感想》中,表示了诚恳接受批评的可敬态度,这些,我早已在《话说"中国新文学大系"》一文中说过了。

如果今天把伯奇在《怀念郁达夫》一文中所说有关"左联"开除郁达夫的事联系起来看,郁达夫对伯奇还不免耿耿于怀,是完全可以理解的。主要原因还在三十年代一度笼罩着上海进步文艺界的极左思潮,对自由思想较浓的郁达夫来说,是不易接受的。这两段《编选感想》中所反映的矛盾,提高来看,决不是两位好朋友之间的意气之争而已。

六

"良友文学丛书"出版后所得到的好评,鼓励我仿美国"近代丛书"特大本(*Modern Library Giant*)的出版形式,另出一种布面精装本，用白报纸印，每种厚七百至九百页的"良友文学丛书"特大本，售价依页数而定。初步设想是请已有定评的小说家自选他认为满意的作品，编成一部字数较多的总集，实际上近似目前流行的自选集。后来出版了张天翼的《畸人集》、沈从文的《从文小说习作选》，都是厚厚的一大本。当时郁达夫也是我的组稿对象之一，一九三五年九月十六日达夫复信中有这样一段话：

> 来函都接读，因伤风病了半月，故未复。从文亦有信来，谓总集稿已在收集，并问我的印(编)得如何了。大约此稿又须缓期，要等十月，才能交出矣。乞谅之。

这封刊载于《现代作家书简》的达夫来信，帮助我回忆起"特大本"计划中原来是有郁达夫小说总集的，但这套大型丛书，除上述两种小说集外，又出了鲁迅的《苏联作家二十人集》和巴金的《爱情的三部曲》两种，此后抗战爆发，从此停止。郁达夫的总集大约因版权关系，未能如愿以偿。不见到这封被孔另境借用去发表的达夫来信，此事我已完全记不起来了。

在上述的同一封复信中，郁达夫还答复我另一个要求，信中说：

> 志摩生前，和我通的信札不少，但因在上海受了几次惊，亲友信稿，全部烧了，所以现在找了

数天,终找不着一封。适之此番南来,我无机会见面。大约志摩的信,以给适之、陈通伯、凌叔华、冰心、林徽音的为多,小曼更可以不必说,男朋友间,或者周作人先生还藏有几封耳(当然洵美处也有不少),我之所见如此,聊供这点意见,以备采择。
(他给梁任公的信,思成或有得保存,亦可以去信问问)我月底边去上海,当来拜访。

关于"良友"准备编辑出版《志摩全集》事,我已写过专文,此处不复赘述。但最近重读《闲书》,发现一九三五年《冬余日记》(杭州)中,有两节记事,与《志摩全集》有关。原来我们计划出版《志摩全集》时,陆小曼拟请胡适写序。一九三五年十月胡适来沪,把全部书稿从我们手中转交商务印书馆后,我就不再过问此事。现在才发现这一时期,陆小曼曾约郁达夫写序,这是我过去所不知道的。

十一月廿四日:傍晚,时代公司有人来催稿,系坐索者,答应于明日写二千字。
玉皇山在杭州(时代)
江南的冬天(文学)
志摩全集序(宇宙风)
这三篇文字,打算于廿六日以前写了它们。
十一月廿六日:作追怀志摩一篇,系应小曼之要求而写的,写到中午后因有客来搁起。
十一月廿七日:午前将那追怀志摩的东西写好寄出,并发小曼等信。

这篇先发表于《宇宙风》第八期上题为《怀四十岁的志摩》的文章，陆小曼是准备把它刊在商务版《志摩全集》前作为序文的。文章中说到："所以这次当志摩四十岁诞辰，我想最好还是做一点实际工作来纪念他，较为适当；小曼已经有编纂他的全集的意思了，这原是纪念志摩的办法之一。"很可惜我没有及早发现这篇近半个世纪前郁达夫专为《志摩全集》所写的序文，否则我一定向香港商务推荐，因为他们已把我帮助小曼编辑的原稿，改成五卷，用《徐志摩全集》为书名，于去年十月在香港出版了。在该书前写序的有沈从文、陈从周和我。

郁达夫和徐志摩，既是同庚（一八九六年），又是同乡、同学，一生遭遇，也颇有类似之处。前者是浙江富阳人，后者是浙江海宁人；少年时代同在杭州中学读书。在文学道路上，前者是创造社创始人之一，后者是新月派的代表人物，思想志趣不同，但各人在中国现代文学史上都作出了自己的贡献；两人私交甚笃，在个人恋爱生活上，同样遭到过坎坷不平的道路，达夫挽志摩联中所说："两卷新诗、廿年旧友，相逢同是天涯客，只为佳人难再得"，真是语出肺腑。他们两人都死于非命；死后，在国内文坛上，不同程度地遭到冷漠讽嘲，没有得到正确的对待；在香港、台湾等地，作品似乎被翻印流传得很多很广，而《郁达夫与王映霞》和《徐志摩与陆小曼》一类胡编乱说的投机书，也充斥于市场，有损于他们的形象。再看一九三六年郁达夫追怀徐志摩一文中的最后，引了两句《红楼梦》里黛玉葬花诗："侬今葬花人笑痴，他年葬侬知是谁"，接着说："悼吊志摩，或者也就是变相的自悼罢！"时间已过去了近五十年，再把这两位诗人的命运相比，达夫的话倒是颇有预见性的。

七

　　一九三六年五月列入"良友文学丛书"的郁达夫散文集《闲书》，是达夫生前编定的最后一部散文集，受到现代文学研究者的重视。有人要我谈谈此书从约稿到出版的经过，我实在无以奉告。但达夫在一九三五年十二月起到一九三六年四月下旬所写的日记中，恰恰详细地记述了我在何时向他约定这本书的，以后几个月间，我们又是怎样进行联系的，最后又如何把旅闽日记等列入文集作为结束等等。现在摘录如下。一九三五年在杭州的官场巷的《冬余日记》内载：

　　　　十二月五日　早晨坐八点十五分车去上海。
　　　　十二月七日　晨七时起床，访家璧，访鲁迅，中午在傅东华处吃午饭……坐三点十五分火车回杭州。
　　　　十二月八日　午前写信数封……一致"良友"赵家璧。

　　一九三六年二月，郁达夫去福州，开始写《闽游日记》：

　　　　二月十二日　洗漱后，即整理书籍，预备把"良友"的那册《闲书》在月底之前编好。开始作复书，计……赵家璧氏各发快信一。
　　　　二月廿三日……良友的书一册及自传余稿，须迟至下月方能动手了。

三月廿一日　午前写信六封……赵家璧一……。

三月廿七日　接赵家璧信一封。

一九三六年四月，郁达夫在福州南台，写《浓春日记》：

四月一日　信写完后，计算计算在这半个月里要做的事情，却也不少，唯一的希望是当我没有把这些事情做了之先，少来些和我闲谈与赐访的人。人生草草五十年，一寸一寸的光阴，在会客闲谈里费去大半，真有点觉得心痛。现在为免遗忘之故，先把工作次序，及名目开在下面：《闲书》的编订(良友)……

接到"良友"来催书稿的信，此外，还附有新印行的周作人先生的散文集《苦竹杂记》一册。

四月十八日　明后两日内，当把《闲书》编好，预备亲自带去交"良友"也。今日为旧历廿七日，再过两日，春事将完，来闽及三月，成绩毫无，只得两卷日记耳，当附入《闲书》篇末，以记行踪。

四月二十日　晨五时即醒，便睡不着，心旌摇摇，似已上了归舟。

傍午出去还书籍，买行装；"良友"之书打算到船上去编。今天为旧历三月底，按例下月闰三月，尚属春末，但这卷日记，打算终结于此。

作者回到杭州后，把《闲书》整理完稿，四月末日，为此集写了一篇序文，释明书名的由来。他说："中国一向就把看书当作是消闲的动作，故而对于那些小说笔记之类的册籍,统叫作闲书,说它们的无关大体,得遣闲时",因此他拿来作为书名。但他又感到做些实际的事情,要比弄弄纸笔,说说空话有趣得多。他感到"被天强派作了闲人之后,他的寂寞与凄凉,也并不是可以借了一句两句的话来说出的"。附于《闲书》最后的《闽游日记》《浓春日记》所记录的官场生活,可以看出作者旅闽时期精神上的空虚与苦闷。此书五月初付排,五月三十日出书。

关于《闲书》,一九八五年上海《书林》第六期发表的一篇王稼句作《旧书新谈》中,第一节就以此书为题,兹摘录有关评介,可供参考:

> 三十八岁的郁达夫,飞鸿倦旅,游子思归,一九三三年四月迁居杭州……其后又遍游浙皖一带名山胜水,屐痕处处,游记叠出,后来又离杭赴闽,走马上任。……《闲书》就是这一期间郁达夫思想、生活的自我写录,反映了他当时的精神状态及写作风貌……
>
> 《闲书》中的篇什,大致可分为四类。其一是雅致闲适的议论性小品……其二是描景写情的美文……其三是关于作家作品的短论……其四是日记五种,它是郁达夫自己在杭州与福州的生活片断纪录,与一九二七年出版的《日记九种》相比,写得已不是那样地彻底、那样地率真,但仍不失为研究郁达夫思想生平的重要资料。
>
> 纵观《闲书》,不难发觉达夫作品的特殊风格。……该书一九三六年由上海良友图书公司初

版，系属"良友文学丛书"第二十六种，红布封面，装帧美观，用米色道林纸精印，且又天地宽阔，令人舒心悦目。一九八一年十二月，上海书店根据初版本重新排印出版，简装一编在手，不由得不怀念起当年"良友"的本子来。①

八

一九三六年秋，我有一个编辑出版小说年选的设想，把一九三六年间发表在全国各文艺刊物上的短篇小说，由良友图书公司聘请二十位著名的编辑和作家，根据自己的标准各推荐三篇最佳小说，合辑五六十篇，汇编成一厚册，书名《二十人所选短篇佳作集》，计划于翌年春出版，标上年份。第一卷出版时标上1937字样，此后将每年出版一册，售价特廉，纸面精装近千页，售价一元。不料这一计划，仅出了一卷，次年抗战爆发，一个美好的编辑理想，如一颗彗星在夜空中闪了一次红光，迅即没入漆黑的太空。幸而这最初的也是最后的这一卷，前年已由广东花城出版社重印了。

在这一卷小说年选中，寓居福州的郁达夫也是我约请的二十位推荐者之一。当时我要求他推荐发表在福建文艺报刊上的三篇最佳小说。结果他复信说，据他所看到的作品中，仅有一篇值得推荐，那就是刊载于一九三六年八月号福州《文座》上的，篇名《最后的管束》，作者用秀子为笔名（这次才查明他原名寇冰华，曾因报导福建省政府主席陈仪拟将三都澳出租给日本，被陈仪逮捕，时方出狱不久，任福州

---

① 王稼句：《旧书新谈》，《书林》，1985年第6期，上海人民出版社出版。

《小民报》副刊《新村》主编）。故事描绘在国民党反动派牢狱里，一个年青犯人因为"替人写状子取了两块代笔钱被同事们告发，被江防司令部判了一年四个月'渎职罪'"，因经不住牢狱生活的折磨，几个月后枉死狱中。小说最后加有附注："这篇题材是由一个朋友告给我的，他曾生活在长江某岸的一个小监狱里。"这本《短篇佳作集》里，另一篇写监狱生活的是著名作家陈白尘写的《小魏的江山》，是茅盾推荐的，成为陈白尘的成名之作，虽然他此后没有在小说方面发展，而成为国内有名的剧作家。郁达夫在福建当官期间，向我们独独推荐了这样一篇揭露国民党反动派残酷统治、民不聊生的小说，是含意深长的。

九

也是在一九三六年秋，继总结五四以来第一个十年创作文学收获的"中国新文学大系"之后，我决定另编一套总结五四以来翻译文学收获的"世界短篇小说大系"，仍由蔡元培作总序，请郭沫若、曹靖华、黎烈文、耿济之、巴金、鲁彦等分别担任十卷的编选翻译者，其中一部《北欧短篇小说集》请在福州的郁达夫担任，他同意了。那时他常在杭州福州间来往，他当时写给我两封有关此书的信，由于曾引用在一九五七年我写给《人民日报》的文章中，今天还能替我作历史的见证。第一封信是一九三七年三月二十六日从福州发出的，信中说：

中文译本已出材料，请尽量供给，因此地无

> 书可买也。北欧国少,作家也不多,而经中文译出者,恐亦不易集成三十万字耳。并且我的参考书都在杭州,总想于五月或六月中回浙一次,将这些书送来,才能动手。

这封来信说明,他已在作各种准备,配合我们编好他承担的《北欧短篇小说集》。我接信后不久,就把挪威、丹麦、瑞典等北欧作家中已译成中文的资料,尽量寄往福州,也为他提供了这方面的原文本或英译本。他收到资料后,很快进行了初选工作,应补部分,将由他自己翻译。七月二十日,达夫又来信催问:

> 前两日匆匆去沪杭一转,将关于北欧藏书,全部带来福州,过沪时,因时迫未曾晤面。……因久不见广告刊出,疑此举已作罢论,究竟你们预约卖了多少?出书定有把握否?尚祈示知。国事如此,心绪极恶,不多书矣。

因他远在福州,我没有及时去信,通报这套"世界短篇小说大系"的进展情况;实际上到七月底时,已有傅东华编选的英国集,戴望舒编选的南欧集,郑伯奇编选的日本集发排;宣传广告都已作好准备,七月号《良友画报》封底广告已刊出,说明八月二十五日开始出书,发售预约。不料八月十三日日本帝国主义军队在闸北挑起战争,这个已逐渐成熟的又一个庞大编辑出版计划,从此化为泡影,而郁达夫在七月二十日信中所担心的事,竟被他不幸而言中。郁达夫为北欧集所费的心血,尽付东流。此后,战云密布,上海沦为孤岛,达夫还在闽南逗留一时,我们从此不再有见面的机会。

一九三九年初,郁达夫已远去南洋,在新加坡《星洲日报》工作,筹办《星洲日报》的《星洲文艺半月刊》。三月三日,他写信给在上海主编《文汇报·世纪风》的柯灵,托他向上海文友征稿,信中说:

> 闲话不再说,先讲一讲我这一次将编印的文艺半月刊,大致三月底边这杂志一定可以出来。内容虽系纯文艺的,但轻松的稿子,亦想登载。上海各方面的稿件,请你和赵家璧兄及平万兄等帮一点忙,类似一稿两投者勿录。

当时我仍在上海良友复兴图书公司继续主持编辑工作。所以柯灵复他信中告诉他说:"'良友'复业了,编辑方面也还由赵家璧主持。"①达夫远在海外,还念及我这个老友,信可感念。

十

一九四五年春,良友复兴图书公司历经艰辛,自沪迁桂,湘桂战争爆发后,又撤退至重庆,假英年大楼办公。除重印沪版文艺书外,也出版新书,如茅盾的《时间的纪录》,就是编入"良友文学丛书"的新作品。那时,日寇投降指日可待,我正在为胜利返沪后,如何重整旗鼓,继续出版大型成套文艺书进行设计和组稿。除续编"中国新文学大系"第三辑抗战八年部分的八卷本

---

① 柯灵作《长相思》,第27页,上海文艺版。

以外,已获得老舍同意,将由良友出版《老舍全集》二十卷,他还把新作《四世同堂》三部曲中已完成部分先交"良友"出版。我在三十年代早有编辑《志摩全集》的计划,结果功败垂成。当时我就想在这方面,多出几套著名作家的全集本。我还清楚记得在重庆时期,曾有出版《郁达夫全集》的计划,此后因"良友"迁沪后停业,并未实现。经过情况,因时隔多年,印象模糊,撰写此文前,我向达夫亲属郁飞和郁风通信了解,要求共同回忆,以便符合史实。感谢他们的协助,使我想起了当时我们共同商议订约的经过。

这个主意是出在抗战胜利,达夫在海外失踪的噩耗传到重庆以后。当时郁达夫侄女郁风已与作家黄苗子结婚;黄苗子是广东人,我们早在三十年代上海"良友"时期相熟的,他经常为《良友画报》写稿,以后参加梁得所创办的大众出版公司主编文艺刊物;郁风是我在一九三九年在香港初次见面的。他们当时在重庆枇杷山盖了一所简易小平房,距苏联大使馆不远。我就是去郁风家,最初谈起"良友"迁回上海后,准备出版一套完整的《郁达夫全集》。我谈到达夫生前,在一九二七年三十岁时,就用《达夫全集》第一卷之名在上海出版了《寒灰集》,以后出了七卷;现在我们要为他编印的是一部真正的全集本。在北京的郁风最近复信中说:"达夫遇难是在一九四五年九月十七日,我记不清是怎样得到他殉难消息的,总之,苗子也说在重庆就知道这个消息了。我回想我们是在知道了消息并且已经胜利了,大家纷纷准备回沪了的时候,才谈起编印《达夫全集》的,即当在四五年冬。"在杭州工作的达夫长子郁飞来信说:"风姐转来大函,要我帮助回忆订约出版父亲全集事,我虽然记得此事,但当时究竟只有十六岁(今年即满五十六了),只知道一些简况。当时,凤姐告诉我,你想在后方重印父亲著作,先把《寒灰集》列为第一卷要和我家属订约。当时在后方只我一人,于是签订了一份合同。"他们的来信,证明我最后想为郁达夫编辑出版《郁达夫全集》的设想是确有其事的,虽然终于是一个美好的梦想而已。值得高兴的是现在王自立、陈子善编辑的十二卷本《郁达夫文集》,已在一九八二年由花城出版社与香港三联在海内外同时出版了。

写完这十件事,我深感在我走上文学编辑道路的三十年代,郁达夫先生对我这个青年编辑,可以说是做到了尽心提挈,有求必应。我在那几年在文学编辑出版事业上略有建树,依靠的是许多位前辈作家的爱护支持,郁达夫也是我永远不会忘记的导师、良友。

十一

此文寄给《新文学史料》编辑部以后,《回忆郁达夫》一书的编者陈子善同志又向我提供了一份珍贵的资料,那是蔡元培先生家属后辈蔡建国同志最近发现的。根据他们二人推算的结果,信是一九二七年郁达夫写给蔡元培的,因为信中所说的小说集《迷羊》出版于一九二八年一月。全信内容如下:

孑民先生:

  前恳题字之"迷羊",想已挥就,当即前来拜领。刻又有志摩学生赵家璧先生托为介绍,欲乞先生

为伊所编书上，题一书名，若蒙俯允，则编者读者皆受赐无量。屡渎清神，迟日来面谢。肃此敬请

冬安

后学郁达夫顿首上
(一九二七年)十一月十四日

这份意外获得的资料，又引起我的苦苦回忆和多方查核，想到一九二八年，我在上海良友图书公司曾编过一本十六开本铜版纸印精装画册名《全国大学图鉴》。拟请教育界前辈，前北京大学校长蔡元培先生为该书题写书名，那一年八月号的《良友画报》上初次刊登了郁达夫的小说《祈愿》，大约是我通过画报主编梁得所找到了郁达夫，转托他代恳蔡元培。所以这封信的发现，把我和郁达夫最早相识的时间提前了四年，不是像前文中所说的一九三二年，而是一九二七年。十件事也应当增加一件。而且那时我尚未从大学毕业，正式参加工作，所以达夫的介绍信中还称我是徐志摩的学生。

从此看到郁达夫先生当年对我这个青年编辑的帮助扶植，是多么值得感谢啊！史料珍贵，不忍舍弃，作此附记，殿于文末。

1984年8月27日初稿
1988年5月　　修订

回忆徐志摩与陆小曼

只活了三十六岁的诗人徐志摩,于一九三一年十一月十九日因飞机失事,不幸罹难,至今已整整半个世纪了。去年在包头举行的现代文学研究会上,多数人认为对徐志摩的作品,应实事求是地进行评价。这关系到一大批作家,关系到整个现代文学史的编写工作。今年,四川人民出版社出版了《徐志摩诗集》;研究徐志摩作品的专论,已在各地文学期刊上纷纷发表;大学中文系,有专门研究生在搜集资料,准备论文。所有这些,都说明对于一个曾经产生过影响的诗人、作家,历史总会作出正确的评价的。

我在大学读书时听过他的课,和他有过交往。我在良友图书公司任文艺编辑时,不但在他的夫人陆小曼支持下,出版过他的三种遗作,还在一九三五年与陆小曼合编过《志摩全集》,虽因种种原因未能出版,但八册清样,至今仍由北京图书馆妥善保存。值此诗人逝世五十周年纪念之际,缅怀往事,得无感慨?

一、志摩在光华大学

一九二七年初冬,徐志摩在新创办的光华大学教英国文学;我还在附中读书,主编校刊《晨曦》,常常写些有关外国文学的读书札记,引起了这位大学教授的注意。有一天,出乎意料之外地他把我叫去谈话。见到这位年轻教授,我一下子被他迷住了。我不停地向他发问,想从他那里得到些入门秘诀,免得我自己去暗中摸索。他看出我的意图,便认真地对我说:"文学不比数学,需要循序渐进。文学的园地等于一个蜘蛛网,你如有爱好文学的素养,你一天拉到了一根丝,只要耐心地往上抽,你就会有一天把整个蜘蛛网拉成一条线。我自己念书,从没有一定的步骤。找到一本好书,这本书就会告诉你别的许多好书。"他的这种读书方法,在他的《济慈的夜莺歌》一文中也说到过,他说:"我的文学知识是无师传授的。"

第二年我进大学,徐志摩开的课我能选的都选读了。他毫无教授的架子,充满着蓬勃的生气,活泼的思想,渊博的知识,广泛的兴趣。他上课时有说,有笑,有表情,有动作;时而用硖石腔的普通话,更多的用流畅而美丽的英语。他的教学法不同一般,没有指定的课本,不是按部就班地教,而是选他自己最欣赏而具有代表性的作品,无论是诗、散文或小说都一样。一边讲课文,一边就海阔天空,上下古今地发挥他自己的思想,我们这批青年人就好像跟了他去遨游天上人间,从而启发我们去闯入文学艺术的广阔园地。他给我们朗诵济慈的《云雀歌》;亲自带领我们去参观汪亚尘在法国临摹的美术展览会;鼓励我们去听工部局交响乐团的古典音乐演奏会。他曾对我说:"要真正欣赏西洋文学,你就得对西洋绘画和古典音乐具有相当心灵上的训练,这是一条大道的两个旁支。你们研究文学,决不应放弃这两位文学的姊妹——绘画与音乐,前者是空间的艺术,后者是时间的艺术,同样是触动性灵而发的。"紧接着就介绍我读J. A. 西蒙斯的有关散文集。听志摩先生的课,一堂下来总是一大批参考书,有的让我们去图书馆借,有的叫我们自己去书店买。

一九三〇年春,我们索性把课堂搬到校园里一座古墓前席地听讲。志摩先生身靠那棵古槐树,我们分坐在两旁树荫下的石条上,头顶上满天绿叶,小鸟儿在啁啾地唱歌,他给我们念W. H. 赫德生的《绿色大厦》和《鸟与人》。他讲泰戈尔怎样爱赫德生的作品,最后感慨万分地对我们说:"你们假如能去泰戈尔创办的那所国际大学住上一星期,你才会感到宇宙万物的可爱。我们要回到自然界去,这世界实在太脏了,什么地方都是丑的!"诗人不满现状的情绪,讲课时经常吐露。这种要求回归自然,逃避现实的思想,对我们青年产生一定的影响。

那时我半工半读,在"良友"编个学生刊物,志摩先生总批评我过早地参加社会工作;他鼓励我多读些书,去牛津或剑桥再求深造。我当时有我自己的想法。到一九三〇年冬,大规模的学潮在光华爆发了。他是非分明,大义凛然,被推选为七人校务执行委员之一。后来因此辞职去北大。

志摩离开光华,一九三一年去北京大学执教,借住胡适家中。离沪前,他把前两年在暨南大学所作讲演稿《秋》给我,列入我所编的"一角丛书"中。这本书,在他遇难后一星期,加上我写的悼念文章,赶印出版作为纪念。这篇演讲辞的最后,像五年前在《落叶》中的结束处一样,向青年听众发出了Everlasting Yea! 的呼喊。我曾问过志摩先生为什么用这个英文词作结尾,他对我说:"这是英国哲学家托马斯·卡莱尔的话,我借用它来鼓励中国青年应当采取积极的、肯定的和向上的态度,我想望着一个伟大的革命,但是出现没有呢?没有!虽然我在《秋》的结束处,对青年的希望还是没有变,对未来的希望也没有变!"他虽具有爱国救国的一片赤诚,但他向往的还是英美式的德谟克拉西精神。

二、诗人的最后一年

徐志摩那年独自离沪去北平,表面原因是光华学潮,事实上还有他私人生活上的不得已的苦衷。

徐志摩和陆小曼的恋爱过程,可以称得起是一部充满着"爱·自由和美"的浪漫史,但当理想成为现实以后,诗人的幻想很快破灭,最后成了一幕悲剧。最后几年,陆小曼因体弱久病,染上了阿芙蓉癖,加上生活懒散,不理家政,弄得经常入不敷出。诗人在这样的家庭中过日子,痛苦已极。为了解脱这个缠住他身心的绳索,乘光华闹学潮之机,决心离开上海。他要把自己从这个泥潭里拔出来,同时还要挽救小曼。现在读到志摩于一九三一年三月间从北平接连写给小曼的三封从未发表过的信,就可看出当时诗人已下了如何大的决心。

"至于我这次走,我不早说了又说,本是一件无可奈何事。我实在害怕我自己真陷入各种痼疾,那岂不是太不成话,因而毅然北来。"(一九三一年三月三日)

"即如近两年,亦复苟安贪懒,一无朝气。

此次北行,重行认真做事,颇觉吃力。但果能在此三月间扭回习惯,起劲做人,亦未为过晚。所盼者,彼此忍受此分居之苦,至少应有相当成绩,庶几乎彼此可以告慰。此后日子藉此光明,亦快心事也。"(一九三一年三月十日)

"但上海的环境我实在不能再受,再窝下去,我一定毁;我毁,于别人也无好处,于你,更无光辉,因此忍痛离开,母病妻弱,我岂无心,所望你能明白,能帮我自救,同时你亦从此振拔。"(一九三一年三月十九日)

当时他正住在胡适寓所楼上的一间客房。每月拿到两所大学的薪水,留下三十元钱外,全部汇沪供小曼家用。胡适和徐志摩友情极深。志摩和小曼婚姻得以如愿以偿,胡适从中出了大力。这些经过,后来陆小曼曾给我详细谈过。但前二年,我从一位朋友那里知道,正当志摩住在胡家时,胡适夫妇曾劝说志摩和小曼离婚。徐志摩爱小曼之情极深,虽在这一关键时刻,亦未为所动。徐志摩对这位朋友说:"你知道她原是因我而离婚的,我这么一来,她岂不毁了?所以不管大家意见如何,我不能因为只顾自己而丢了她……"这件事,陆小曼生前并不知道。小曼同我几次谈起志摩与胡适的关系,志摩对胡适热衷仕途颇不以为然。我最近看到两封信,可以证实小曼的话。

最近《胡适往来书信集》出版,其中有一封志摩给胡适的信,是一九二七年所写。信中说:"但你我虽兄弟们的交好,襟怀性情地位的不同处,正大着。……事业世界我已决心谢绝，我唯一的希望是能得到一种生活状态，可以容我集中我有限的力量在文字上做一点工作。……我又是绝意于名利的，所要的，只是'草青人远，一流冷涧'。"另一封未发表的给郭子雄的信，离遇难前十八天，就在胡寓发出的！信中说："适之热心国家大事，而教员已三月不得经费，人心涣然，前途黯淡。"此信发出于一九三一年十一月一日。

志摩既不接受与小曼离婚的建议，又不忍让小曼久留沪滨。北方教员欠薪，南方的小曼又日夜沉眠于云雾之中，诗人内心的悲痛，可从最后一次离平返沪前的一封未发表家书，看出那种绝望前的哀鸣：

"今天是九月十九日，你二十八年前出世的日子。我不在家中，不能与你对饮一杯蜜酒，为你庆祝安康。这几日秋风凄冷，秋月光明，更使游子思念家庭。……虽然光阴易逝，但我们恩爱的夫妇，是否有此分离的必要？眉，你到哪天才肯听从我的主张？我一人在此，处处觉得不合式，你不肯来，我又为责任所羁，这真是难死人也。"（一九三一年十月二十九日）

志摩十一月十三日回到上海，他苦苦哀求小曼跟他一起去北平，开始新的生活，小曼既不能戒绝恶癖，也就无法离开上海（租界不禁烟）。十八日离沪，留南京一宿，十九日拿了免费票坐上装运邮件的小飞机，在济南附近党家庄忽遇漫天大雾，机触山顶着火。胡适曾说："只有这样一个意想不到的，猛烈的，充满诗意的死才配我们的志摩。"

徐志摩的死是中国文坛的一大损失。茅盾在《论徐志摩》的结尾处说:"值得我们注意的,是徐志摩在《猛虎集》自序中又告白了他的'复活的机会',然而他不幸死了。我们没有看见'复活'后的他走了怎么的路,这一个谜,我们不能乱猜。"

三、《志摩全集》与胡适

志摩逝世后,我因出版《秋》,求小曼给我一幅诗人的遗像,开始和她接触。她提出她手中还有志摩的遗稿、书信和日记等,问我可否帮她整理出版,有无可能替志摩出部全集。我答应考虑。同时想起,小曼所写《哭志摩》的一副挂在志摩灵前的挽联中,下联说的就是这样一个心愿:"万千别恨向谁言,一身愁病,渺渺离魂,人间应不久,遗文编就答君心。"

一九三五年五月底,"中国新文学大系"的编辑工作已告完成,十卷书开始陆续付印,我第一次上北平去旅游组稿。同郑振铎、沈从文、冰心、陈梦家、周作人等见面,当我谈起编辑出版徐志摩全集计划时,都表赞同,特别是郑振铎支持最力。见我犹豫不决,振铎要我去请教茅盾。茅盾认为徐志摩在现代中国文学史上有他杰出的代表性。他估计今后会有许多人研究徐志摩,良友公司如能出版他的全集,很有意义。他特别讲到作家的日记和书信最为珍贵,这可给作品研究者提供不能从作品中得到的宝贵资料——作者的日常生活和一些内心世界;因此他鼓励我努力搜集这方面的遗稿,分别编集搞出第一部现代作家的全集。

不久,我和小曼把志摩已发表和未发表的著作,分别编成诗集一卷,散文集四卷,小说集一卷,戏剧集一卷。计划另编书信集二卷,日记集一卷,合成十卷。小曼和我分别向各自熟悉的志摩旧友发出征求志摩书信手迹的信,可惜反应不强,所得有限。郁达夫复我一信说:"志摩生前,和我通的信札不少,但在上海受了几次惊,亲友信稿,全部烧了。"小曼收集到志摩致刘海粟的十九通,致蒋慰堂(复璁)的九通,致郭有守的九通,致郭子雄的八通。正在顺利进行的十月间,《志摩全集》的出版计划,突然遭到了意外。

事情发生在胡适的身上。胡适曾为"中国新文学大系"编选《建设理论集》。他在十月中到上海,住四川路桥堍新建的新亚饭店,我在味雅酒楼设宴招待,请陆小曼等作陪。席间,小曼把"良友"将出《志摩全集》的一事向胡适谈了,并要求他为全集写序。胡适对此,似乎不感兴趣。吃饭后第四天,小曼来电话召我去商谈要事,原来胡适反对新月派诗人徐志摩的全集交由我这个青年编辑来负责搞;这样一部全集,交给专出鲁迅、茅盾等左翼作家作品的良友公司出版,胡适也不以为然。胡适已与王云五谈妥,要陆小曼把全部稿件送给商务印书馆,王云五已答应,可立即预支版税大洋一千元。我不甘认输,隔一天去旅馆找上胡适,向他评理,胡适笑嘻嘻地对我说:"现在事已成事,你也不必为此生气,我把自己的一部文稿给'良友'出,作为对你们的补偿吧!"我考虑到陆小曼已答应,而且从胡适口中知道,小曼已于前一天收下了一千大洋,争也已无济于事了。第二年八月,"良友"出版胡适散文集《南游杂忆》,当时胡适著作都交新月书店出,这是一个例外。

陆小曼也为了安慰我,把日记集从全集计划中抽出,将

《爱眉小札》交"良友"先出影印本，再连同她自己的日记和十一封志摩给她的信，用同一书名，收入我编的"良友文学丛书"中，一九三六年三月出版。小曼当时就告诉我，有几本志摩的和她自己的日记留在北平的凌叔华和林徽音处，应设法弄到，以便编入全集。最近从《胡适来往书信选》中，才看到凌叔华于一九三一年十二月十日给胡适的信，说志摩"曾把他的八宝箱（文字因缘箱）交我看管……"等事，证明有两本小曼写的日记，仍留在凌处。而十八天后，胡适又有信给凌叔华，要凌把留在她手中的两册志摩写的英文日记立即交出；据陈从周说，后由林徽音保管。从此二信中还可以看出，志摩死后一个月，胡适等早已有编印日记书信集的计划，还有朋友打算写传记，写小说等等。可惜后来都未实现。

一直到一九六九年，住在台湾的梁实秋和蒋复璁同编了六卷本《徐志摩全集》，由台北传记文学社出版，其中四卷都是根据三十年代上海版影印的，包括"良友"版的《秋》，《爱眉小札》和"晨光"版的《志摩日记》；并无单独的日记集和书信集，也未见新的日记和许多志摩老友的书信。梁实秋的《编辑经过》一文中说到一九五九年，"胡适之先生回到台湾，我赴南港看他，和他谈起徐志摩的一部分著作在台湾有人翻印……号称'全集'……情形实在不能令人满意"，因此梁向胡适建议，由胡适来主持，编印徐志摩全集。梁转述了胡适的话，"胡先生说：当初朋友们早有此意，只因志摩的遗稿，包括信札在内不是全在一个人手里，由于人事关系，调集起来不是一件容易的事，因循至今，搜求更加困难了"。台湾版全集所以没有日记和书信部分，梁文已交代得很清楚。这对研究诗人生平和作品的人，确是一大遗憾。

四、陆小曼的晚年

抗战胜利，我从重庆回到上海，从一九四六年起我在晨光出版公司主持编务。有一次去看望陆小曼，她含泪向我说，"《志摩全集》如果当年不发生那次变卦，可能早在抗战前出版了，我后悔也来不及了"。我劝慰她一番后，问她家里还有什么志摩的日记，遗稿之类否？她翻箱倒箧，四处搜寻的结果，发现两部篇幅不多的志摩日记：《西湖记》和《眉轩琐语》。我又建议她，把一部友人题诗题画，志摩亲笔题名为《一本没有颜色的书》的纪念册，包括泰戈尔、闻一多、杨杏佛、胡适、陈西滢、林风眠、俞平伯、章士钊等二十五幅珍贵手迹作插图制版编入，另加《爱眉小札》等，这就是一九四七年列入"晨光文学丛书"的《志摩日记》。

这部全集稿移交给商务印书馆后命运如何，小曼一九五七年写过一篇文章，过去没有发表。文中叙述了抗战爆发后，"商务"匆忙撤退，先到香港，再转重庆，当然不会印志摩的书。抗战结束，"商务"迁回上海，志摩老朋友朱经农当上总经理，小曼自己去哀求他设法把志摩文稿找回，赶快出书。由于总经理出马，终于把文稿从香港调回，小曼在遗文中说："这一下，我总算稍微得到一点安慰。"

中华人民共和国成立后，禁毒运动雷厉风行，浪费了小曼前半生的嗜好终于彻底戒除；在新社会的影响下，陆小曼才真正获得了新生。她本是一个非常聪明的女子，为人善良忠厚，气度不凡。幼年学过油画，志摩死后，拜贺天健为师，常作国画，以擅山水画驰名艺坛；通英、法两国文学，能翻译英文小说；文笔清秀，写得一手动人的散文；一九四七年，还为"晨光"出版赵清阁编现代中国女作家小说集《无题集》写过一个中篇小说。一九四九年后，她的精神面貌发生了很大变化，她努力翻译《泰戈尔小说集》，经常作画参加美术展览会。就在上海展出的一次国画展览馆里，当时担任上海市长的陈毅，眯着眼睛一面观赏画，一面带点惊诧的神情，自言自语着："这画很好嘛！她的丈夫是不是徐志摩？徐志摩是我的老友！"由于陈毅的关怀照顾，五十年代中期陆小曼参加了国画院与美术家协会；从一九五六年起任上海文史馆馆员，一九五九年起任上海市人民政府参事室参事，一直到一九六五年四月三日病逝于华东医院，活了六十三岁，享受到了一个幸福的晚年。

一九五七年，张歆海夫人韩湘眉自美返沪探亲，她受在国外的老朋友们委托，去看望陆小曼。一见之下，韩湘眉看到她简直认不出来。小曼不但身体健康，人也发胖了，精神饱满，与过去判若二人。韩湘眉是那样出乎意外地高兴，便坦率地告诉她："海外朋友都把你说得还是一身是病，穷得日子也难过，而且还在过吞云吐雾的生活，因此，我这次一来看望你，二来准备给你以帮助。"说完这段话，两人都大笑起来。

一九五七年还有一件使小曼高兴的事，这要从一九五四年讲起。那年商务印书馆先是公私合营，以后改为国营。他们在整理处理存稿中，发现《志摩全集》在一九四九年前夕已排校完毕，打了纸型，共计八册。由于暂时无法出版，无条件地把全部清样纸型退回陆小曼，取消合同，预支版税不计。陆小曼接到通知，真是欣喜若狂。她在上述那篇文章中说："只要稿子还在，慢慢的一定会有出版的机会！"

一九六五年初，她已在华东医院卧病近半年，自知不起，就嘱咐她的侄女陆宗麟把《志摩全集》清样八册交陈从周保管。陈是志摩的表妹夫。一九四九年时，曾自费编印《徐志摩年谱》，现任同济大学中国古代建筑学教授，美国纽约展出的"明轩"就是他负责设计的。陈从周接受了这批珍贵遗物后，于一九六六年三月，捐献给了北京图书馆。

小曼病危期间，我曾去医院看望她。她流着热泪向我说了许多感谢新社会的话。她念念不忘的还是那部《志摩全集》的出版问题。我安慰她，志摩的书将来肯定要出，不但会分册地出，大量地印，而且全集本也不止出一部。我当时空洞的预言，现在不是在海峡两岸逐渐实现了吗？遗憾的是，一直为出版志摩的书以安慰地下的丈夫而奋斗了整个后半生的小曼，不能亲眼见到了。

五、出版合约

我早听到陆宗麟告诉我三十年代陆小曼和上海商务印书馆王云五签订的《志摩全集》合约一份，小曼死后，一直由她保管。最近她送我一阅，我把重要内容摘录如下。合约甲方是徐陆小曼，乙方是商务印书馆王云五。《全集》内容十卷，卷名与包含内容如下：

  1.诗集一(包括《志摩的诗》《翡冷翠的一夜》《猛虎集》)

  2.诗集二(包括《云游》和译诗及《罗米欧与朱立叶》)

  3.散文一(包括《落叶》《巴黎的鳞爪》《自

剖》)

　　4.散文二(包括《秋》，未收散文，泰戈尔演讲辞)

　　5.小说集(包括《轮盘》和哈代小说，《涡提孩》)

　　6.戏剧集(包括《卡昆岗》《死城》)

　　7.日记(包括日记两部，写给女友的日记)

　　8.书信集一，写给男友的。

　　9.书信集二，写给女友的。

　　10.附录(包括年表、墨迹、照片、各友悼文。)

从这个目录中可见当时对日记和书信部分估计得比较乐观，而至今也还是最薄弱的环节。台湾版既未见专卷，香港商务版虽列为第五卷，与当时的拟分出男友女友两卷的计划相差甚巨。

合约签订日期为民国二十四年(1935年)九月十四日，乙方付给甲方的预支稿费为大洋一千元整。

1983年7月初稿

1985年5月增订

与夏衍的一封通信

我所收藏三十年代几十位老作家如鲁迅、茅盾、老舍和郁达夫等七百多封亲笔书简,除鲁迅的五十封已交上海鲁迅纪念馆,幸得保存外,其余的早在"十年浩劫"后期下落不明。

作家书简是研究现代文学史最可靠最珍贵的资料。

一九八三年时,为写回忆史料,我曾有两事请教夏衍同志。收到夏衍同志的复信后,我一直把夏公托我寻找他的第一本戏剧译作之事放在心上,但连当时的广告也未见到。最近终于见到了,我顺便又想到了他那本回忆录给我的启发,遂写了封信给他。

家璧同志:手札奉悉,所问简复如下:

一、从1929年秋筹备组织"左联"时起,文化支部就在商务、开明、良友……建立了通信点,据我记忆商务有个党支部,开明、良友以及现代书局等都有一位或一位以上的党员,负责传递信息,潘汉年和冯雪峰和这些党员直接联系,再由他们向文委、"左联"传送书信文件。1931年深秋,汉年约我见面,就是通过这种关系,由当时在良友工作的一位年轻职员转告的。可惜,这些关系人当时都用"代号",我不知道他们的名字。

二、我的第一本译书菊池宽的《戏曲论》,的确是由我寄给田汉,托他介绍出版的,但那是1923年由日本寄出的,1924年(?)我暑假回国,向田汉问起此事,他已经完全忘记了,直到后来在四马路书铺看到此书,才知道是良友出版的,此书是小开本,黑色封面,书名《戏曲论》(按在日本,戏曲包括话剧)。1949年后,我曾找到过一本,出版年月记得是1924或1925年,已记不清楚了,现在连这本仅存的书,也在"文革"中被抄走了。但据友人说,北京图书馆仍有。

匆匆布复,并祝

健康

夏衍　1983.4.17

夏老:

先要感谢你1983年4月17日给我的答复。

前年10月在北京举行的开明书店60周年纪念会上,我有幸和你坐在同一张圆桌上,当时三联书店已把你的新著回忆录《懒寻旧梦录》送我一册。半个多世纪前的老友,能在北京开明纪念会上重逢,特别看到你已丢掉轮椅,眼病开刀后,视力已完全恢复。你还告诉我,此书是最近花了整整两年时间完成的,还准备再写一部。我为您能享受一个健康愉快的晚年,把你早年的奋斗史迹,通过回忆录方式,教育今天青年一代,心中感到无比的钦佩、崇敬,在此祝你健康长寿。

我要告诉你的是返沪细细拜读大作后,其中所写发生在1933年11月12日13日两天,国民党白色恐怖魔手先后袭击、捣毁你所工作的上海艺华影片公司和我所工作的良友图书公司的背景材料,使我第一次了解到我过去一无所知的党所领导的反文化"围剿"斗争的复杂内幕,从而使我想起"文革"后本单位退还我的两封国民党特务头子潘公展写给我的实际迫害并威胁"良友"的亲笔信还放在书柜里,拿出一看,才唤醒了几乎已遗忘的重重旧梦,因而写成了一篇题为《追怀"良友"创办人伍联德》的回忆史料,发表在刚刚出版的上海《出版史料》第六期上。

可称做历史画卷的旧版全份《良友画报》(1926—1946),上海书店最近已把它全部影印,精装成26卷。我已拿到他们赠送我的最先印出的第一、二两卷。就在第二卷内的第20期(1927.10)封二所刊新书目录上,明白无误地刊登着你的译作,书名《戏剧研究》,译者署的是你早年所用的笔名沈宰白,售价大洋四角。但出版期是1927年,过去你把年份记错了。这就证明你的第一本戏剧理论译作的确是"良友"出版的。

另外,在1937年的画报第131期上,发现有当时任第八路军上海办事处主任潘汉年所写3000字长文《对日抗战中的第八路军》,还附了一幅八路军之游击战区域图。当时"八一三"抗战在沪爆发,平时以发表图画为主的画报,忽然用四号字两版刊登党的领导同志的重要革命政论,连我都感到意外,此文经我送上海党史办同志过目,也说前所未见。你在1982年所写纪念潘汉年文章,去年6月27日《上海政协报》刊登杨度女儿回忆她父亲一文中也引用了。她说,潘汉年通过良友公司找你,见面后两人雇出租车去她家,她父亲在临别时,像对待老朋友一样送了一盒雪茄烟给潘汉年。潘汉年和"良友"有过这段历史关系,他的冤案现已澄清。他在抗战初期发表在《良友画报》上的这篇文章,可否说是新发现的一件革命文献呢?我附寄复印件一份给你,留作纪念。

  我今年也已进入八十高龄,余生有限,还要向您多多学习。昨天有朋友告诉我,你的《白头记者话当年》已由重庆出版社出版,我也将努力把《编辑忆旧》之类史料文章继续写下去。作为一个老编辑,这是为四化建设我唯一能作出的微薄贡献了。

  祝您

健康长寿

赵家璧 1987.3.18上海

写我故乡的一部长篇创作——罗洪

这几年，我国文艺创作的百花园里茁壮成长的一大批新一代中青年作家中，女作家占了不小的比例，这在现代文学史上是令人鼓舞的可喜现象。回忆"五四"时期到一九四九年前夕，在文艺创作上有所建树的女作家寥寥可数。据一九四七年晨光出版公司出版的《现代中国女作家小说专集——无题集》的编者赵清阁在序文中所说，她粗略估计，总数"不过三数十位，然尚有不少已辍笔者"。我根据她当年所列的名单仔细查核，在这一批今天可称为老一代的女作家中，半数已先后成了古人；少数在国外定居，如凌叔华、沉樱、谢冰莹、苏雪林。前两位，前几年曾回国探亲访友，又返回客乡去了；凌叔华还为《志摩全集》事和我通过几次信。国内健在而没有放下笔的，有冰心、丁玲、杨绛、草明、赵清阁、凤子等，还有就是我要谈到的罗洪了。至于陆晶清，住在上海，久已搁笔；北京的葛琴，"十年浩劫"期间，惨遭迫害致残，已无法恢复写作生活了。

罗洪的第一部长篇小说《春王正月》，是由朱雯介绍给我的。我们三个都是松江人，当时朱雯已与罗洪结婚，在松江执教；我已在上海良友图书公司当文艺编辑，每逢例假日，常回故乡探亲，经常和他们以及同时在松江中学执教的施蛰存、陆贞明等文友相聚，互通文坛情况。记得一九三六年春，巴金、靳以、黎烈文等，还曾应邀来松江，和我们同游九峰三泖，品尝了鲈鱼虾蟹。这些往事，早已淡如烟云了。但是这位女作家的处女作，确确实实是通过我这个青年编辑之手，第一次送到读者手中的。可惜出书后不到两个月，一九三七年的"八一三"抗战在沪爆发，印好的第一版书，未及向外地全部分发，地处战区的良友公司的厂房仓库，尽陷日寇炮火线下。现在此书在读者手中留存极少，无怪许多读者都不知道这部长篇，连研究罗洪作品的人也很少谈起这本处女作。我的私人藏书，历经变乱，散失殆尽。唯独这本封面设计朴素大方，用红黄黑三色套印的《春王正月》，迄今还在我的书柜中。最近重读一遍，颇有所感。

当时我已编了几套文学丛书，也出了许多种单行本。其中女作家的文艺创作为数不少。如丁玲的《母亲》，谢冰莹的《一个女兵的自传》，都是写作者的童年生活和早期经历的。草明的《绝地》通过一位工人家属反映罢工斗争。葛琴的《总退却》，以揭露国民党军队内部腐败为题材；她的另一部中篇《窑场》，则描绘江南窑场工人的悲惨生活。凌叔华的《小哥儿俩》和冰心的作品一样是写儿童的，其中也有作者追忆儿时的写意画在内，这是一般女作家最熟悉最爱写的题材。但当我第一次读完罗洪这部近二十万言的长篇手稿时，我简直不相信她和上述几位女作家会那样的不同；她不写自己，不写儿童妇女，不写家庭琐事，更不写工人、农民和士兵；她用这样的大手笔，以艺术形象，集中而生动地描绘了一幅三十年代初期，发生在上海附近一个古老城市的旧中国错综复杂的社会生活画卷。我知道作者是一位学生出身，在教学之余才开始踏上文艺创作道路的青年女作家。她对小说中描写的当时上层社会里有产者们吃喝玩乐、尔虞我诈的商人生活并不十分熟悉，却能利用从各方面搜集到的第二手材料，写成这样一部深深吸引住我这个编辑的第一部长篇创作。我立刻去信朱雯，同意为罗洪出一个单行本。时间已过了半个世纪，全国人民已在社会主义的幸福生活中度过了三十五个春秋，作者、朱雯和我都已成了古稀老人了。我们现在都住在上海这个大都市里，仍然都在文艺战线上当一个老兵；而罗洪的一生，已获得了十多部文艺创作的丰硕成果，成为我国有数的老一代女作家之一了。掩卷之余，还是不胜钦佩她当年这股勇气和毅力。

《春王正月》所写小说的故事背景，正是哺育作者和我成长的故乡——松江；故事发生时期，是三十年代的初期。那时，我的老家还没有遭到日寇的轰炸破坏，沿公路坐长途汽车来往松沪之间，是我例假日的生活习惯，早已放弃搭乘沪杭火车了。这次我重新欣赏这部艺术作品之际，书中的悲欢离合，又勾起了我的一缕乡思。现在松江归属上海市，公路四通八达，汽车半小时可到，已逐渐成为一座工业化的卫星城市，我却有几年没有回乡去了。当时，在十里洋场的大上海与闭塞落后的松江城之间，一旦用汽车路连成一线，就像贯入了新鲜血液一样，松江的社会经济面目立刻发生剧变，人民的思想和生活也开始受到时代的激烈冲击。作者把投机商人建筑松沪汽车路作为贯穿全书的线索和背景，是掌握了时代特征的。

小说主角程之廉原来是靠剥削农民过活的乡镇大地主，因农村破产，盗匪丛生，迫使他迁到这个城市来开一家绸缎铺，走上民族资本主义的道路。当他见到上海投机市场更容易发财，便做起买空卖空的交易，遭到了破产的命运。小说作者就是抓住程之廉面临破产的岁尾年头（故事集中在一个月里发生，故取名《春王正月》），写他怎样作最后的挣扎，企图与另一位已一跃而成上海民族工业家的刘元琪互相勾结，合伙买进路边大量农田，开辟另一条汽车路谋求卷土重来；结果被南京政府一位官僚所玩弄，落了个一败涂地的下场。作者对刘元琪这个人物花了许多笔墨，特别是他那座造在汽车路上富丽堂皇的西式别墅。她在第一章一开始，就作了精雕细刻的描绘。这个刘元琪的原型正是我小学时代的同学。他靠经营建筑材料工业在上海开厂发财，回到故乡来投资汽车路建设，在城中心区汽车路边盖起一座红砖洋瓦的三层高级住宅，在满城是白墙青砖黑瓦的古老旧城里，特别引人注目，经常有好奇心重的过路乡民，站在马路对面向铁门深处张望议论，满足了屋主那种衣锦荣归、光宗耀祖的虚荣心。这所红色洋楼，我当年也曾进去作过客。屋主不久因营业失败抑郁而死。今天游人去松江参观方塔公园，途中还能远远看到的松江县委招待所，便是作者笔下一开始就说到的那所大洋房。这部小说使我决定采纳出版，也不排斥在我心中燃起的一股乡土感情。

作者在小说后半部对因程之廉的绸缎铺破产而惨遭损害的一群形形色色小市民储蓄户的生动描绘，饱含着对受害者的无限同情，至今读来，还是感人心肺的。这样一部深刻反映社会现实的长篇创作，虽然不能和茅盾的《子夜》和周而复的《上海的早晨》相比，但在约五十年前，青年女作家罗洪能写出这样一部反映封建经济解体，民族资本主义抬头的小城故事，确是难能可贵的。现在"中国现代作家作品研究资料丛书"把罗洪列入,并与已故女作家罗淑并立,把研究她们二人的资料和文章,编为一册,由北京出版社出版。我作为《春王正月》的第一个读者和编辑者,写这篇文章,也是我的《编辑忆旧》之一。更希望大家把这本小说找来读读,尤其是现代文学研究者,研究一位作家的生平和著作,她的第一个长篇创作是应当作为重点资料的。

1983年9月1日

葛琴有话要说

鲁迅一生为青年作家的创作小说集亲自写序文的为数不多，三十年代，他曾为柔石、叶紫、田军（注：即萧军）与萧红等的创作小说集写过序或小引。用他伟大的名字，把无名的青年作者，引领给广大读者第一次见面，起了深情爱护、郑重推荐的作用。葛琴的《总退却》，也是鲁迅应作者要求于一九三三年年底替她写序的，但书迟迟未见问世，直到一九三六年春，才由鲁迅亲自介绍给良友图书公司。此书的出版前后，经历过一段曲折多难的过程。

一

一九三二年上海发生"一·二八"事变后，国民党反动政府采取不抵抗主义，和日寇签订所谓淞沪停战协定后，丁玲主编的《北斗》，在复刊后的第二卷第二期上，以首篇醒目地位，发表了一位从未被读者所知道的女作家的处女作，这就是葛琴创作的短篇《总退却》。小说揭露了中国军队正在乘胜追击敌军的紧要时刻，忽然奉命后撤。士兵们在长官的压制下，在伤兵医院的一片混乱中，群情愤慨，提出了反帝斗争的强烈要求。这是一篇跳动着时代脉搏，充满了人民呼声的新人新作。冯雪峰用丹仁笔名在同期刊物上写了书评，认为作品虽不免还是"幼稚的"，但作者"对于群众生活和斗争的热情，对于急于要求文学去表现伟大题材的浓厚兴趣"，将对今后的新文艺运动产生深远的影响。

当时葛琴正在上海做地下交通工作，在敌人的鼻息下，完成着党所交下的各项艰巨任务。在她身边的恰恰有几位爱好文学的朋友，在同志们的鼓励下，她第一次捡起了文学这个武器，同时在两条战线上进行斗争。继《北斗》后，她又在《现代》杂志上发表了几个短篇。但灾难和贫穷突然把她击落到一个极端困难的环境里，她的孩子苏苏就在这时死去。她便只好离开上海到偏僻的农村去，写作兴趣完全丧失了。

一九三三年下半年，她从农村重来上海，继续写作。当时有一位至友，鼓励她编一个集子，他愿意负责出版。他们便鼓起勇气，由葛琴写信给鲁迅要求见见他，也有请鲁迅写序的想法。现查《鲁迅日记》，十二月十八日首次记有："得葛琴信，即复。"十九日日记有："午后复葛琴信。"可见在后一封信里，鲁迅把约见葛琴等人的时间地点通知她了。

是十二月的一个严寒的下午，作者由几位朋友陪同去北四川路底内山书店谒见鲁迅。走入店堂里边时，鲁迅已从一只日本式火钵旁边的藤椅上站起来，热情地招呼他们。为了谈话方便，随即一起走出店门，跨过马路，进入对面的"公啡"咖啡馆。葛琴把来意说明后，鲁迅就从她手里拿起一束原稿，粗粗地翻了一翻，告诉她说，内中有几篇早已看过了。葛琴便大胆地恳求鲁迅为这个集子写篇序，鲁迅立刻答应了。作者回忆当年的思想活动时说:"一路上我怀着满腔的惊恐和惶惑,以为把这样幼稚的作品去请教一位当代文豪评阅,也许会遭遇轻视和拒绝吧,但事情完全出我预想。"那天,他们在咖啡馆里谈了足足两个小时。作者说:"我完全不感觉有什么拘束的必要,他很起劲的说着文学上的各种问题,和不断地给与我热烈的鼓励(我们可以想起,那时上海的出版界是在怎样一个沉闷状态中)。……当我从咖啡馆里出来的时候,除了满意以外,更惊愕中国现在还有这样一个年轻的老人。"①

  这次会见,日记中并无记载,但二十五日日记有:"夜作《总退却》序一篇。"据葛琴回忆,"过了一个星期,序文就写好了,当我第二次去见他时,他很关切的询问我的生活状况,又对于我的私人事件上作了一次难忘的帮助",葛琴当时生活极端艰险困难。这一天是十二月二十八日,《日记》上有这样一条记载:"午后收大阪朝日新闻社稿费百,即假与葛琴。"原来鲁迅应日本报刊之约,写了一篇《上海杂感》,该社致赠稿酬一百元。鲁迅就在拿给葛琴序文稿的同时,把当天才收到的这笔稿费全部假与葛琴了。通过这两件事,看到鲁迅不但在文学事业上给革命文学青年以关怀鼓励,对生活上困难者又给予慷慨的协助。鲁迅当年仅靠笔耕为生,收入并不宽裕,一篇杂文的发表费千字一般不过四五元,许多文集不能公开发行。国外报刊的高稿酬是非常例外的。而像上述这种助人为乐、感人至深的事例,岂止对葛琴一人而已。

  鲁迅的序文字数不多,但在结尾处对这本集子予以很高的评价。序文最后说:

---

① 见葛琴:《总退却》后记。

这一本集子就是这一时代的产品，显示着分明的蜕化，人物并非英雄，风光也不旖旎，然而将中国的眼睛点出来了。

这篇序文写成后，鲁迅于一九三四年四月间编入《南腔北调集》，初版用同文书店名义秘密发行。但《总退却》一书，一直未得出版的机会，因而使许多人认为这本书根本没有出版过。1949年后，人民文学出版社于一九五七年编印十卷本《鲁迅全集》时，也在此文注释里说："《总退却》，葛琴的小说集，这部小说集在当时并未出版过，鲁迅为该书所写的序，在收入本集以前未曾发表过。"后一点所说是事实；但这本小说集确是在一九三七年由良友图书公司作为单行本出版了，离序文写成时，足足隔了三个年头。

二

该书的出版过程，根据我今天的回忆大约是这样的。一九三六年春，靳以参加"良友"，负责编辑《文季月刊》（由巴金、靳以合编），他的办公桌就放在我的一起。我们两人合用三楼西北一间十多平方米的小房，两张写字台，一张长沙发，还有书橱、公文柜等。那时他正忙于组稿，并不按时来办公。四月四日鲁迅来"良友"，坐在长沙发上选看苏联版画那天，[①]靳以没有在屋。鲁迅问我另一张书桌是谁坐的，我就告诉了他，也谈起即将于六月创刊的《文季月刊》。选画休息时，我又告诉他，由于张天翼的建议，我们准备出一套专为"左联"青年

---

① 参阅本书《编选〈苏联版画集〉》，第106页。

作家编印的《中篇创作新集》。就这样，谈起几位组稿对象时，我提到了葛琴。鲁迅听到这个名字时，像忽然记起一件早已淡忘了的往事般，冥思了一会儿，就抬头对我说："我记得葛琴有一部小说集，至今未得出版，你们是否可加以考虑？"隔了一阵，又轻轻地像自语般地补充了一句："我还曾替她写过一篇序文呢！"我当时完全不知道有这回事，《南腔北调集》难得买到，其中有这样一篇序，我毫无印象。鲁迅过去通过书信，曾向良友公司介绍过几种文稿，今天口头推荐，我当然表示欢迎，并说容我考虑后再同作者联系。

第二天靳以来上班，我告诉他这件事，他鼓励我争取出版这个集子，并且告诉我葛琴住在杭州，在那里当小学校长。我在靳以催促下很快和她取得了联系。这段时间里，她也给靳以写了短篇《一天》，发表在九月号《文季月刊》上；又为我们的《中篇创作新集》写了一个中篇《窑场》。我记得为了出版方面的许多具体问题，她特地从杭州赶到上海；来编辑部和我谈话时，朴素的服装，诚恳的态度，给我留下深刻的印象。她提出要用几篇新作代替旧的。她对过去的旧作自己感到不满，留下的仅《总退却》和《罗警长》两篇。当时我和她都感到，作如此大的变动是否要再送鲁迅先生看看呢？考虑到鲁迅当时已在重病之中，感到不宜再把这些小事去打扰他老人家。葛琴最后说："那只好出版后再送他看了。"作者那种急于要看到自己被延搁了近三年的作品能和读者早日见面的迫切心情，我是完全能理解的。谁知原稿还在编辑加工过程中，十月十九日，鲁迅先生就与我们永别了。作者在后记中留下了她当时无限悲痛的泪痕。她说："经过许多波折，这个小小的集子，总算有机会出世了，可是正要付排的时候，却突然接着这样一个惊心动魄的消息，说为这个本子作序的鲁迅先生死了。……我原打算出书以后,到上海去看看鲁迅先生,请他对后来加入的几篇批评一下,但是谁料到呢,我这样吝缘,他终于不得看到这个集子和他的序言的付印便溘然长逝了。"

从《日记》看,葛琴和鲁迅分别后,一九三四年,她曾写过四封信,寄过一篇小说稿给鲁迅,鲁迅复她二次。一九三五年至一九三六年,没有通信往来,只在每年夏秋之交,葛琴曾两次从杭州寄赠土产茶叶给鲁迅,借此表达她的崇敬和感激之情;最后一次,离他逝世不过两个多月。

三

《总退却》终于在一九三七年三月出版。但是这本多灾多难的小说集,问世不久,又遭遇到"八一三"抗日战争的浩劫,"良友"地处战区,存书损失浩大。事后良友图书公司曾把书籍损失情况分别通知有关作者。葛琴在另一本书中有一段感想说:"可是当这集子(指《总退却》)出世不久,抗战开始了。事后得书店通知,才知十分之七的存书,如数给敌人的炮弹毁灭了。"她讲到听到这个消息时,似乎也不觉得怎么心痛。因为"我们在敌人炮弹下牺牲的东西太多了,这区区几本书实在算不得什么。但从此,对于在身边那仅有的孤零零的一本,不免格外爱惜起来。每次辗转奔波,不远千里地叫它跟着自己跑路,总算一直到现在,没有遭到什么意外。"①

一九四二年岁尾,我从上海绕道到达桂林,准备把"良友"重新建立起来。那时,从四面八方来的文艺界人士,群集在这

---

① 葛琴:《犯》后记,1947年2月,上海耕耘出版社版。

个号称"山水甲天下"的桂林,在上海孤岛时就听说它是大后方的文化城,一见果然名不虚传。三十年代我在上海所熟悉的很多作家朋友都在那里。

当时葛琴在《力报》主编文艺副刊,邵荃麟在领导桂林最大的一个出版事业——文化供应社,并主办《文化杂志》。我到桂林后不久就去拜访他们。他们住在一幢小楼上,简单朴素的战时家庭陈设,到处散乱着书籍报刊。葛琴热情地招待我坐在一张竹制的沙发上,高兴地说我是一位远方来客,要我好好谈谈上海孤岛见闻。他们听我说到"良友"已在上海遭日寇查封,这次将在桂林复业,便表示十分欢迎,愿意尽力协助。葛琴还问起《总退却》的命运,她希望能在桂林重印一版,我答应了。后来"良友"在桂林复业,用土纸重印了张天翼、耿济之等的沪版书,但当《总退却》准备列入重排计划时,敌人占领衡阳,进逼桂林,我们大家都先后逃往重庆去了。

此后,直到中华人民共和国成立后在北京举行第一次全国文代大会时,匆匆见了一面。粉碎"四人帮"后,才知邵荃麟已于一九七一年被残酷迫害去世;葛琴在隔离审查期间,身患重病,未得及时医疗,因而至今尚未复元。但不知她的健康情况究竟如何?

四

当我准备重写这篇回忆史料时,对葛琴在《总退却》后记中下列一段话不易理解。一九三三年底,鲁迅把序文交她后,接着她说:"不久那位帮助我出版的至友,突然遭到不幸的事故,于是出书的希望又断绝了。那时——一九三四年,正是出版界最黑暗的时期,要靠写作维持生活,几乎是不可能,于是我又被掷回到农村去。"这究竟是怎么一回事？这位至友是谁呢？遇到什么不幸事故，因而使这本书迟出了三年呢？

我开始认为这只要写信去北京，问问葛琴，三言两语即可解释清楚。信去后久无回音。有位朋友告诉我，葛琴患的是和张天翼同样的病。我去冬在京看望过张天翼同志，离开他家后，心中说不出地难过，我希望她可能会比天翼好一些，他们两人是三十年代的好朋友，都是受"四人帮"迫害致残的。一九八〇年七月二十九日，她女儿邵小琴同志复信来了，说：

> 您好，一个月前的来信，现在才复，实在抱歉。因为从六月二日之后，我母亲便到哈尔滨去治病，现才回京。
>
> 你信中提到有关《总退却》的几个问题，我母亲已记不起来了。她只能肯定确是一九三四年曾交给过一个朋友，打算出版，但这个人的名字她想不起来了。一九三六年重编后是通过您还是章靳以交给鲁迅先生，她说不清了。实在遗憾，她失去了表达能力，她听到您要写这篇文章，频频点头，只是有话说不出，万恶的"四人帮"夺去了她的声音。失去表达能力对一个作家来说是最大的痛苦。有多少封类似你这封来信一样，她都无能为力。香港一位记者写了一篇文章，标题就是《葛琴有话要说！》。
>
> 望您有机会来京时到家来玩。
>
> 葛琴之女邵小琴
一九八〇年七月二十七日

我读完信，思潮起伏，感慨万千：三十年代亲来"良友"与我第一次联系稿件时年轻淳朴的葛琴形象，四十年代在桂林盛情接待我的种种往事，一幕幕浮现在我的眼前，而我却没能如她所愿般在内地为《总退却》重印一版，遗憾至今。想到这样一位在白色恐怖笼罩着的旧上海，出生入死地为党工作，同时写出了许多篇被鲁迅称为"点出了中国眼睛"的好作品，仍然坚强地活了过来的女作家，竟在"十年浩劫"中，身心遭到如此惨无人道的摧残，怎么会使我相信是事实呢？无怪香港有位记者写了一篇访问记，标题是《葛琴有话要说！》，这是多么沉痛的控诉啊！

于是我只有设法去请教与葛琴早年熟悉的其他老作家了。我想到了吴组缃同志，组缃于一九八〇年十月十七日复信说：

> 惠书到手被延误，又因病和事多天不在家，致迟迟奉复，抱歉！
>
> 承问关于葛琴《总退却》出版前事，我都说不出什么来。我是一九三四年七月才离开清华到南京中央研究院工作，经郑西谛先生介绍认识了在南京的张天翼。张天翼不喜住上海，住在南京他姊姊家里从事写作。我在一九三六年夏，经天翼介绍到宜兴丁山葛琴家去玩，那时，邵荃麟、以群、刘白羽、蒋牧良、朱凡等许多人都由沪到丁山，打算在那里长住；我在此始得与他们相熟，取得联系。但因当时宜兴县党部办的官方报上头版头条刊登"大批左翼作家云集丁山"的消息，故相聚一周即行散去。以后只在书信上有很亲密的往来。葛琴还交我看过

她的中篇《窑》的稿子,讨论一些有关写作的问题。我也为地下党员的活动提供过一点方便,为营救狱中党员托冯玉祥帮了一些忙。本来许多信札都留存着,也许可以查到点什么线索,无奈这些现在经过"浩劫"都已无存了。说了半天,丝毫不能回答您的问题,实深恨恨,为之奈何!

吴组缃
一九八〇年十月十七日

组缃又告诉小琴,当时叶以群在上海出版界工作,与葛琴很接近,这位至友可能指的是他。小琴回家再仔细问她妈妈,经过葛琴一阵苦苦的回想,才连连点头,表示至友就是叶以群。

那么,叶以群把《总退却》交给哪个出版社,以后又遭到什么不幸呢?这个问题,楼适夷同志帮助我解决了。他告诉我,他自己是一九三三年九月被捕的,"我被捕后,天马书店是由以群联系左翼关系的,他那时有关系的,当为天马书店"。至于叶以群所遭遇的不幸事件,老诗人任钧同志为我提供了他的亲身经历。他告诉我:"以群同志是在一九三四年夏天被捕的,大约是七八月间。当时我们同被关在南市伪公安局里。他是给一个叛徒出卖的。"任钧同志说,适夷和以群相继被捕后,天马书店的编辑工作由尹庚负责。尹庚同志远在内蒙巴盟文联工作,他热情地答复了我的问题。他说:"我是一九三五年应天马书店店主韩振业之约,主编'天马丛书'。"当时尹庚也刚从监狱出来,店主和他讲明,所有以前约稿,概不处理,以求安全。早由以群介绍给天马书店的葛琴小说集,当然不在考虑之列了。而以群同志早在一九六六年八月,在"四人帮"迫害下也不幸在沪逝世了。

最近上海书店已将本书重印出版,这是一件功德无量的事!

五

此文写成于一九八〇年十一月,后刊于《中国现代文学研究丛刊》八一年第三期。文中摘引鲁迅一九三三年十二月二十八日《日记》所载:"午后收大阪朝日新闻社稿费百,即假与葛琴"一节的史实,我于一九八一年去青岛参加鲁迅研究会时,经薛绥之同志介绍认识了吕家乡同志,我写信去问他,关于这一百元赠款的真相,因为有人告诉我,鲁迅此举,并非资助葛琴作家用,而是交给在狱中的华岗同志的,吕家乡知道此事。吕家乡复信这样说:

> 一九五一年暑假,我偶然地遇见山东省淄博地区一位姓王的负责同志。他听说我是山东大学的学生,就和我谈起当时的山大校长华岗来。他说,在白色恐怖年代,他同华岗一同蹲过监狱。有一次华岗在狱中写了一篇文章,辗转寄给了鲁迅,不久就收到四十块银元作为"稿费",其实那稿子并没有发表,也不可能发表。狱中的同志们体会到鲁迅先生对革命者的关怀,深受感动和鼓舞。……这件事给我留下了很深的印象。不料,一九五五年,华岗同志蒙冤下狱,鲁迅和华岗的这段佳话也就不再成为话题了。
>
> 一九八〇年春,党中央批准为华岗平反昭雪,

可惜他已在一九七二年含冤去世。我在一篇纪念短文里提到此事。有的同志觉得这个材料有必要进一步落实,于是托包子衍同志协助,查找了有关资料,并访问了病中的葛琴同志(当时她和华岗是夫妻关系),了解到如下的情况:

一九三二年冬,党中央任命华岗为中共满洲特委书记,在由上海乘船往东北赴任途中,在青岛被捕。但他并未暴露共产党员身份,作为政治嫌疑犯,被关在山东省监狱。一九三三年秋,葛琴在沪接到华岗一信(由葛琴兄弟转交),信上说:"经商途经青岛,得病住院。"葛琴即向党组织汇报。党组织多方设法营救。后来葛琴曾抱着一个孩子,由母亲陪同去济南探监。就是在这一时期,这一情况下,鲁迅先生给了葛琴一百块银元,资助营救华岗的费用。

这就是一九三三年十二月二十八日鲁迅日记中那句话的来历。所以鲁迅说:"假与葛琴。"葛琴回忆中说:"对于我的私人事件上作了一次难忘的帮助。"

上述第一手资料,补叙在本文之末,也可见当时革命作家之间深厚的友谊。遗憾的是葛琴同志瘫痪在床,除以流泪和微笑表达自己的感情外,不能说话。此情此景,谁不为她叹惜!

1980 年 11 月初稿
1985 年 5 月增补

尼采译者徐梵澄正在研究佛学

一

在鲁迅写给我的四十九封书信中,有八封涉及梵澄(徐诗荃)译尼采著《尼采自传》的。当时,梵澄虽非"左联"成员,但鲁迅对这一位"脾气颇不平常"①的文学青年,从介绍出书到代校清样等,在来信的字里行间所表达的那种亲切的关怀,甚至有些宠爱和宽容的感情,有时还用诙谐的笔调戏称他为"此公"或"英雄"等,如果同鲁迅给黎烈文的几封信一起来看,确实是很少见的。许广平在回忆录中提到梵澄时,称"他天赋极高,旧学甚博,能作古诗、短评,能翻译,钦慕尼采,颇效其风度"。他当时是一位向上而纯洁的青年,所以深得鲁迅的赏识,认为是可造之材。许广平说,对梵澄"不惜辛勤设法,并非特有其私"②。我经鲁迅先生介绍认识他已是一九三五年,但鲁迅同他的友谊,早在一九二八年就建立了。

《鲁迅日记》中第一次出现徐诗荃的名字是一九二八年五

---

① 《鲁迅书信集》,第497页。
② 许广平:《欣慰的纪念》,第80—83页,人民文学出版社版,1951年。

月十六日。前一日记有"陈望道来，同往江湾实验中学讲演一小时，题曰《老而不死论》"。次日记有："晚得徐诗荃信。"据徐本人最近告诉友人说，他在听讲时作了记录，第二天把记录稿寄给了鲁迅，兴奋得一夜未得成眠。

一九二九年，鲁迅在上海主编《语丝》，在第四卷第三十二期上，发表了署名冯珧的《谈谈复旦大学》一文，大胆揭露了当时复旦大学内部的腐败现象。接着就有潘楚荃、章达生二人先后向《语丝》投寄信稿辩护，同时对编者进行人身攻击。逼得鲁迅站出来写了《我也来谈谈复旦大学附白》和《通信（复章达生）》两篇短文，除分别对潘、章二人严正驳斥外，对敢于揭露教育界黑暗现象的青年予以支持。这位复旦学生就是徐诗荃。《语丝》上的这次小小论争，本来不会有人记起它，但三十年代盘踞浙江省政府的CC派反动头目中，就有复旦毕业的许绍棣，他把持全省文教大权，与当时复旦大学校长关系密切。一九三〇年自由运动大同盟成立时，浙江国民党省党部下令"通缉堕落文人鲁迅"的罪恶勾当，就是许绍棣怀恨于《语丝》上的那篇文章而挟嫌诬告的。

一九二九年八月，徐诗荃去德国留学，为鲁迅搜购了许多德国文学书和名贵画册。一九三二年八月回国。那几年中，他与鲁迅通信频繁。

黎烈文主编《申报·自由谈》期间，鲁迅经常撰写短评，对国民党的反革命文化"围剿"进行揭露反击。徐诗荃那时也开始写短评，托由鲁迅转送黎烈文。鲁迅第一次附信说："有一友人，无派而不属于任何翼，能作短评，颇似尼采，今为绍介三则，倘能用，当能续作，但必仍由我转也。"① 此后陆续转去

---

① 《鲁迅书信集》，第483页。

了几篇,因为鲁迅在《自由谈》上的杂文,署了各种不同的化名,用以扰乱敌人的耳目,徐诗荃的短评也如此,因而有人就把他的文章误认为鲁迅之作。鲁迅对黎信上说:"其实,'此公'文体与我殊不同,思想亦不一致。"① 对徐的写作与生活,鲁迅曾在另一封给黎信中作过如下的分析和评介,他说:"看文章,虽若世故颇深,实则多从书本和推想而得,于实际上之各种困难,亲历者不多。对于投稿之偶有删改,已曾加以解释,想不至有所误解也。"② 当时国民党的白色恐怖,笼罩着整个新闻出版界,《自由谈》编者为了使文章得和读者见面,偶有删改,事极平常,却还得由鲁迅向作者解释,可见徐诗荃对当时的现实生活和斗争颇多隔膜。鲁迅给黎信中还谈到,徐不许鲁迅以原稿径寄报馆,怕自己因此受累,而要别人为他抄录,鲁迅为此殊以为苦,但还是尽力设法为他做去。这种甘为孺子牛的宽大胸怀,愿意为文学青年鞠躬尽瘁的忘我行动,在他介绍梵澄给良友图书公司出版他的译作《尼采自传》的整个过程中,我体会更深。

二

一九三四年十一月下旬,郑伯奇伴我去内山书店会见鲁迅,请他担任"中国新文学大系"《小说二集》编选事,他答应了。就在那天谈话中,他向我们提出青年译者徐诗荃曾留学德国,不但精通德文,对中国旧文学也很有根底,手头有一部尼采著《尼采自传》译稿,征求可否由良友图书公司替他出版。鲁迅介绍出版的文稿,我们总是郑重考虑的。回去商量后,

①② 《鲁迅书信集》,第514页;第525页。

十一月二十八日，我和伯奇共同署名复信给他，要求他把译稿寄来（此事《日记》有记载）。十二月十二日，鲁迅寄稿来时，附了一封长信给我，信中说：

> 那一本《尼采自传》今送上。约计字数，不到六万，用中等大的本子，四号字印起来，也不过二百面左右。
> 假如要印的话，则——
> 一、译者以为书中紧要字句，每字间当距离较远，但此在欧文则可，施之汉文，是不好看的(也不清楚，难以醒目)。所以我给他改为旁加黑点。但如用黑体字或宋体字，似亦佳。
> 二、圈点不如改在字旁，因为四号字而标点各占一格，即令人看去觉得散漫。
> 三、前面可以插一作者像，此像我有，可以借照。
> 四、译者说是愿意自己校对，不过我觉得不大妥，因为他不明白印刷情形，有些意见是未必能照办的。所以不如由我校对，比较的便当。但如先生愿意结识天下各种古怪之英雄，那我也可以由他自己出马。

从这第一封信里，就可看出鲁迅在介绍出书前，已把原稿看了一遍。由于译者不熟悉编辑出版方面的惯例，鲁迅已代替我们想出了一个用字旁加黑点的方法来表示着重的词句，而且已在原稿上这样做了。当时我们正有两套丛书在编印："良友文学丛书"，三十六开软布面精装，仅收创作；而五十开的"良友文库"袖珍本,也是布面精装,内容范围较广,文艺理论、翻译作品都收。两套丛书都用老五号字排。该稿经审阅后,决定采用,准备编入"良友文库"。我便去信征求鲁迅和译者的意见。十二月二十五日,收到鲁迅复信:

> 《尼采自传》,良友公司可以接受,好极。但我看最好是能够给他独立出版,因为此公颇有点尼采气,不喜欢混入任何"丛"中,销路多少,倒在所不问。但如良友公司一定要归入丛书,则我当于见面时与之商洽,不过回信迟早不定。

据许广平回忆,译者"行踪甚秘,住处也无人知道。时或一来寓所,但有事时,我们总是没有法子去找寻的"。一九三五年一月十五日我又去信催问,鲁迅于第二天复信说:

> 《尼采自传》的事,看见译者时,当问一声,但答复是迟的,因为我不知道他的住址,非等他来找不可。

直到一月二十日,日记上载有"晚诗荃来"。次日,鲁迅的回音来了,说:

> 《尼采自传》的译者,昨天已经看见过,他说,他的译本是可以放在丛书里面的。

这样,出版问题终于解决了,我们便按老五号字,标点占一格排,着重词句旁加黑点,列为"良友文库"第四种。译者署名梵澄。

　　一个多月后,清样出来了。按例由编辑部送给作者、译者自校。但这位译者没有给我们留下地址,一切都由鲁迅转,清样也只能寄给他。三月六日我去信催问,九日收到鲁迅的答复:

　　　　六日信收到。梵澄的来,很不一定,所以那《尼采自传》,至今还搁在我寓里。我本来可以代他校一下,但这几天绝无功夫,须得十五以后才可以有一点余暇。假如在这之前,他终于没有来,那末,当代校一遍送上,只得请印刷所略等一下。但即使他今天就来,我相信也不会比我从十五以后校起来更快。

　　这最后一句"但"书,说明鲁迅担心清样如果给译者自校,也未必能符合编辑部的要求,因而造成麻烦,延迟出版,所以表示即使译者立刻来到,也不如由他自己代校更为迅速。其实,鲁迅在第一封来信中所提的第四点,就看出从一开始,他就自动提出过"不如由我校对,比较的便当"了。这种处处为出版者着想,于百忙中甘愿为这位文学青年当校对的事,是感人至深的。

　　正如鲁迅所料,他一直没有找到这位译者。三月十二日的《日记》记有"晚得徐诗荃信,即复",那肯定是告诉他看清样的事,但译者仍未出现。三月十五日,也就是鲁迅在前信中所说这"以后才有余暇"的日子,但鲁迅早在这一天以前,把二百页清样全部校完了。就在这天晚上,来信说:

　　　　《尼采自传》的翻译者至今未来,又失去通信地址，只得为之代校，顷已校毕，将原稿及排印稿各一份，一并奉还。

又书一本，内有尼采像(系铜刻版)，可用于自传上，照出后该书希即掷还。

原来鲁迅书库中，自藏有尼采原著，供借插图事，以前曾在信中说起了的。译者于二十二日才去鲁迅家，《日记》记有："诗荃来，不见，留字而去。"五月上旬书出版，我要求鲁迅通知译者来"良友"领取样书，并办理出版手续。九日得鲁迅复信说：

《尼采自传》译者，久无消息，只得听其自来。

此后我记得徐诗荃来了良友公司编辑部，我和他见了一面。我们于五月十日送了两本样书给鲁迅，译者于六月一日也送了一本去，那天《日记》记有"下午诗荃来，不见，留《尼采自传》一本而去"。鲁迅为之辛勤劳动，付出不少宝贵时间和精力的《尼采自传》终于和中国读者见面了，这可以说是在中国出版的第一本从德文移译的尼采原著译本。

就在此书出版后三个月光景，鲁迅又主动热情地把徐诗荃介绍给当时主编"世界文库"的郑振铎，推荐他翻译的尼采另一部更重要的巨著《苏鲁支如是说》（编者注：今译《查拉图斯特拉如是说》）。《鲁迅书信集》中虽仅收一封鲁迅给徐诗荃的信，而内容恰恰与翻译尼采著作事有关。信是八月十七日写的。其中说：

前几天遇见郑振铎先生，他说"世界文库"愿登《苏鲁支如是说》,兄如有意投稿,请直接与之接洽。

可见鲁迅见到郑振铎时,已当面把这部译稿介绍给他了。此后一个月里,《日记》中有几次提到诗荃与西谛。当时梵澄手中有不少尼采的译稿,所以十月份出版的"世界文库"第七卷,先发表《启示艺术家与文学者的灵魂》,第八卷继续发表《宗教生活》。从第九卷起到终刊的第十二卷,才陆续发表了尼采的《苏鲁支如是说》全文。郑振铎在刊登该稿的前言中,对译文予以很高的评价,说:"这部译文是梵澄先生从德文本译出的;他的译笔和尼采的作风是那样的相同,我们似不必再多加赞美。"梵澄所译尼采的这部代表作品,得以用完整面目第一次与中国广大读者相见,同样应归功于鲁迅先生!

三

鲁迅与尼采的关系,一直是鲁迅思想研究工作者所关心而不大敢接触的问题,除一九三九年洛蚀文(王元化)写过《鲁迅与尼采》专论刊于《文艺漫谈》外,最近数十年来,在宁左勿右思潮指导下,很少人去探索这个问题,所以好久没有见到过这方面的研究文章,人们似乎觉得把鲁迅与尼采联系起来便会贬低鲁迅。而另一方面,因为没有专家们正确地、科学地、历史地进行研究,写出有说服力的理论文章,有些文学青年便用好奇的目光,试图闯入这个"禁区"。记得"十年浩劫"的最后一二年,我经常接待许多来自各地的参加鲁迅著作注释工作的青年同志。他们根据鲁迅给我的书信,提出一连串要我答复的问题,往往包括鲁迅与尼采思想的关系问题,也提到鲁迅晚年为什么还如此热心地向良友公司介绍出版梵澄译的《尼采自传》这样的书,我实事求是地答复他们,我对哲学并无研究,无可奉告。但自己心中也存在着一个疑问,鲁迅对梵澄译的《尼采自传》一书所流露的喜爱之情是颇不平凡的;再加上鲁迅紧接着一手促进梵澄为"世界文库"译出了《苏鲁支如是说》这样一部名著,我们应当如何来理解这种思想感情呢?

鲁迅对尼采著作开始发生兴趣,远在一九〇二至一九〇三年在东京弘文学院学习德文时。周作人写到当时鲁迅学习情况时说:"在东京虽然德文书不很多,但德国古典名著却容易买到,价钱也很便宜,鲁迅只有一部海涅诗集……十九世纪的作品也没有什么。这里尼采可以说是一个例外,《察拉图斯忒拉如是说》一册多年保存在他书橱里,到了一九二〇年左右,他还把第一篇译出,发表在《新潮》杂志上面。"[①] 许寿裳的回忆录中也说到:"鲁迅在弘文学院时,已经购有不少日本文书籍藏在抽屉内。如拜仑的诗,尼采的传……等等。"[②] 说明从学生时代起,鲁迅就爱读尼采的书,也译过他的作品。在他早期作品中,颇多论及尼采和引用尼采的话,思想上受到过尼采的积极影响。刘半农曾赠鲁迅一幅联语:"托尼学说,魏晋文章",[③] 鲁迅也不加反对。瞿秋白曾说:"自然,鲁迅当时的思想基础,是尼采的'重个人非物质'的学说。"[④] 唐弢评鲁迅,说他是"由嵇康的愤世,

---

① 周遐寿(周作人):《鲁迅的故家》,第390页,上海出版公司,1952年。文中提到的书名,后来译成《苏鲁支如是说》。
② 许寿裳:《亡友鲁迅印象记》,第5页,人民文学出版社版,1953年。
③ 孙伏园:《鲁迅先生逝世五周年杂感二则》,见《鲁迅先生二三事》。
④ 瞿秋白编《鲁迅杂感选集》,序言,第6页,上海文艺出版社,1980年重印本。

尼采的超人配合进化论而至于阶级革命论"。①最近王瑶在论及现代文学史上中国作家受外国某一作家影响比较显著的举例中,也首先把鲁迅和尼采联在一起。②根据日本友人增田涉的亲身体会,认为鲁迅晚年和他谈话时,给他的印象是:"还没有完全摆脱掉李贺和尼采。这是那样地扎根于他本来的性情和气质上的。"③我个人的感受,从那天最初向我们介绍梵澄和尼采著作的谈话,直到《尼采自传》出书,我也认为鲁迅先生直到晚年,对尼采还是深有感情的。

那天谈话,我记得是从郭沫若译《苏鲁支如是说》只译了一半,他深感惋惜,因而向郑伯奇谈开的。鲁迅在一九三〇年曾说过:"中国曾经大谈达尔文,大谈尼采,到欧战时候则大骂了他们一通,但达尔文的著作的译本至今只有一种,尼采的则只有半部,学英、德文的学者及文豪都不暇顾及,或不屑顾及,拉倒了。"④这里所说译半部尼采的,就是郭沫若。郑伯奇接着就讲到当时《创造周报》中断发表郭译,是因为中国革命运动当时已有了大发展,译者认为继续译下去已无重大意义,所以停译了。鲁迅便认为像尼采这样的十九世纪重要思想家,把他的主要作品翻译出版还是有其必要的,不能仅从原作对我们今天的革命事业是否直接有利作抉择的标准。鲁迅那天对我们中国至今没有一本尼采译作出版表示遗憾。接着他就提到笔名梵澄的徐诗荃,已从德文译了几本尼采原著,苦于没有出版社肯接受,因为这类书销路有限,可能要亏本。当我们表示只

---

① 唐弢:《鲁迅的杂感》,载《鲁迅风》创刊号。
② 王瑶:《关于中国现代文学研究工作的随想》,载于《中国现代文学研究丛刊》,1980年第4期,第20页。
③ 增田涉:《鲁迅的印象》,第73页,北师大中文系译本,1976年。
④ 《鲁迅全集》,第4卷,第172页。

要有价值,亏本也可以出一些时,他就告诉我们,梵澄正在译 Thus Spake Zarathustra。鲁迅说,该书正式译名应当是《苏鲁支如是说》,苏鲁支是古波斯的哲人,唐朝人就把他译成苏鲁支。该书篇幅很大,给"良友"出不适宜。梵澄译好的另一部《尼采自传》,原书名《那么一个人》,改译此名,通俗易懂,仅六七万字,如果良友公司有意,可以介绍你们出。接着他为我们谈了这本书的内容,说书中分别讲尼采自己生平几部重要著作,如《悲剧之产生》《朝霞》和《苏鲁支如是说》等构思经过和成因;论述的书虽然至今都没有中译本,但先让我国读者从中了解尼采的生平和著作,也是一件有益的事。

现在回忆鲁迅这段话,如果同他对如何正确对待翻译出版外国文学作品的一贯主张相对照,就不难理解鲁迅晚年虽对尼采的态度已发生了根本的改变,就在我们约他写的"中国新文学大系"《小说二集》导论中,不但批判了尼采,也批判了深受尼采超人哲学影响的高长虹,但这和他就在同时鼓励梵澄翻译,劝说我们出版尼采著作,并无什么矛盾之处。因为鲁迅在《关于翻译(上)》一文中早已说过:"我是主张青年也可以看看'帝国主义者'的作品的,这就是古语所谓'知己知彼'。"

四

鲁迅生前爱护、培养梵澄的深情厚谊,许广平亲见亲闻。鲁迅逝世后,停放在万国殡仪馆的小房间中时,梵澄一清早就去那里吊唁,悲怆至极,泣不成声。当时他告诉许广平,鲁迅给他的信,可以集成厚厚的一本,希望将来能够印出来!许广平在一九三九年的一篇纪念文章中说:"现在,这位青年的友人,也不知走到哪里去了。他保存着的书信，不知有没有损失在烽火之中，我们祝祷他的前途！并希望他善体先生通信中的拳拳至意。"

四十多年过去了，许广平也已不在了，我一直没有听到过关于梵澄的消息，也没有看到梵澄写的一篇文章，这么一大批书信是否还保存着呢？如果梵澄还健在，应当和我一样，是一位白发苍苍、年逾古稀的老人了。当我们大家准备纪念鲁迅一百周年诞辰的日子里，我拟了这个题目，准备写篇回忆史料。为了打听梵澄的下落，去信试问北京人民文学出版社鲁编室的一位同志。完全出乎我的意料之外，欣悉徐诗荃先生一直旅居国外，一九七九年已自印度回国，现在改名徐梵澄，正在北京中国社会科学院世界宗教研究所工作。故友从海外倦游归来，真是喜出望外。我写信去向他问候，并请教他谈谈鲁迅当时是怎样鼓励他从事这方面的工作的，还希望他谈谈鲁迅晚年对尼采、对佛学的一些看法。不久，即答复我一封信，发信日期是一九八〇年十一月十一日。信中说：

> 前由某友致下尊问，尚未及奉答。昨又接挂号信。知道先生高龄退休，犹恳恳为当世及后世思想界辛劳，草回忆录等，敬佩之至。
>
> 流光如驶，一转眼又四十余年。鄙人对于往事，惟恍惟惚，若明若昧。实难记述精详。遭遇亦多不幸。如鲁迅先生书信及存上海之书，早已失于1949年之前，其中有尼采全集，遂无从追出。而敝友有版本较佳之尼采全集一部，并其他图书，代为保存于上海舍间，又并原有舍间之藏书，皆毁于

抗战中长沙之一火。承询及尼采诸事，浑浑如梦中事，不知所答。

目前又颇致力于他种学术研究，工作亦相当繁重，然拟于明年抽出一段时间，当对于往事细加寻思，鸠集参考书，再从事研究一番，稍稍着笔，"学报"之类，至今概未过目，姑且置于不论不议之列。此种种不得已之情，说出当蒙大雅鉴原。虽然，耆年硕望，想先生亦久阅沧桑，诸惟以时为国自珍，耑此敬复。

记得三十年代，我也未与梵澄先生直接通过信，因为有关《尼采自传》出版事宜，都由鲁迅先生一手代劳了。这是他写给我的第一封信。我向他介绍了发表于各种"学报"（当时"四人帮"粉碎不久，社会上各种"学报"流行，正式的文学研究刊物，极少出版）上的有关鲁迅回忆史料，我最早写这方面文章，也就发表在《山东师院学报》和《南开大学学报》上。我的目的是希望他也能写一篇有关鲁迅的回忆文章，他复言中谈到他正在从事某种学术研究工作，后来证明是有关佛学方面的翻译工作。

一九八二年八月，我收到他寄赠的英文打字稿《肇论》，副题用英文写的 Three Theses of Seng-Chao，即《僧肇① 的三论》，厚一百五十页，右页是中文，左页是英文，书前有英

---

① 僧肇(384—414)，东晋僧人，据《高僧传》卷六载，为京兆(今西安)人。鸠摩罗什弟子之一。原崇信老庄，及读《维摩诘经》，倍加欣赏，因而出家，以擅长般若学著称。鸠摩罗什译出《三论》后，肇与道融、僧睿、僧导、昙影等常常讲习，被称为"解空第一"。

文序一篇。我不懂佛教,据研究者告诉我,这本原书反映了南北朝中国佛教思想的历史特点。僧肇的思想体系标志着佛教传入中国以后理论发展的新阶段。此书在北大教授汤用彤先生指导下,德国人 W. Liebental 教授一九四〇年在北京时,曾将其译出,由北京辅仁大学出版,徐梵澄的这个译本是一九八一年二月完成的新译本。

一九八四年二月,徐梵澄先生又赠我新著《五十奥义书》,一千一百余页精装的皇皇大作,该书是印度古代精神哲学典籍之一大部,它在印度哲学史和宗教史上占有重要地位。该书十六世纪后期开始由梵文译成波斯文。此后又陆续被译成拉丁、法、英、德、日、印地、孟加拉等文。在我国,随着佛经的翻译,《奥义书》的一些哲学和宗教观点也被介绍过来,但原书始终未被系统地译成汉文。徐梵澄此书的出版,将有助于我国学术界对印度文化的了解。

梵澄在该书卷首译者序中有一段话谈到他自己。他说:"梵澄中年去国,皓首还乡,值景运之方新,睹百花之齐放。念凡此所存旧稿,庸或不无可观,爰付缮写,遂施剞劂,献诸明哲,所希教正。"这两部译稿,一汉译英,二印译汉,想必仅是他在国外三十年辛勤劳作的一部分而已,今后定将有其他著作问世。梵澄钻研佛学,我记得也开始于三十年代。诚如他在《星花旧影》中所说:"佛法终于传到中国来了,起初与道家相合,其次相离,各自成为宗教,便势不两立。义理是彼此皆具,亦皆湛深,其在民间起信,由于见神见鬼,即古之巫术,两教没有什么不同。我起初说我看《大乘起信论》,鲁迅先生说不如看《百法明门论》,因为《大乘起信论》究竟是一部伪书。其次研究诸教之斗争,先生说当先看《弘明集》和《广弘明集》。

可说我于佛学的一知半解,最初是由先生启蒙的。"①

直到去年八月十七日,他才写成了国内所有鲁迅研究者寄厚望于他的《对鲁迅先生的一些回忆》文章,文共十二节,取名《星花旧影》,发表于《鲁迅研究资料》第十一期,他特别签名送我一册,并把文中误植之处一一亲笔纠正,极为认真。文中谈到在德国时期,曾代鲁迅购办德国版画原作和版画画册为数甚多,当时收到过鲁迅来信约四五十封,"不幸在抗战时期连我的藏书一概丧失了……有些信中的话,格言似的,当时揣摩很久,至今还可记得"。文中所录鲁迅信中数十字或近百字的话,就是靠作者坚强的记忆力纪录下来的。

文中所记有关鲁迅与尼采的一段话,是鲁迅研究者所希望得到的第一手资料,摘录如下,读者也可与前文对照阅读。

> 其次,关于尼采,也当在这里说明一下:
> 《苏鲁支语录》是尼采的一部名著,另译是《察拉斯屈拉图如是说》,先生说,"苏鲁支是唐时的译名",我未尝十分注意。某日问我:"你为什么不翻译苏鲁支呢?"我说郭沫若先生已有译本,先生说不全,要全部译出。我问可在哪里出版呢?先生说可介绍给郑振铎出版。那么,只好遵命了。
> 这事不难,我有一部《尼采全集》,抽出来照译就是。
> 如是,一卷一卷的《苏鲁支语录》译稿交给了郑振铎,随后在世界书局出版,收在"世界文库"应当说在生活书店出版,摘者按)内。当时的反应是

---

① 徐梵澄:《星花旧影》,见《鲁迅研究资料》第11期,第169页。

在《晨报》上(《晨报》是潘公展办的,摘者按)出现了《东方朔如是说》,皆嘲笑之辞。提出一滑稽人物旁敲侧击来取笑,因为没有力量在思想上正面攻击,只得由他去了。

………

为什么在西洋许多名家中,先生甚推许尼采?想来是在工作的性质上,有些方面相同。尼采是诗人,思想家,热烈的改革者。文章朴茂,虽多是写短章而大气磅礴,富于阳刚之美,诗虽好而视为余事。然深邃的哲学,出之以诗的语言,是欧洲近古所罕有的,稍可比美的,只有以前的契克迦德,然仍较逊。其余皆专重思想之质,表以自有的一系统哲学语言,往往难于普及。这些方面,皆与先生不异。譬之黄金则皆是精金,只有量之不同而已。

无可否认,在先生接受马列主义以前,受尼采影响颇大。这可远推至以文言文写《文化偏至论》的时期。在一九〇七年——即如《野草》,其中如《过客》《影的告别》两篇,便甚与《苏鲁支语录》的作风相似。这很难说是偶然的巧合,或故意模仿;竟不妨假定是对于尼采的作品或原文或日文译本,时加玩味,欣赏,而自己的思绪触发,提笔一写,便成了那形式了。《野草》可说是一部散文的诗,先生的得意之作,这只合用文学上的术语说,是受了尼采的"灵感"。①

尼采译者的这一段话,对鲁迅研究工作者是颇有参考价值的。我四年前对梵澄提出的疑问也算得到着落了。

五

我在我写的《编辑生涯忆鲁迅》一书中,有一个问题存疑:那就是一九三三年三月初,我去信要求鲁迅在即将出版的《一天的工作》包封上,另外换一幅译者画像。《竖琴》上的画像是马国亮画的。鲁迅于三月十日复我信中说:"小说封面包纸上的画像,只要用《竖琴》上用过的一幅就好,以省新制的麻烦。"经我再三请求,他答应另外给我一幅木刻半身像。刻的是中年时代的鲁迅,两眼炯炯有神,突出中式长袍衣领上的两颗盘香纽,刀法粗犷有力,颇有特色。当年我也未问作者是谁,缩小制锌版后,用在《一天的工作》的包封上作广告用,这些包封纸,读者和图书馆早已把它丢弃了。这一木刻画的作者是谁呢?我提起此画后,引起木刻界同志的重视,认为此画艺术技巧虽非上乘,但这是为鲁迅用木刻造像的第一幅,是罕见之物,而且画的是中年时代的形象,具有历史价值。我遍问京沪版画界朋友,都说不出是谁的早期作品。后来才知道此画作者原来就是梵澄。他从一九二九年去德国留学,受鲁迅委托,在彼邦搜购大量德国版画原作,如珂勒惠支的版画,还买了大批画册,这是大家所知道的。但他还自己创作过木刻,而且鲁迅当年交我

---

① 徐梵澄:《星花旧影》,见《鲁迅研究资料》第11期,第171页。天津人民出版社,1983年1月。

的那幅半身像就出于梵澄之手，这是出于我的意外的。我又查阅《鲁迅日记》，他曾于一九三〇年八月至翌年十一月间，四次把自作版画九幅寄赠鲁迅。我便托上海鲁迅纪念馆同志查阅鲁迅生前收藏的原刻版画中是否还有梵澄从德国寄来的作品，居然又找到了一幅梵澄用徐琥笔名签署的铜刻德国风景画。我把两幅复制品寄给他鉴定时，他除表感谢外，又引起了他怀念鲁迅先生的感情。他说："我稍一凝思，心情仿佛又回到当年刻画的时候了……时代是过去了，不多不少，是半个世纪，然而一切事皆是……'古矣'！"他告诉我，他当年受鲁迅爱好版画的影响，在汉诺威大学读书时，就去旁听版画课，后转入另一所艺术专修科，从一位老年画师实习作版画，那幅鲁迅像就是当年的习作。我问他此后在版画方面是否还有所贡献。他说："毫无贡献。只有鲁迅先生的期望与我的计划在这方面的失败，此时也不必提了。"曾受到过鲁迅先生雨露滋润的后辈，当自己也进入暮年而回顾一生所走过的道路时，往往会愧对老师的教诲，梵澄的这种心情，我是与有同感的。

1985 年 7 月修订重写

李桦、野夫与《新中国版画集》

中国现代版画艺术是在鲁迅先生的倡导和培育下成长壮大的。他特别重视版画出版工作，因为只有通过它，最便于把革命艺术扩大影响，传之久远。三十年代初，他就自费印行《艺苑朝华》和《引玉集》；以后又与郑振铎（西谛）合印《北平笺谱》《十竹斋笺谱》；还为八位木刻青年斥资用手摇机、宣纸、线装，精印创作集《木刻纪程》。鲁迅把版画艺术看做一种力量，他怀着一颗对中国人民火热的心，要让艺术青年早日掌握这个武器，投身于人民革命事业，打倒黑暗，获取光明，其目的不仅是为了供少数人收藏或欣赏而已。就在这种崇高思想的感召下，我一直想望着将来要出版一本我国青年木刻家的选集。这一愿望终于在李桦、野夫等帮助鼓励下，在一九四九年底完成了，那就是《新中国版画集》。

一

在版画出版方面我和鲁迅的第一次接触是一幅鲁迅头像木刻画。一九三三年初，我编的"良友文学丛书"开始出版，一律软布面精装，外加套色彩印包封，上印作者像。其中有的印画像，如巴金的《雨》；有的用自画像，如张天翼的《一年》；有的用照片，如丁玲的《母亲》。鲁迅的第一种书《竖琴》，用了马国亮画的一幅线条画头像；当第二种《一天的工作》出版前，我要求鲁迅另给我一幅。他于一九三三年三月十日复信上说：

> 小说封面包纸上的画像只要用《竖琴》上用过的一幅就好，以省新制的麻烦。

由于我一再要求，他还是给了我一幅木刻头像。刻的是中年时代的鲁迅，两眼炯炯有神，画面突出一件中式长袍的衣领上两颗打结的纽扣，刀法粗犷有力，线条分明。技术虽非上乘，但有一定的特色。这些包书外封，图书馆所藏，都已丢弃，半个世纪来，读者也很少保留。我今天也仅从所藏两幅广告上看到。经许多位木刻界同志鉴核，刻者最近才知是徐梵澄。

此后见到鲁迅，他经常鼓励我利用良友公司自备印机，多出些有益的版画画册。这年十月间，为了配合当时有关连环图画的论争，我们翻印了麦绥莱勒作的四种木刻连环图画故事，其中《一个人的受难》由鲁迅作序。十月八日他看到样书时，热情洋溢地来信说：

> 这书的制版和印刷，以及装订，我以为均不坏，只有纸太硬是一个小缺点；还有两面印，因为能够淆乱观者的视线，但为定价之廉所限，也是没有法子的事。

鲁迅在此提出印制版画应注意之三点：一、纸不要太硬，二、不要两面印；三、要价廉。一九三六年秋，我们把这套书用白报纸印了普及版。当时鲁迅已在病中，看到样书后，九月九日给我的信上说：

> 普及本木刻，亦收到，随便看固可，倘中国木刻者，以此为范本，那是要上当的。

他所念念不忘的还是我国的木刻青年。对用纸一点，要无损于原作，过与不及，都是不足取的。

《苏联版画集》的内容选目、编排、制版、印刷，都是在鲁迅直接关怀下进行的。我至今记得一九三六年四月七日下午，鲁迅亲来我们编辑部选画时的闲谈中，我曾在他老人家面前，吐露过这样的心愿：像《苏联版画集》一样，其他国家的版画集，将来也可以出；我国自己的创作版画集，也可照这样的本子出。他微笑着，好像嘉许我居然有这种雄心壮志；并指出欧洲版画来源于中国，中国历代版画也是值得介绍的一个方面，他与郑振铎曾尝试过，那要花大本钱，不是轻而易举的事；至于我国从事木刻创作的青年，还在探索阶段，出版大型合集的事，只能待之来日了。这些谆谆教诲，无时不萦回在心。《苏联版画集》出版后三月，鲁迅便永远离开了我们。越年，抗日战争爆发，良友公司在敌军炮火中宣告了破产。

二

一九三九年良友公司改组复兴，我仍在那里负责编辑工作。那时，上海已成"孤岛"，烽火连天，狐鼠横行。但热爱祖国的文艺界朋友，还是在各自的岗位上，默默地做着力所能及的工作。

一九四〇年春，郑西谛约我到他家去，要把他自编自印的《中国版画史》交"良友"出版发行，计正文四卷，图录二十卷，分成六函，准备两年内分六次出齐。书因珂珞版条件所限，只印二百余部，售价每函五十元。我早知道振铎节衣缩食，花了二十年时间，苦心搜罗，摄影制玻璃版，已得一千数百幅，现在印刷已在积极进行，万事俱备了。他既信任我，委此重任，我也当仁不让，大胆地应诺了。当时振铎迫于环境，不能从事写作，借此机会，为国家民族留下这份美术方面的遗产，也是一个有心人的极可尊敬的壮举。

那天他对我详谈早在一九三四年与鲁迅合资自印《十竹斋笺谱》，以后又筹印陈老莲《博古叶子》，准备出版《图版丛刊》的旧事。他们曾在一九三五年五月，生活书店出版的《文学》上刊登过征订广告，那时已改名为"版画丛刊"，用鲁迅、西谛合编的名义。当时计划很大，鲁迅全力支持。一九三四年十二月写给西谛的信中，谈到《十竹斋笺谱》已印出，他要十部，接着说："底本如能借出，我想明年一年中，出老莲画集一部，更以全力完成《笺谱》，已有大勋劳于天下矣。"①在这以前另一封写给西谛的信中还说过："上海之青年美术学生中，亦有愿参考中国旧式木刻者，而苦于不知，知之，则又苦于难得。所以此后如图版刻成，似可于精印本外，别制一种廉价本……"②但鲁迅生前，仅见到《十竹斋笺谱》第一

---

① 《鲁迅书信集》，第672页。

① 《鲁迅书信集》，第487页。

册而已，现在振铎已把图录部分二十卷，包括《十竹斋笺谱》四卷彩色木刻套印全部独力完成，只文字部分尚未动笔，这是一件了不起的大事！振铎最后对我说："让我们一起合作来做好这件颇有历史意义的版画出版工作吧，也算是完成了鲁迅先生的一大遗愿。至于为木刻青年参考的廉价本，只好等待抗战胜利，条件许可时再说吧！"我们紧紧地握手，表示一言为定。

青年木刻家李桦的作品，四十年代初在上海复刊的《良友画报》上常有发表。一九四二年春，日寇侵入上海孤岛，"良友"因抗日有罪被日寇查封。我于是年秋经汉口、长沙绕道去桂林重整旧业，在长沙初次晤见仰慕已久的木刻家李桦，当时我们两人就谈到，将来抗战胜利后，要像《苏联版画集》那样出版一部我国自己的新木刻选集。但当时仅仅是两个青年人的梦想而已。

三

抗战胜利，我从重庆回沪。从一九四六年起，我在晨光出版公司主持编务。先请萧乾于一九四七年，仿《苏联版画集》的规模，编了一部《英国版画集》，收了著名英国版画一百零二幅，内彩色版画六幅。编者根据作品内容分为人物、风景与建筑、花卉、动物、飞禽、虫类等六大栏。当时，我还有续出法、德、日等国版画集，逐渐形成一套"世界版画大系"的想法，以后放弃了。但一九五一年曾出过一种《日本人民版画集》。

最近在《读书》上看到美术家王琦同志的一篇文章《从几本外国版画集想起的》，其中谈到一九三三年的一件往事：

> 当时重庆刚刚新开设了一所良友图书公司的分销店,在布置得十分精雅别致的橱窗里,陈列有麦绥莱勒的这四本连环木刻,我便毫不犹豫地用平时省下的零用钱把它买下来。……麦绥莱勒的四本连环木刻,使我发现了绘画艺术的新天地。……我当时已立志要从事绘画,并决心要为探索黑白艺术的奥秘而努力奋斗。……在战争年代,当我们四处奔波流动的时候,为了轻装,不能不忍痛扔下许多心爱的画册,只有珂勒惠支、麦绥莱勒的画集以及《引玉集》《苏联版画集》一直带在身边。

他又提到一件我已几乎淡忘的事,他说:

> 抗战胜利后的上海……原来良友图书公司的赵家璧先生到了晨光出版公司,继承了过去"良友"的传统,为介绍翻印外国版画作了不懈的努力。在他的策划下,首先约请萧乾先生编印了一本和《苏联版画集》同样版式的《英国版画集》。……赵家璧先生还有意约我编一本《法国版画集》,和苏联、英国的两本配套。

如果王琦同志不提起,我完全记不得了。这本画集没有编成,列入我理想中的"大系"中,因材料不足,编者另编了一册包括三十九幅作品的《法国木刻选集》,后由开明书店出版。①

---

① 见《读书》,1984年11月号。

一九四八年，中华全国木刻协会正在上海举行规模空前的"抗战八年木刻展览"。我在展览厅里徘徊鉴赏时，想起十二年前在上海举行苏联版画展，鲁迅来"良友"选画时，我曾在他面前吐露过的一个心愿。通过抗日战争的血与火的锻炼，这个土生土长的新兴木刻艺术，可以说已到了成熟的阶段，值得为它出一本我们自己的版画集了。当时我刚刚认识从内地来沪的木刻家野夫，通过他的介绍，约见了负责木刻协会的杨可扬、邵克萍、余白墅等。在他们的大力协助下，从一、二、三届全国木展五百余幅作品中，按"慎严、普遍"四个字的原则，在不影响集子水准的条件下，尽可能包括曾经参加展览的每一个作者的作品，共选印作品九十七幅，作者多达六十七人，内彩色木刻五幅。这本版画集的编排体例，印制装帧，都按《苏联版画集》规格，并于精装本外，另印普及本。约稿后三个月出书，书名《中国版画集》，书前有序言和《中国新兴木刻发展》史料长文，都出自杨可扬手笔，编辑装帧也由他负责。为了向国外发行，我们还出版了英文版特装本，请当时在美国讲学的著名作家老舍，在书前写了一篇英文序言，向国外读者进行宣传。这样一部凝结着中国青年木刻家心血的第一部版画集，如果按西方习惯，要在第一页上写上一句献辞的话，应当恭恭敬敬地大书这样一行字——敬献给伟大的鲁迅。

关于野夫，我和他有两件事值得一记。

一九四九年五月二十七日上海解放前夕，野夫匆匆忙忙地到晨光出版公司来找我，向我们募捐几令白报纸，并未说明用途。他为人踏实诚朴，平时从不有求于人，看到他情绪急迫，态度认真，我也不便追问，二话不说，立即交给他。中华人民共和国成立后，这事早已淡忘了。最近读到杨可扬写的《回忆野夫》一文，最末一段说："一九四七年下半年，野夫脱离印刷厂来到上海，集中精力从事木刻工作。……上海解放前夕，他接受了地下党组织的布置，组织部分木刻家秘密创作了一批迎接上海解放木刻传单等。"① 这使我联想起那一件往事，恍悟到野夫那时正为此事奔忙。为了求得证实，我去信请问了可扬同志，他复信说："上海一解放，美术界就成立了一个联合办公处，为了印刷迎接上海解放的木刻传单，曾弄到一些白报纸，但不知是从什么地方弄得的，你说野夫曾向'晨光'募捐过报纸，那可能就是用于此的。"我由此想到鲁迅当年曾说到过木刻的最大作用："当革命时，版画之用最广，虽极匆忙，顷刻能办。"② 这倒是最具体最生动的一个实例，更增加我对野夫的崇敬之情。

上海解放后半个月光景，约六月中旬的一个下午，野夫又来"晨光"看我，兴奋地告诉我一个喜讯，我已被选定作为华东区作家协会的代表，去参加即将于七月间在首都北京召开的第一届全国文学艺术工作者代表大会了。这是党和人民给我的第一次荣誉。野夫带给我的这个消息，使我更有决心和信心，要把自己的余生，贡献给党和人民的文化出版事业。

但这样一位始终追随于鲁迅先生之后的木刻青年——野夫同志，竟和其他冤死于"四人帮"毒手之下的许多文艺界同志一样，不幸于一九七三年被害身亡；言念及此，能不黯然泪下？

---

① 见《版画艺术》，1980年，第1期，上海人民美术出版社版。
② 《鲁迅全集》，第7卷，第577页。

四

  第一届全国文代大会从七月七日至十九日在首都北京举行，同时第一届全国艺术展览会展出美术作品五百八十三件，其中木刻版画占二百二十三件。我在李桦、野夫、可扬等木刻家的赞同和协助下，征得全国美协组织上的同意，由美协编选一部《新中国版画集》，交由"晨光"出版。画集共选画八十幅，内彩色版画七幅，分上下两卷。上卷是解放区作品，选古元、彦涵、石鲁等作品四十幅，下卷是国统区作品，入选者有李桦、杨可扬、野夫、黄永玉等四十幅。序文中说："印成这本集子，主要目的在于把它作为对此次全国文代大会中全国木刻工作大会师、与近几年来全国木刻创作大检阅的一个纪念碑……在这八十幅画面中，我们可以看到近几年来中国人民的解放事业如何辉煌蓬勃（上卷），与国民党统治区如何的民不聊生的景象（下卷），从这一点上看，那末，我们又可以把它当作中国人民革命斗争史的插图的一部分了。"

  这么多珍贵的原作如何运来上海，以及制版印刷的过程，我已记不起了。感谢李桦同志寄给我一封信提供了宝贵的资料。信中说：

    你好！读来信知继续写回忆录，这种为后代造福的精神，甚佩！

    提起一九四九年出版《新中国版画集》事，在我的记忆中已完全模糊不清了。这也许是由于我的记忆力衰退甚于吾兄，也许当时我未曾参与主编的事。现查残存的资料，抄录几则供参考，但不知是否有用？

一、查《中华全国文学艺术工作者代表大会纪念文集》，第一次文代大会是一九四九年七月七日在北平开幕，七月十九日闭幕的。同日全国文联正式成立，七月二十日至二十八日，各协会分别成立并举行文艺演出。而"艺术展览会"在北平则是七月十六日闭幕，至于哪一天开幕则未载明。何时移至上海，亦无记录。

二、找到一份全国文代大会举办的全国美术展览会在上海展出的目录(在北平展出时用"艺术展览会"名称，在上海展出时则改名为"全国美术展览会"，不知何故，我想当是同一展览会)。据《目录》记载，展览地点是大新公司三楼画廊，展出日期是九月一日至十五日。这份目录写明是"大众美术出版社和晨光出版公司印赠"。大概这次展览会是由这两单位主办的。展出各种美术作品五百八十三件，其中木刻及连环画占大多数，包括解放区与国统区的九十位木刻家的作品。

三、在上述《展出目录》的最后一页，印有晨光出版公司的广告，其中一则是《新中国版画集》的出版，征求预约的广告。

我原有《新中国版画集》在"文化大革命"时被抄走了，如你还有存书，愿割爱，惠赐一本，则幸甚。

李 桦

一九七九年十一月二十八日

信中所说大众美术出版社，就是郑野夫和陈烟桥两位木刻家在那里担任编辑的。当时我手头还有两册精装本《新中国版画集》，立即转赠一册给李桦。根据此信提供的线索，说明入选画集的展品，在全部展品运来上海准备在沪公开展览之前，就由我们送去制版。九月一日起，在上海南京路大新公司（即现在中百一店店址）三楼画廊展出，展览期半个月。会场上分送的展品目录单，由晨光出版公司等印赠，李桦同志还保存一份。上面刊有《新中国版画集》的出版广告，说明九月一日开幕那天，新书样本已在会场上陈列，并设有预订处，九月五日正式出版，出书后将派专差送给预订户。现在估计，如果从北京闭幕后立即装箱由火车运沪，马上送去拍照制版算起，那么，到印刷装订成册，送到读者手中，前后历时不过一个半月。回忆当时的那股干劲，既来自鲁迅生前的教导：要把版画出版工作做好；更大的推动力，还在于光明终于战胜了黑暗，三十年代梦寐以求的社会主义新中国终于盼来了，鲁迅先生领导木刻青年为之奋斗终身的梦想，现在已经成为事实了！大家因此都怀着一颗火热的心，把这件事看做对党无限爱戴、无限忠诚的第一次具体行动！

　　我自己虽不懂木刻，也不搞版画工作，但对版画出版工作至今怀有深厚的感情。当李桦同志收到我送给他我写的第一本回忆录《编辑生涯忆鲁迅》时，他在一九八二年一月二十日复我的信上说："你在'良友'和'晨光'期间，协助鲁迅先生传播新兴木刻版画的种子，这份功劳，在历史上已得到肯定了的。我们版画界对你表示敬意。"我认为这是对一位编辑工作者所给予的最高的评价和荣誉，当然有些溢美，但我把这几句美好的语言记在这里，说明编辑的工作是光荣的，如果你做了些有益于人民的事,人民不会忘记的。我将以此与中青年编辑共勉!

1985.4.26 修订补充

国际文化交流

关于"美国文学丛书"
——记费正清博士一封复信

我去年把近三年来所写回忆文章编成《编辑忆旧》由北京三联书店出版后，又发现还有不少新资料，值得补充。例如有关"美国文学丛书"一文①，美国哈佛大学教授费正清博士读到我寄给他的《读书》时，曾有一封长信复我。对这样一位在四十年代，曾为促进中美文化交流作出过贡献的国际友人，他写给我个人的信，是有公之于众的史料价值的。去年我国隆重庆祝三十五周年国庆，费正清博士的夫人费慰梅（Wilma Fair-bank），应邀特来北京参加庆典。她曾去老舍夫人胡絜青女士家，对老舍之死，她本人并代表费正清博士深表哀悼。絜青女士告诉我，她还回忆了一九四六年，她在美国大使馆工作时，如何帮助老舍去美国讲学的往事；这更增加了我应把这封信早日发表的决心。一九八四年一月十六日，赵紫阳总理访美归来，《人民日报》于次二日社论《一次有意义的访问》中说得好："中美友好相处的意义远远超出两国关系的范围，它对世界和平与稳定是一个重要因素。……这是中美两国人民的愿

---

① 文章题名《出版'美国文学丛书'的前前后后》，刊于北京《读书》。1980年10月号，《编辑忆旧》第493—508页，北京三联版，1984年。

望,也是全世界人民的愿望。"

那是一九四七年,我已从重庆回到上海,主持晨光出版公司,郑振铎先生把一套"美国文学丛书"的全部译稿(共十八种,二十卷)交给我,编入"晨光世界文学丛书"中;全书于一九四九年上海解放前夕出齐。这套颇具规模、较有系统的介绍现代美国重要作家代表作品的翻译计划,最早是在一九四六年,由当时任美国新闻处处长的费正清博士(Dr. John K. Fairbank)在重庆首先建议的,它曾获得我国文艺界进步人士的支持。这个计划后来移到上海,在中国文协上海和北京两分会领导下,由郑振铎、夏衍、钱锺书、冯亦代、王辛笛、马彦祥等组成编委会,分别约请翻译名家焦菊隐、罗稷南、张骏祥、洪深、毕树棠等十余人执笔。在中美文化交流史上,是值得一记的大事。费正清的复信全文,我把它翻译如下:

几个月前,你写给我的信没有及时答复,请鉴谅。我已读了一九八〇年第十期《读书》上你写的文章,你回忆了"美国文学丛书"中译本二十卷的编集经过。这个计划开始于一九四六年,到一九四九年才告完成。我很乐意知道你把它恢复了生命。这套丛书具有的高质量,关键在于参加的翻译家们都是高水平的。这书之异于寻常就在于此。

我所以迟迟未能答复,部分原因是我正在写我的回忆录,明年一月将以《中国旅程:五十年回忆录》为书名出版。我将会送你一册。它主要叙述我们在哈佛大学教育美国群众,对中国历史和文化进行学术研究所取得的成就。像一切教育事业一样,收获总是似乎很小,连自己也没有把握能取得多少成效。

你在《读书》上所写,为了出版"美国文学丛书"中译本所经历的长期斗争和最后胜利,是一篇动人的故事。我深信刊印的书籍的价值,比起人来,更为长寿,当然它比日报更能历久不衰。你要知道,新一代的有能力的中国文学翻译家已在美国成长。这批翻译家中,有中国籍的,也有美国籍的。有一位历史学家,既是能干的翻译家,又是文学创作者,他就是耶鲁大学的乔纳森·斯潘司教授(Prof.Jonathan D.Spence)。他出生英国,就学于已故的玛利·赖特教授(Prof.Mary Wright)。他的新著《天堂和平之门:中国人和他们的革命,一八九五——一九八〇》,利用最近从中文英译的资料,给读者介绍了康有为、鲁迅和丁玲,还有许多人,如沈从文、瞿秋白和徐志摩。这是一个例子,说明我们已取得了进展。

可是美国读者对英译的中国文学作品,面临着一个对"文化大革命"的理解问题。对知识分子进行长期而持续的打击,对老舍和夏衍这样的作家所遭受的特殊命运,美国人是无法理解的。

有的作家把"文化大革命"的灾难,与那么多犹太籍知识分子被纳粹党徒所杀害的那场大屠杀相比。情况当然不同。但是导致这种暴行的社会压力和动机,对在最近数十年没有遭到过外来侵袭和内战的美国群众来说,仍然有一部分是不可思议的。

另一方面，美国人在日常生活中，显然是经常诉诸暴力的民族。我们感到非常需要了解暴力行为的来源，不论发生在别处，或是在美国。

现代化似乎是一柄双刃利剑，必须谨慎掌握。它看来似乎绝对需要，但在人类社会中，要在道德问题上达到平衡和协调，它是无法解决的。在这个基本课题上，我们需要把各种不同的见解，尽可能进行国际交流，把成为争论的问题展开讨论。我深切希望，在中美两国之间，这样的交流现在可以大大发展了。

费正清复信中特别提到老舍，是因为老舍与曹禺两位著名作家，一九四六年三月应美国国务院邀请去美讲学，他曾为此出了力，当然主要是他夫人费慰梅在大使馆经管这类工作。而夏衍是支持过他设想的这个"美国文学丛书"出版计划的。

他复信中所说寄赠我的书，虽迄今尚未收到；但有篇译自美国《书摘》上的文章[1]，已使我对美国对华政策的失败后，于一九五〇年——九五四年那段被称为"麦卡锡时代"里，费正清和其他几位美国"中国通"如谢伟思和范宣德等所遭遇的悲剧，比《书林》一九八二年第二期所载一文[2]，有了进一步的了解。他是由于麦卡锡委员会要调查"太平洋关系学会"而于一九五一年八月被指控为共产党分子的。他在书中说："我不像外交部驻中国的工作人员，不是作汇报、提出政策的主流人物，我也不像拉铁摩尔，写的东西是比较学术性的，也不那

---

[1] 见《编辑参考》，1983年第一期，北京。
[2] 见刘同舜：《一群美国"中国通"的悲剧》，《书林》1982年第2期，上海。

么惹人注目,这使我受到较少迫害。"①

在这本回忆录里,有一段文字写到他在中国设法编译这套"美国文学丛书"的事。现在把它翻译如下:

> 在上海,我赞同美国新闻处去支持为中国读者翻译英语著作。要完成这件工作,我们必须使具有翻译能力的中国学者发生兴趣。把中国的、日本的、朝鲜的或越南的著作译成英文,是原著的再创作。我认为反过来也是这样。如果我们需要真正的文学作品,就必须找中国的菲茨杰拉德②去翻译美国的莪默·伽亚谟③。我向权威学者郑振铎请教,并鼓动冯亦代尽力推助,他的妻子郑安娜正在美国新闻处担任文化联络工作。我们更谋取赵家璧、徐迟等人的支持,但在我离别以前,还是一事无成。当时我也曾被特邀,参加过一次全国文协上海分会的聚会,这个组织是三十年代曾作出过历史性贡献的"左翼作家联盟"的继承者。由于我在中国文学方面能力薄弱,我仅仅起了一个作为好心人的象征性作用而已。④

这段回忆录中所提到的那次聚会,是一九四六年六月四日,上海文协曾在上海金城银行大楼五楼,为老舍、曹禺出国

---

① 清济译《中国旅程》,《编译参考》1983年第一期,北京。
② 菲茨杰拉德(Edward Fitzgerald),英国十九世纪著名诗人,以翻译《鲁拜集》而著名于世。
③ 莪默·伽亚谟(Omar Khavyam),中世纪波斯大诗人。
④ J.Fairbank: *China Bound, A Fifty—YearMemoir*, p.310.

饯行，主持会议者有叶圣陶、郑振铎等，费正清也被邀参加。从这段文字中，可见费正清离开中国以后，并没有知道这套丛书已于一九四九年由晨光出版公司用"晨光世界文学丛书"的名义全部出版了。

这套丛书仅印两千，流传不广，现在知道的人更少了。其中高寒译惠特曼的《草叶集》，前数年已由译者修订删选，改名《草叶集选》，署真名楚图南，由人民文学出版社出版。这两年，徐迟把他译的梭罗的《华尔顿》校订润饰，改书名为《瓦尔登湖》，由上海译文出版社出版。吴岩也把他译的安德森的《温士堡·俄亥俄》修改订正，改书名为《小城畸人》，列入"二十世纪文学丛书"出版。想到当时正值国内革命战争时期，译者中有的颠沛流离，有的日坐愁城，对译文质量也无心去多加推敲。现在时隔三十余年，丛书中的部分译作，陆续以全新面目与读者相见；当译者不忘旧友，赠我新译本时，不禁感慨万端。费正清复信中说："书比人长寿"，诚哉斯言！

1985.5.5.

"中国新文学大系"日译本的苦难历程

三十年代编辑出版的"中国新文学大系"(以下简称"大系"),早已重印出版;我去年已在《编辑忆旧》中写过一篇《话说"大系"》①,却有一件涉外的重要史料,因真相未明,没有提到。去年八月底,听说我有机会随中国出版代表团去日本访问,立即想起发生在一九四六年一件有关"大系"的往事。

一

抗战胜利后,我于一九四五年年底从重庆回沪。不久,我工作了近二十年的良友图书公司因故停业,幸得正在美国的老舍先生的慷慨协助,我们在上海于一九四六年秋合办晨光出版公司,用老舍和巴金各写的两部长篇:《惶惑》《偷生》和《寒夜》《第四病室》,作为对读者的见面礼。开业广告于上海各报刊出后不久,我就收到从日本寄来具名李嘉的来信,自称中央社驻东京记者,说是从东京的老作家冰心那里打听到我的消息,附了一封日本作家仓石武四郎的信,征求我的同意,他拟翻译并

---

① 见《编辑忆旧》,1984年,第154—225页。

出版十卷本"大系",因篇幅太大,将分册译成日文,不加任何更动。仓石武四郎信中还说他是冰心的朋友。我复信同意了。翌年初,我收到东京讲谈社(当时全名为"大日本雄辩会讲谈社")寄来日译本茅盾编选《小说一集之上》一册,和作广告用的薄薄八页的《"大系"月报》一份。此后,就如石沉大海,再也没有下文。

新中国成立后的一九五四年,夏衍担任上海作家协会的领导工作,日本作家代表团来访,在作协会所东厅举行座谈会,我被邀参加,说是有位日本作家指定要见我。到了那里,才知道是神交已久的"大系"日译者仓石武四郎。当我问起他关于"大系"日译本的情况时,他非常抱歉地告诉我,他的翻译计划仅出一卷就停了,因此没有再寄书给我。我猜想肯定是销路呆滞影响了出版,他摇摇头,但又支吾其辞,似有难言之隐。初次相见,我也未便继续追问。当时,我已调在上海人民美术出版社工作,与文学已无多少缘分了。

一直到拨乱反正后的一九八〇年,知识分子的春天到来了,我开始写有关三十年代文学编辑的回忆史料,最先想到了"大系",接着就联想到日译本和仓石武四郎。我于是年八月,冒昧地去信东京内山书店的内山嘉吉,向他打听这件事。一九八〇年十月四日,内山嘉吉写了五页长的复信,其中说:

"中国新文学大系"日语版由仓石武四郎监修,讲谈社出版,第一次出版茅盾编《小说一集之上》,是一九四六年十二月出版,定价二十八日元。

按当时预告(第二次出版鲁迅编《小说二集之上》)将继续出版,可是包括第二次出版的在内都停止了。

以后，一九四八或一九四九年前后，讲谈社出版部对于继续出版又作了努力，但可能因出版社的方针有了变化，终于使继续出版一事也不可能了。

现在上述第一次出版的"大系"日文版在讲谈社内只有一册留作永久保留之用，库存已无。作为旧书，在旧书店保存的也没有看到，所以此书也无法购得。

仓石武四郎先生已于一九七五年十一月十四日长逝，夫人也已于三年后去世。

信末还有附言："关于对讲谈社的所作调查，幸在社内有我的友人在工作，所以才能得到正确的答复。"

通过内山嘉吉的帮助，对这件杳无音信的旧事，虽略有所知，但对当年中断出版的原因，仍不清楚。遗憾的是连主其事者的仓石武四郎也已不在人世，而事情又发生在国外，除非有朝一日，能自己去找到讲谈社主人，否则就无法去求个水落石出了，而这类事，几乎完全是一种非非之想。值得安慰的是那卷日译本和《"大系"月报》，虽历经坎坷，包括"十年浩劫"在内，仍保藏在我身边，安然无恙。

得知有缘东渡，我把日译本带往北京；《月报》是用普通新闻纸所印，多年夹置在日译本中，纸质早已发黄发脆，折叠处已分成两片，到京后，复印了数份。向文化部出版事业管理局报到后，看到将去东京访问的五大出版社中，讲谈社名列首位。同时，查阅一九八二年日本的《出版年鉴》的统计表中，日本全国四千多家大中小出版社里，上年度出版新书一百种以上者三十七家，二百种以上者八家，三百种以上者三家，四百种以上者也是三家，岩波书店是其中之一。小学馆年出五百九十种，占第二位，讲谈社年出一千三百十九种，独占鳌头，而后面这三家，恰恰都将是我们访问的对象。这一下，真是大出意外，喜上心头；多年未解的一个谜，这次可能有揭开的希望了。

一九八四年九月七日，我们代表团到达东京后住入新大谷饭店。在东京开始访问活动前，我把这件心事向刘杲团长谈了，他鼓励我可先同招待单位日中文化交流协会的横川健通个气。当横川健看到我带来的两本实物和内山嘉吉复信时，大为惊异。他对我说，想不到隔了几十年，我会把这些纪念品保存得如此完好。经他仔细翻阅后，认为这是日中文化交流史上很重要的一件事，讲谈社方面肯定会感到高兴，并会全力协助的。

九月十七日下午，我们代表团六人，由日中文协的佐藤祥子和原信之陪同，一起去坐落在文京区的一座讲谈社的多层大厦拜会，在门口接待我们的是该社会长服部敏幸、常务加藤胜久和秘书岛田康夫等主要负责人。在五楼一间宽敞明亮的接待室里，铺着雪白台布的椭圆形大桌上，中间交叉地插着中日两国国旗，每人面前放着多种饮料。举行了例行的见面仪式，又互相交谈了双方都感兴趣的有关编辑出版问题后，团长刘杲向服部敏幸赠送了礼物，其中包括我的新著《编辑忆旧》，他顺便向日方简单介绍了我的编辑工作经历。他说完了话，我就从皮包里拿出从上海带来的"大系"日译本，把它放在桌子中间，并向对方介绍了一九四六年发生在上海的有关经过。由于讲谈社方面早有准备，坐在我对面的加藤胜久也拿出一本同样的书，把它并排放在我那本一起。然后，充满感情地说："这是近乎四十年前讲谈社的出版物,我们最近得到通知,费了好大的劲,才从版本书库中找到了这一孤本。想不到在中国,也还留着一本,而且在原书主编者家里,今天就放在我们面前,这件事本身就太有意思了!"在座中日双方人员,都极兴奋,大家站起来争着要看看这两本可纪念的书。书是纸面精装本,外加封套,用荷绿和黑色套印了一座假山石作装帧画;全书用纸和印刷质量都极低劣,实在可称"其貌不扬",却正好反映当时日本正处于战后物质条件极端困难的时期。我把日方保存的一册拿来细细看看,书脊贴有图书编号,确实是同一初版本。听他们说,经过战争,在日本也已极难找到。我在兴奋之余,忽然萌起一个念头:在这样一个千载难逢的时刻,用什么方法才能留下一个最好的纪念呢(当时,在场的佐藤祥子等都在忙着抢镜头,摄照片)?我便把我的一本送请服部敏幸签名留念,他欣然命笔,在空白的扉页上写了两行字。译成中文为:

赵家璧先生于一九八四年九月十七日
　　光临讲谈社纪念
　　　　讲谈社会长服部敏幸

当他把签名本交还我时,我走向前去,和他握手致谢,然后我们两人站在刘呆左右,合摄一影,这是根据佐藤祥子的安排,而留下的纪念照片(事后发表在《日中文化交流》会刊第375期上)。在那天回新大谷饭店后,担任日中文协事务局长补佐的佐藤祥子女士兴奋地对我说:"日中文化交流是源远流长的。今天这样的巧遇,历年接待中国代表团工作中,也是非常难得的一件盛事。"我确实感到在这位热情负责接待工作的日本朋友心中，这件事给她留下了深刻的印象和满怀的喜悦之情。

　　室内一度掀起的欢笑活跃的空气沉静下来以后，大家又坐下来进了咖啡和西点。随后，我提出了一个久藏心间的疑问："一九四六年讲谈社出版日译本第一卷后，究竟为什么从此中断了呢？能否向我谈谈停刊的真相？"服部敏幸思考了一回，然后慢吞吞地说："是当时的 G. H. Q.① 下令停止出版的。也许因为书名中有一个'新'字的缘故吧！这是说说笑话；但可能他们讨厌我们出这类书。战后时期，有些问题是不可理解的。也许因为当时日本物资短缺，纸张停止供应了，那就无法继续出版了。这件发生在很久以前的事，是上一代人当的家，我也不清楚。出事真相，不经查阅有关档案，便无法正式给你正确的答复。"坐在会长身旁的加藤胜久接着说："我们可以到社史资料中去查一下有关档案，可能有编辑部会议记录，如果有，将会把复印件送你一份。"对此，我表示感谢。

　　我顺便把带来的《"大系"月报》复印件和上海文艺出版社为征订"大系·续篇(1927—1937)"编印的《宣传手册》交给他们。他们看到《月报》颇感惊异，因为这一由讲谈社自己编印的广告宣传品，连他们自己都不留了。这本八页十六开的小册子，首页载仓石武四郎的一篇编者言。我在一九三五年三月五日刊于"大系"样本前的一篇《编辑大系缘起》，被译成日文刊于第三页。第四页是猪俣庄八写的《关于冰心女士》，介绍冰心的生平和作品，和她最近来到日本的消息。作者在文末写了"记于十二月五日，去机场接女士来日后数天"，并附印冰心安坐在沙发上的一幅近影，图下说明写着"昭和二十一

---

① G.H.Q.即英语General Headquarters的缩写，日本人都用这个外来语代表美国占领军总司令部。

年十二月九日在本社贵宾室所摄",可见是一九四六年底冰心受到讲谈社的接待而在该社留下的照片。《"大系"月报》上这样安排,既是因为日译本第一卷中刊有翻译的冰心创作小说五篇,更为重要的是从中看出冰心与仓石之间当时已有深厚的友情。末页刊的是日译本二十五卷全目,监修者署仓石武四郎和吉川幸次郎二人,并有即将续出鲁迅编选《小说二集之上》的选目预告。加藤胜久从头到尾翻阅后,很有礼貌地问我,可否把这个复印本留下,我说:"这两个小册子本来是带来送给你的。"他高兴地笑了。

加藤胜久又把那本《宣传手册》翻阅一遍,我乘便向他们介绍上海文艺出版社不但最近重印了"大系"十卷本,还在编印续集二十卷本。我说:"日本早已出版多达四五十卷的'中国古典文学大系',现在,中日文化交流已进入一个更高更新的阶段,一九四六年中断出版的'大系'日译本,是否可以把它继续出下去呢?如果把'大系·续篇'也介绍给日本读者,那不就是一部现成的'中国现代文学大系'吗?"服部敏幸和加藤胜久都含笑地点点头,但他们接着表示,兹事体大,今后可从长计议。但加藤胜久提出了一个积极的建议,要我回国后,把"大系·续篇"中七卷小说全目先寄他看看。我返沪后,就通知了上海文艺出版社的社长兼总编辑丁景唐同志,他即嘱办事人员寄去了。

二

仓石武四郎生于一八九七年,一九二一年毕业于东京帝国大学中国哲学文学科,曾来我国江浙沿海地区考察,一九二七年任京都帝国大学副教授。一九二八至一九三〇年来中国进行语言调查,一九三九年获文学博士学位,同年,任京都帝大教授,翌年起兼任东京帝大教授。一九四二年间,日本军国主义者还强占了我国大片领土,在太平洋战区已渐处困境,这位一贯主张日中友好的著名的中国语言文学专家,掀起了一个试图把"大系"译成日文的雄心壮志。他认为日本人民应当研究中国的现代文化,才能正确对待中国;而要达到这个目的,就要培养一批沟通两国文化的中国学者。他的这一思想就在《"大系"月报》第一篇文章《诞生之前》一文中,开宗明义地讲了:"任何学问,任何艺术,产生它培育它的都是人。要想振兴学问,培养艺术,或者说,以养成这样的人为首要任务的我们,要想研究中国的文化,把它的善和美使得国民知晓,突出的依然是人,而培养人是第一个条件。"他在两所大学中做的就是这种人才的教育培养工作。但接着又自谦地说:"尽管如此,若提到在这方面,我们是否已经作出了足够的考虑和努力,说句老实话,我羞愧得'有个地缝也想钻进去'。几年以来,我供职于京都帝国大学,兼任东京帝国大学教授,我之甘愿这样'东奔西走',也只是出于稍赎这种玩忽之罪于万一的一个念头。"就从这样一个美好的愿望和崇高的理想出发,他试图跨出校门,从更大的范围里来促使日本人民研究中国文化,了解中国文化;他要通过文学作品的翻译,加快日中文化的交流,增进两国人民在精神生活上的共鸣。仓石此文写成于一九四六年十一月二十七日。

关于他当时为什么具体地选上我们的"大系"进行翻译,可听他下面的自白。"'中国新文学大系'是怎样一部著作,将会随着它的陆续出版而显示其全貌,这里不拟详述。不过,对于中国文化的研究说来,假如是从现代上溯到过去的话——这无疑将是今后最自然的一种方法——这是我们首先要遇到的一大努力目标。不先把这一目的的努力研究透彻，就无法考虑次一目标。我是这样想，也是这样相信的，所以着手这项翻译工作。"他这一选择是有其针对性的，因为在日本出版界，过去已有许多汉学家，曾翻译过大量中国古典文学作品。但是这种钻入故纸堆中，完全脱离现实的对中国的研究工作，对认识中国的现状，起不了什么作用。仓石认识到要加强日中两国人民之间的友谊，日本人民首先应当了解今日的中国，而通过阅读五四文学革命以来的新文学作品才是一条捷径。所以在《诞生之前》的结束处说："所以我相信，在新文学与古典文学之间，定然要有这样一个准则：'从新文学到古典文学'是顺路，而'从古典文学到新文学'则毋宁说是逆流。"

"大系"十卷本总字数号称五百万。仓石考虑到个人的力量，无法应付这一巨大工程。他去京都帝大与吉川幸次郎和平冈武夫商谈，决定由东京和京都两地同时进行，东京由他自己负责，后二人负责京都方面。在东京成立 AB 两组，A 组担任《小说一集》和《戏剧集》，B 组担任《小说三集》和《散文二集》。京都则担任《小说二集》和《散文一集》，以后再担任《诗集》。每组有组员五六人，加上中国留学生一二人。其后，东京又增加一组，担任《建设理论集》和《文学论争集》。十卷中，六卷分成上中下三册，三卷分成上下二册；《史料索引》作别册，合共二十五卷。据说，中文译成日文，篇幅势必增多。

他们最早译成的《小说一集之上》，包括茅盾的导言和列在最前的冰心、庐隐、王统照、叶绍钧四位的小说十四篇，由市川安司、玉贯公宽等五人执笔，还有三位中国留学生先后参加。书前由仓石写了《监修者的话》。由于此卷所选都是文学研究会的代表性作家,他首先谈了对中国小说最早来源的看法,接着介绍了文学研究会所主张的为人生的文学观。接着交代了全部译者名单,最后抒写了翻译工作的艰苦历程。他说:"这样大的分量,几乎一字一句都经热烈讨论,其中甘苦只有当其事者才能知道,此言当非过分。研究会场大部分是利用了东京帝国大学文学部中国哲学文学研究室,常常直到晚上十时正门关闭为止,热烈的讨论尚未完毕。暑期中则又利用休假以锻炼为名连日开会研究。我身为此书监修,最后加以详细修改,想起年轻学者在如此锻炼中成长,私心不禁为之欣喜。"从这段话中,看出当时他对这个翻译计划是充满信心和乐观精神的,文章署的写作时间是一九四三年九月。

可惜这篇《监修者之言》,没有能如期与读者见面,一直到三年以后,讲谈社才接受了出版任务。于是监修者又在此文之后,加了下面一段补白:

> 自从昭和十八年(按即一九四三年)九月写了上述这些话以后,到此书即将出版的现在为止,已有二年多将近三年的时间过去了。其间,我们的国家经受了莫大的变化,这且不去说它,特别是曾为本书始终努力的玉贯公宽君,未能亲见印刷成书,以致我不得不补叙这一凄惨的事实,诚非始料所及。我方才沉浸在年轻的学者的锻炼成长的喜悦之中,不料竟需将此"大系"之第一册供奉于其中一人之灵前,这是何等惨痛之事实,我真想掷笔恸哭,以至仅仅为补写此数行之工作,竟费去了一个月的时间,不,几乎无法完卷。但不能听其如此,这里还

> 有许多年青人将踏着尊贵的同志的尸体英勇前进，因此将此书赶快出版。

这里表达的情绪，与三年前迥然不同，作者对战争为日本人民带来的无穷灾难，虽然痛心疾首，但对这个有益于日中文化交流的翻译计划，仍然要"英勇前进"。写作时间是一九四六年四月二十六日，当时日本已是一个战败国了。

讲谈社正式接受出版，并征得我的同意后，到十二月十日付印，二十日开始发行。那时，按日本出版多卷本成套书的发行惯例，讲谈社编印了为推广宣传用的《"大系"月报》。仓石在第一页上写的编者话，取了一个意义深远而形象化的题目，叫做《诞生之前》。文中除了我前面已引用的几段理论性文字外，还有一段充满感伤之情，而又表达了一种善良愿望的话，值得译载如下：

> 这样开始起来的工作后来随着时局的变迁受到了相当大的影响。把已经完成的部分逐次予以出版的一项计划屡次遇到挫折，时行时止。宝贵的原稿也有一些遭到战火，最后，连最宝贵的人——曾经努力培养的人——也被夺去，真正经历了一段苦难的时期。然而，到现在，各位组员的不懈努力已结晶，"中国新文学大系"日文版已届呱呱堕地的阶段，这正如十月怀胎之苦延续忍受达五年，培养人这件事才幸而得以这种形式公布于世，同时有了希望，以此作为提供新人吸取的养料。到了此刻，我对于过去所受的艰辛，毋宁是以依恋的心情加以

怀念。随着呱呱之声而诞生的是这本《"大系"月报》。名为《"大系"月报》，但要按月出版，还须等待印刷能力之恢复。不过，《"大系"月报》既经诞生，我由衷地盼望着预定为二十几卷的"中国新文学大系"也能顺顺当当地逐月陆续出现。

哪里知道这样一个美好的理想，不久又彻底地破灭了；至今留存于世的，仅有一卷日译本和一期《"大系"月报》。

那么，后来究竟发生了什么变故，扼杀了日译本的生命呢？如果我这次不去日本，讲谈社不给我以同情和支持，这一涉及中日两国的出版史料，将永远躺在讲谈社的档案柜里，不会重见天日了。

三

访日期间的最后一天，二十日晚，东京内山书店主人内山嘉吉宴我于一家设于第十九层高楼的法国菜馆，由他儿子内山篱来新大谷饭店接我。由于主人都能华语，没有翻译随行。部分内容，我已写过一篇《内山书店两兄弟》详记其事；但当时所谈有关"大系"日译本的事，值得在此补叙一笔。

那天内山嘉吉抱病约见，并设宴招待，我看到他老态龙钟，病情不轻，内心既感且愧。我过去并未和他见过面，仅为打听"大系"日译本事，曾通过一次信。这次我们代表团到东京后，他虽多年不外出，极少接待远客，却通过日中文化交流协会，说什么也要见我一次。我到达法国菜馆后，他热情地和我谈话，问我到日本后的活动和感想，也问到在上海的鲁迅和内山完造的几位仍然健在的老朋友。我把去讲谈社会谈经过告诉了他,并把服部敏幸在我那本日译本上的签署给他看了,我说讲谈社已答应为我去查阅该社内部档案,可能会查出当年所以中断出版的原因。嘉吉听了,表示很高兴。嘉吉夫人松藻在旁插话,她还记得一九四七年东京内山书店经售日译本第一卷时,销路很好,可是不知为了什么,第二卷就此无影无踪。我把带在身边的嘉吉一九八〇年写给我的原信给他看,并向他表示谢意;他把信放在所戴墨镜底下看了很久,然后摇摇头,自言自语地说:"我完全记不起来了!"于是内山篱把信看了一遍,才了解了我们两位老人过去的交往。接着他的儿子轻声告诉我,他父亲病情恶化,记忆力也衰退,今天来此,是他主动提出的。我对他们父子表示深切的感谢。嘉吉亟盼能在上海恢复专售日文书的内山书店,要我把这个希望带回中国去,我回上海后写的那篇访日杂感,就是为完成这个任务而赶写发表的。那天,内山嘉吉还讲起过这样一回事。他说,一九五六年间,他曾向中国国际书店提过建议,可否把"大系"译成日文,在日本出版或发行,没有得到答复。他用比较生硬的中国话说了一句谚语:"不想喝水的马是不能硬要它去喝的。"我向他作了解释:一则,"大系"在当时,大家无暇顾及;二则,国际书店仅管发行,不问出版。但从这件小事,也可说明内山嘉吉对"大系"是一直关心的。但是,就是这样一位关心"大系"日译本工作的日本朋友,不幸在十二月三十日下午,因患癌症在东京去世了。屈指计算,正好是我和他分别之后的第一百天。

二十一日下午,飞机票已订妥,我们在新大谷饭店底层大厅等候汽车上飞机场前,日中文协的原信之交我厚厚的一个大信封,信是讲谈社会长服部敏幸寄给佐藤祥子的。大信封内附有一九四七年刊登于讲谈社内刊上的"大系"出版预告复印件三份；另外一叠日文资料复印件，题为《摘自〈讲谈社所走过来的五十年〉社史资料速记记录》，注明是从"合订本第七十八号"上摘下的。我不懂日文，拆开信封，大约知道这些就是我要讲谈社找寻的有关档案材料了。只看到文中夹入许多G.H.Q.三个英文缩写大体字，原信之为我翻阅了一下，他高兴地对我说："你要打听的事，这里完全给你解答了。"

回到北京，感谢范用同志转托日文翻译家文洁若同志，把速记稿译了出来。文件首先说明"大系"是仓石武四郎负责的，参加座谈的是讲谈社编辑部的两位编辑：

洼田稻雄：我们为此费尽心机，做了不少事。我想复活它，还见了仓石先生。仓石先生也表示赞成。恰好谢冰心先生来到中国大使馆，便和她商量，想重新搞起来。当时日本有个中央通讯社，那就是目前"台湾政府"的通讯社，该社有个叫李嘉的，他与谢冰心先生联系，还与上海方面联系。关于那部书，对方问题重重(赵按：指译者)……如果讲谈社出版，估计销路是不会错的。

木村：那么，销路尚好吗？

洼田：第一卷卖了一万册。但是对方认为报酬太少。总之，为了重新搞起来，就得弄明确了，对方也自有要求，所以讲谈社就出了五万日元，想这样解决出版问题。就在这当儿，遇到了难题。恰巧赶上美国占领军总司令部对共产党开始弹压。然而收在"大系"里的多少是新文学，代表中国的新倾向。因此，美国占领军总司令部说什么也不批准。终于白出了这笔钱，不了了之。

木村：真是可惜啊。

洼田：可惜的是，由于遭到美国占领军总司令部的反对，终于化成泡影。

木村："中国新文学大系"是战争时期就煞费苦心地搞起来的，结果只出了一卷。

洼田：有趣的是，刚好赶上美国占领军总司令部弹压共产党这档子事，说什么也得不到批准。

木村：倘若出版了"大系"，估计会大大扭转社会上对讲谈社的看法。

这篇速记稿的末尾，说明是为了编辑《讲谈社所走过的五十年》而召开的社员座谈会上发言摘录。对我来说，近四十年来的一个谜，终于解开了，停刊的真相终于大白了。

但座谈记录中木村最后所说的一句话，应当怎样理解呢？正当我无法自圆其说时，感谢新任上海市出版局副局长的赵斌同志，他为我提供了一个来自日本的资料，他还亲自为我译成中文。这是日本的青木春雄所著《现代出版业》[①]一书中谈到"战犯追查和红色清洗"一节中的原话：

出版界是战时言论镇压的最大受害者。……这些政治规定法令直到停战才废止，出版界的"解放感"尤其强烈。"解放"后即成立的出版协会，在

[①] 青木春雄著《现代出版业》，第49页，日本编辑学校出版部出版，1975年版，1980年重印，东京，日本。

昭和二十一年(按即一九四六年)一月的总会上，接受了"肃清战犯出版社"的意见，强行通过决议，把讲谈社、主妇之友社、旺文社、家之光协会、第一公社论、山海堂、日本社等七个出版社除名，因为用纸分配方案是委托出版协会制定的，因此除名就意味着用纸来源产生危机。对此不满的七个社和战前派出版社、二一社等，在同年成立了新团体(日本自由出版协会，后改为全国出版协会)以示对抗。

这段日本出版业的史料，正好为木村的感叹，作了有益的注释。

从东京回到北京，就想去拜访多年不见的冰心同志，因为日译本在开始时期，她似乎与此略有关系。九月二十七日下午，经电话约定后，去西郊民族学院看望她，顺便请她帮助回忆，谈谈有关仓石武四郎的事。我到达她家时，蒙她热诚接待，使我对仓石有了较深的了解。

我想起我最初见到冰心，还在一九三五年五月间，那时，我已把"大系"组稿工作告一段落，书已开始出版。到达北平后，住在章靳以的三道门大街的寓所里，先后拜访了早已通信来往、尚未见面的几位前辈作家，如朱自清、沈从文、胡适、周作人等。冰心也是在那时去燕京大学初次拜见的。但在这以前，冰心已应我的请求为《大系样本》写过一段向读者推荐的话。这件与"大系"有关的事，开始了我与冰心之间的交往。这段文字过去从未全文发表，现在还能从一块用手迹制的锌版中清楚地看到，抄录如下，也是与"大系"有关的文献之一：

对于"新文学大系"的感想

良友公司于本年五月份起出版"中国新文学大系丛书"十集，整理五四至五卅时代十年内我国新文学之文献，分理论、小说、诗歌等十部，请胡适、鲁迅诸先生执笔，另由蔡元培先生写总序，对于五四运动以来的新文学，无不搜罗，并由各编选人写序，作历史上之评述，我听到这个消息，觉得很高兴。这是自有新文学运动以来最有系统、最巨大的整理工作。近代文学之产生，十年来不但如笋的生长，且如菌的生长，没有这部分整理评述的工作，在青年读者是很迷茫紊乱的。这些评述者的眼光和在新文学界的地位，是不必我来揄扬了。

我到她家时，就从"大系"谈起。我告诉她上海在续编"第二个十年"二十卷本的情况，再谈到我这次去日本和讲谈社会见的经过，并把刊有她照片的《"大系"月报》复印本送了给她，这就引起了她对四十年前往事的回忆。她说："年纪老了，许多事已想不起来。我是一九四六年去日本的，到了那里，仓石武四郎就来找我去东京帝大讲学，当时他正在帝大主持中国现代文学的教育工作；他还翻译过我的作品。"关于当时她与"大系"日译工作有过什么关系，她想了很久，一点都记不起来；她只记得当时在东京中央社有个姓曾的记者，是燕京大学学生。"至于李嘉当时也是中央社的东京记者，现在不知他在哪里。"她记得一九二八年到一九三〇年间，仓石曾来中国研究中国现代文学；

在北平时，就住在钱粮胡同。1949年后，仓石来北京，曾专诚去看望她，还去钱粮胡同访问旧居。当我提到"大系"日译本是仓石武四郎和吉川幸次郎二人共同负责时，冰心说，"一九二八年仓石住在北平时，就和吉川幸次郎在一起，彼此都有来往，所以一九四六年我去日本，那是旧友重逢了"。

冰心最后饱含着对已故的日本朋友的深厚感情，低声地对我说："仓石对中国语言文学造诣极深，是中国人民的老朋友，在中日文化交流史上，作出过卓越的贡献，他生平做过两件大好事，我们不应当忘记他。"随后她为我作了介绍，我以后又从其他文字资料中找到了比较详细的补充材料。第一，仓石在一九六三年，主编过《中国语辞典》，由岩波书店出版，为了编纂此书，曾花了十多年时间，现在被日本读者称为"中国语学的金字塔"，至今是最有权威的日中辞典。此后他又着手编写《日中辞典》，一九七五年逝世后，由他的高足折敷濑君继续完成，一九八三年由岩波书店出版，由吕叔湘作序。第二，他在东京创办了日中学院，迄今已有三十年的历史，学制两年，招收学生不受年龄限制，主要教授中文，设有中国历史、文学等课程，目前有八百多名学生，最小十三岁，最大八十二岁。仓石逝世后，由藤堂明保继任院长。听了冰心的一席话，我对仓石更有了比较全面的认识。

仓石武四郎先生一生致力于中日文化交流，他在教育和翻译工作方面有过非凡的贡献。他当年梦想完成的"大系"二十五卷日译本计划，如果不遭受到G.H.Q.的无理干扰，将肯定成为他作出的第三件大好事。现在空留这一段苦难历程的纪录，由我来把它写给《新文学史料》，作为我访日之行留下的一点足迹，也可称之为中日文化交流史上值得珍惜的一页吧！

1985.1.30

怀念仓石武四郎

随中国出版代表团访问日本的五大出版社、二大印刷公司和五家大中小书店归来，时间已过了四个月，但从日本朋友那里带回的无比温暖的友情，所见所闻给我增长的丰富的感性知识，以及由此而生发的多种感受和联想，至今萦绕心怀。此行收获中最值得一记的，莫过于讲谈社提供我的该社内部史料，帮助我了解到当年仓石武四郎为翻译"中国新文学大系"而付出的多么可贵而结果徒劳的心血。

一九四六年春，我在上海突然接到素不相识的中央社驻东京记者李嘉来信，附有东京帝大教授仓石武四郎一函，征求我的同意，希望得到"中国新文学大系"十卷本的翻译权和出版权。我同意后的那年年底，由讲谈社寄我茅盾编选《小说一集之上》日译本一册，另附供广告用的薄薄八页的《"大系"月报》一本。从此，无声无息，再也没有下文。

新中国成立后的一九五四年，夏衍领导着上海作家协会。当日本作家代表团来沪访问时，听说有一位日本作家指定要见我。去作协会所东厅会议室时，才见到了慕名已久的仓石武四郎，是一位温文尔雅的学者，大约长我十余岁。我们作了简短的对话，他先向我致谢，接着又表示歉意，说当时仅出一卷，因此没有继续赠书。他没说明理由，我猜说，大约是销路不佳吧，他摇摇头，但又支吾其辞，似有难言之隐。初次相见，不便深询。此后，我自己经历了坎坷的命运，此等事，早已置之度外了；虽然"十年浩劫"期间，藏书全部上交，这卷日译本和《"大系"月报》却从未离开我身边。

"四人帮"被彻底粉碎，一切拨乱反正后，我似乎又年轻起来；想到余年有限，争取把三十年代开始从事文学编辑生涯中一些值得记下的书人书事，陆续写些回忆文章，供现代文学史研究者作参考。最先想到的当然是关于"大系"的，也自然地联想到日译本的译者仓石武四郎。我于一九八〇年九月冒昧地写信给东京内山书店的内山嘉吉，托他打听。但通过他在讲谈社工作的朋友，也没有了解到当时中止出版的原因；仅知此书讲谈社社内仅留一本样书；至于仓石武四郎，早已于一九七五年作古了。这使我大失所望，除非有一天我能亲自去日本见到讲谈社主人，否则这段历史将永远是个谜了。

去年九月，我得知有去日本访问的机会，在出访的五大出版社名单上，讲谈社赫然居首。我便暗自庆幸，这次可以揭开谜底了，便把那个日译本和《"大系"月报》带到东京。九月十七日，在讲谈社的一间宽敞明亮的会议室的双边座谈会上，当刘杲团长把我的新著《编辑忆旧》送给服部敏幸会长，并把我的要求坦率提出后，我和讲谈社方面先后拿出日译本并排地放在桌面上，室内空气顿时显得欢欣活跃，大家都站起来争着细细看看这两本同式同样，但其貌不扬的旧书。讲谈社朋友说，他们得到日中文化交流协会通知后，从满是尘埃的版本仓库里，花了很大的劲才找到了这一孤本；真想不到在中国，在原著主编人家里，同样珍藏着一本。这件事本身实在太有意思了，也说明日中两国文化交流是源远流长的。我便请服部敏幸会长在我的那本上签字留念，他愉快地接受了。至于我要了解的实情，该社加藤胜久常务答应为我从他们的社史资料中去找；他说，可能有编辑部速记记录，如有，将复印给我。他说，事情发生在四十年前，他们都不是当事人啊！

飞离东京的二十一日，服部敏幸给我送来一袋复印资料，内除刊于当年报刊上的几幅广告之外，还有两页当时编辑部座谈会上的速记记录，其中两段对话，最为概括而重要：

> 窪田稻雄：第一卷卖了一万册。……就在这当儿遇到难题。恰巧赶上美国占领军总司令部对共产党开始弹压。然而收在"大系"里的多少是新文学，代表中国新倾向。因此，美国占领军总司令部说什么也不批准。终于……不了了之。
>
> 木村：真是太可惜啊！

真相终于弄清了，谜终于揭开了。仓石武四郎来沪时对我讷讷不出口的真实原因，今天我不但完全理解，而且是十分同情的。

回国后，我请人把仓石武四郎在日译本前写的《监修者的话》和《"大系"月报》第一篇题为《诞生之前》的编者言译了出来，使我对他选译此书的意图，和为此而经历的曲折痛苦的过程，有了进一步的了解。一九四二年，日本军国主义者在太平洋战争中已走向下坡路，大半个中国还在他们铁蹄之下。正在东京帝大主持中文教学的仓石武四郎是一位研究中国、了解中国，对日本军国主义者持有不同政见的中国语言文学专家。

他认为要正确认识中国才能正确对待中国。如何正确认识呢？就要研究中国的文化。他在《诞生之前》中说："要想研究中国的文化，把它的善和美使得国民知晓，突出的依然是人，而培养人是第一个条件。"他长期从事的教育工作就是为了实践这一美好的愿望。但当时，他已感到这样做还远远不够。过去研究中国文化的日本汉学家为数也不少，线装本的中国古典文学名著，几乎都有日译本，可是侵华战争已打了好几年，这究竟为了什么？他便提出了这样一个观点，他说："应先掌握新文学而后致力于古典文学。无视新文学而只考虑古典文学，将不成其为中国文学的研究……"就在两国交战，烽火连天的年头，就在这一思想指导之下，他挺身而出，组织了东京帝大和京都帝大的一批具有进步思想的中文学者和中国留学生数十人，分成几个小组，分头翻译十卷"大系"。他说："大系"是怎样一部著作，将会随着它的陆续出版而显示其全貌，这里不拟详述。不过，对于中国文化的研究说来，假如从现代上溯到过去的话——这无疑将是今后最自然的一种方法——这是我们首先遇到的一大努力目标。"

这个翻译计划进行到一九四三年九月时，全书分译成二十五卷中的第一卷《小说一集之上》，原有与读者见面的可能，因此仓石武四郎写了一篇《监修者的话》，结果未能如愿出版。直到三年以后，日本战败后一年（一九四六年），讲谈社才担起了出版任务。仓石武四郎又补写了一段话：

> 已有二年多将近三年的时间过去了。其间我们的国家经受了莫大的变化，这且不去说它，特别是为本书始终努力的玉贯公宽君，未能亲见印刷成

书,以致我不得不补叙这一凄惨的事实,诚非始料所及。我方才沉浸在年轻的学者锻炼成长的喜悦之中,不料竟需将此"大系"之第一卷供奉于其中一人之灵前,这是何等惨痛之事实,我真想掷笔恸哭。……但不能听其如此,这里还有许多年轻人将踏着尊贵的同志的尸体英勇前进,因此将此书赶快出版。

这段话写成于一九四六年四月。谁能料到第一卷出版后不久,很快被美国占领军总司令部所扼杀,其理由就是不让日本人民了解新的中国文化,了解正在中国发生的"新倾向"。对这样一位企图通过翻译出版工作,让日本人民真正能够了解现代中国文化的仓石武四郎来说,真是他的一大悲剧。到一九七五年,他就离开了人世。

我曾于去年春为《新文学史料》写过一篇长达三万六千字的《话说"中国新文学大系"》,对日译本只字未提,本文也算补全了这只角。当我深深怀念仓石武四郎先生时,就联想到日中文化交流协会会长井上靖在欢迎酒会祝辞中所说:"两国出版界的交往早在邦交正常化以前就开始了。在文化各个领域里,出版界的交流较早,且是长久传统的项目之一。大家都知道,出版事业对文化的创造、传播、普及和提高,起着关键性的极其重要的作用。"仓石武四郎不愧是中日文化交流史上一位可敬的先行者。如果能够继承他的遗志,完成他当年被迫中止的"大系"翻译出版工作,将不仅是纪念仓石武四郎的最好的方法,更为重要的是会大大有利于正在发展中的中日文化交流事业!

1985.1.20

附注

访日期间,曾应日本讲谈社之约,将"中国新文学大系"日译本由仓石武四郎当年与我联系的经过,写一短文,刊于讲谈社编辑出版的《本——读书人的杂志》上,要求不超过2500字。乃将前文缩成此篇,题名改为《怀念仓石武四郎》。寄往该社后,由石川英子女士译成日文,发表于1985年4月号《本——读书人的杂志》上;全文又转载于《日中文化交流》会刊第385期(1985年5月5日出版)。本文国内发表于《读书》1985年5月号。

内山书店两兄弟

八月初,意外地得到通知,我将参加中国出版代表团去日本参观访问;第一个联想到的是三十年代设在北四川路底专售日文书的内山书店。虽然仅是单开间门面,店内四壁却都是高达天花板的层层书架,满屋子分门别类陈列着精装成套书,例如《现代日本文学全集》"世界美术大系"等,还有大量的纸面平装书,如《岩波文库》等,开架发售,随你翻阅,幽静雅洁,一片异国情调。店主内山完造热情好客,他知道我是鲁迅的朋友,又在良友图书公司当文艺编辑,经常拿一大叠日本出版的书目和广告品塞在我的手里。我不单从他那里买过许多日文书作参考,也从这些书目广告中得到关于编辑、选题和装帧设计方面的启发和借鉴,"大系"二字就是这样到我脑子里来的。欣悉此次得缘东渡,不但可去亲眼看看那几家早已闻名的最大出版商,如平凡社、讲谈社、岩波书店等,设在东京的内山书店,也在访问名单之列,我的兴奋劲儿,读者可想象得之。

内山完造有位最小的弟弟嘉吉,是研究木刻的美术教师,一九三一年来沪后,八月十七日曾应鲁迅之邀,为十三名中国木刻青年办过讲习班,鲁迅担任口译,这件好事早为国人所乐道。那时完造有位养女（他一生无儿女）名松藻，一直在书店工作，因治店有方，被尊称为店中的"顶梁柱"。是月二十二日晚，完造把松藻配给嘉吉为妻，七桌宴席设在三马路"新半斋"菜馆，鲁迅、郁达夫、郑伯奇等都去了。据说，宴会举行前，内山完造才站起来说明是为他弟弟缔结姻缘的，此事至今传为佳话。九月七日嘉吉夫妇回国，鲁迅还写了欧阳炯词一幅送给松藻女士，《鲁迅日记》有此记载。就是这对年青伴侣从一九三五年起，先在东京郊区世田谷租了一间小屋，挂上内山书店牌号，打下了基础。由于此后中日关系变化极大，这家专售中国现代出版物和杂志的小店，也历经沧桑，逐步发展，到一九六八年，才迁到现在神保町大街一幢新建的三层楼房作店址，成为在沟通日中文化交流史上建有殊勋的一家重要书店。

  我们代表团六人由日中文化交流协会干部原信之陪同，于九月十九日专诚到此拜访，热情接待我们的正是内山松藻。她已是一位年逾古稀的老太太了，矮个子，背似乎有些驼，但仍然精神抖擞，不时露出慈祥的微笑。另一位高个子的英俊青年，就是社长内山篱，她的儿子。据说日常店务还是由"顶梁柱"妈妈照管多些；内山篱经常来中国。我与内山一家在东京摄的合影，就是上月由他带到上海来的。这家书店虽也仅占一个门面，却用书架分成两条走廊，一宽一狭。所有书籍都是我国最近的出版物，一进门，就像到了东京的新华书店；不同的是陈列的每种样书都仅一二册，这样就扩大可供读者选购的品种，而全部开架，更是东京所有书店的本色。我们几个人都略略地看了一下，分别找寻与自己有关的书；陈列在显著地位的上海文艺版"中国新文学大系"十卷本，引起了我的注意，像在海外见到了自己的亲人。

门市部里边是一间会客室,放着几只沙发,中间一张桌子。店主就请我们分别坐下,饮茶漫谈。我们先问起内山嘉吉的健康情况,母子俩都说病了很久,未能同来接见,表示歉意。会谈中,我说到今天坐在东京内山书店的会客室里,很自然地会回想起半个世纪前,我和鲁迅见面总是在上海内山书店的二楼会客室。这段话勾起了松藻的怀旧思念之情,马上沉入静默的冥想之中。隔了一会,她问到我的年纪,便屈指一算后说,"可能在上海内山书店见到过你,但现在大家都老了"。当她知道我现在还住在鲁迅故居附近的一条里弄时,更引起她莫大的兴趣;因为她就是在那些地方,度过她的青春岁月的。

刘呆团长向店主致送礼物后,内山篱把内山完造的自传体回忆录《花甲录》两册,分别送给刘呆和我。我虽不懂日文,但从汉字推测,对深入了解中国人民的老朋友内山完造的一生,这本书是极为珍贵的资料。我回到上海后,才知道译文出版社正在考虑翻译,如若实现,倒可告慰于日本朋友的。

日本投降,内山完造返国后,受到嘉吉夫妇的招待。此后他跑遍全国,做报告,写文章,宣传介绍中国,决心要让日本人民了解中国和中国人民。新中国成立后,他最早挺身参加日中友好活动。一九五〇年发起日中友好协会,被选为理事长。以后又数度来华;一九五九年国庆十周年大庆,内山完造被邀来华治病,同时参加庆祝活动。不幸于是年九月二十一日因患脑溢血病逝于北京。遗体遵照他生前遗嘱,合葬于上海万国公墓,那里早已埋葬着一九四五年一月在沪逝世的前妻美喜子;她是在一九一七早在沪创办内山书店的,那时内山完造还在各地经营"大学眼药"。墓碑上早已刻着由夏丏尊题写的几行字:

> 以书肆为津梁,
> 期文化之交互。
> 生为中华友,
> 殁作华中土,
> 吁嗟呼,
> 如此夫妇。

内山完造常称上海是他的第二故乡,嘉吉夫妇对上海也怀有深厚感情。

访问内山书店后第二天清晨,原信之通知我,当晚五时半,内山嘉吉将在法国菜馆设宴招待,仅请我一人,将由内山篱来新大谷饭店接我,因为主人们都通华语,不派译员陪去了。这大出我意外,嘉吉不是卧病在床吗?原信之说:"他确实多年不见客了,这次说什么也要和你见面谈谈。"刘杲团长鼓励我去,我便准时等候。但到了约定时间,原信之把我请到团长房里,原来日中文化协会专务理事白土吾夫将于当晚七时去名古屋接待中国文物代表团,而我们将于二十一日回国,因此他特来告别,我们便在那里坐谈了近半小时。当原信之陪我下楼,看到来接我的内山篱等二人时,他们已白白地等候了半天。赶到那家设在十九层高楼上的法国菜馆,进入门口写着 Saloon(沙龙)的豪华餐室时,只看到一对老人呆坐在屋角的沙发里。松藻今晚肯定化装打扮了一番,穿上一件浅色西服,比昨天在店堂里穿工作服时年轻得多。久闻大名,仅通过一次信,这次才初次见面的内山嘉吉,满面病容,瘦削的脸上架着一副墨镜,气喘吁吁地躺在沙发上,背后垫着一个方方的软枕。看到我们三人(内山篱外,还有一位年轻的日本朋友,是专门研究中国现代文学史的）进来，他要起身迎接，我看到他站起来极感困难，立刻趋前阻止，并在他身边坐了下来。他那双冰凉的手紧紧地握住我，亲切地问我，是否路上汽车出了故障。我从他的表情里，看出他老人家已等待很久了。在严格遵守时间的国家里，我作为唯一的客人，如此失礼，极感不安。接着他们父子俩用日语交谈，嘉吉了解实情后，又一次微笑着握住我的手表示谅解。

宾主五人入席后，我和嘉吉夫妇先互谈各人家庭成员的情况，也谈到我们共同的老朋友，在沪休养中的吴朗西等。但谈得最多的还是关于内山完造在沪创办内山书店的事。内山完造与鲁迅、郭沫若、郁达夫等大批左翼作家之间的亲密友谊，这是大家所熟悉的。他作为一位外国书店老板，用现在我们的行语，作为一位国际出版发行工作者，对中国革命文化事业所作出的巨大贡献，还不大为人所提到。五四运动后，大量西方文化被介绍到中国来，主要是由于当时日本早已把这些名著译成日文，而当时中国知识分子中有一大批留日的或懂日文的，他们通过日译本，第一次担负了这个工作，这方面，设在上海的内山书店曾起了主要的桥梁作用；更不用说，左翼作家翻译的日本文学作品，极大部分原书是由内山书店供应的。内山完造早已认识到国际间书籍交流能起到的作用是无可替代的，所以他不但称得上中日文化交流史上的先驱者，也是世界出版史上值得大书一笔的书籍经销商。

就在这种思想指导之下，他就设法在上海和东京两地，开设两家内山书店，互相经售对方国家的书籍和杂志。内山嘉吉深有体会地谈到，那时日本早有几家为日本汉学家服务，专售线装古书的中国书店，但他哥哥要他在东京开的内山书店，专售当时上海出版的新书和期刊，也就是说符合时代潮流的中国出版物；他说，"这个传统，一直继承到今天！"

他向我介绍了他们书店目前的情况后，向我吐露了他老人家的一个心愿，而在此之前，又感叹鉴于目前的健康情况，加上今年已八十又四，再去中国的机会，可能越来越少了。他说："日中两国各有一家内山书店的设想，从一九三五年到一九四五年实现了整整十年。现在日中友好已发展到一个新阶段，书籍的买卖也是国际文化交流的一种形式，为了纪念内山完造，中国方面是否可以考虑在上海恢复内山书店，专售日文书刊呢？如果利用过去的店址，那就更有意义了。"

嘉吉说完上述这段话，精神显得更疲乏。席间，他吃得很少，而且频频咳嗽。上了第三道主菜以后，我就劝他早些回去休息，他们母子也表同意，随即由松藻陪他先行离席。我和内山篱等三人谈了些有关我自己从事文艺编辑出版工作的经历等等，他们送我回旅馆时，已快九点了。当天晚上我想得很多，特别是嘉吉向我吐露的这个心愿。返沪写成此文后两天，从十一月三十日《文汇报》的专题报道，看到我们国家领导，对此已表同意，店址犹待商谈；我想内山嘉吉先生在病中听到这个好消息，一定会莞尔而笑吧！

明年一月十一日是内山完造诞辰一百周年，他的第一故乡福山市的日中友协，已提前于十一月三日举行了纪念会，上海鲁迅纪念馆副馆长杨兰和周海婴、王宝良三人，被邀去日本参加。前几天杨兰返沪后对我说，这次她带去了上海人民对内山完造的敬意和纪念。届时，上海也将举行纪念会。

1984.11.24

访日归来谈连环画的改革

我对连环画，既不懂绘画，又不懂编文，但对这一出版品种感到很大的兴趣，也怀有深厚的感情，那当然因为半个世纪前，在鲁迅先生的指导和影响下，做过一些有关连环画改革方面微不足道的工作。一九八四年九月，我随中国出版代表团访问被称为"连环画王国"的日本，所见所闻，使我对我国连环画出版事业的前途，有了些新的看法，当我国各个领域都掀起改革热潮的今天，我不怕自己是个外行人，向在座各位连环画专业同志，大胆提出几点不成熟的想法，抛砖引玉，幸勿见笑。

一

先从访日期间的一些有关见闻谈起：

日本出版事业的先进和发达。三十年代，我因业务关系，对接触到的日本出版的成套丛书、文库本、儿童读物和文艺期刊等早已心向往之。据最近一个统计报道，日本全年出版图书总数，到一九八三年底，已列世界第五位，仅次于美、苏、联邦德国和英国。是年共出书四十七亿册，连环画占总数的三分之一，即十五亿六千万册，约有三千万人（日本全国人口一亿零三百万）经常看连环画。据美国《时代》周刊报道，日本连环画是专给大人看的。日本报摊上有一百六十五种连环画期刊，四分之三是给成人看的，原来男人看的多，现在也出了专给妇女看的连环画期刊，可销到三百万份。一九八二年，我国全国连环画发行数占全国发行的图书总数九亿册（教科书和年画除外）的三分之一——约三亿册，仅占日本年销量的五分之一，如再以人口总数比，差距就更大了。日本连环画的一个特点，就是从"诞生之日起，就不以儿童为对象，奠定了日本漫画在成人中争取市场的特殊地位"。

到达东京后第二天，即九月十日，日中文化交流协会替我们安排的参观日程中，第一家就是以出版连环画和儿童读物而著名的小学馆。原来日本出版界中有两个实力雄厚的大集团（批发业也有两大集团——"日贩"和"东贩"，我们都去参观了）。一个是以小学馆为首的"一桥集团"，包括专出杂志的集英社和祥传社等，由于小学馆地处一桥，故名。另一个是以讲谈社为首的"音羽集团"，也是由于讲谈社所在地名音羽而得名的。我们那天汽车到达一桥小学馆所自建的多层大厦门口时，社长相贺彻夫等都已准时在那里迎候了。我们六人代表团由刘杲团长率领一起上了电梯，在一间宽敞明亮而用墙纸装饰的清雅朴素的会议室里，中日双方在长桌的左右分别就座，两国国旗分放在桌上鲜花插座的两边。日中友协的横川健先生和佐藤祥子女士并坐在一端担任翻译。小学馆方面早已把我们会感兴趣的有关中国的书籍画册堆置在长桌中间。由中日双方领导先后起立分致礼仪性的演词并分别介绍各自一方出席会谈的成员姓名职务以后，座谈会严肃紧张的空气渐趋平静，各人面前都放着软饮料和日本式各味甜食，边谈边饮，我们就各自翻阅那些精装本的画册。突然，我发现其中一本大三十二开厚厚一大本名为《中国之故事名言》的书，封面和封脊上印着"小学馆·上海人民美术出版社编"两行非常醒目的黑字书眉，还用红底上印了"连环画"三个黑体字，我便拿在手里细细翻阅。上海人美出版的小本子连环画《中国成语故事》，我早已买过两全套分赠给我的两个小孙子，却没有知道已由日本小学馆和他们合作，出版了这样一本漂亮的日译精装本，共选入最早二十五册的内容，改名为《中国之故事名言》，由寺尾善雄译成日文。小学馆在里封背面把二十三位中国编文者和一百二十三位中国绘画者的大名全部上了榜，单就这一件小事说明日方对版权工作的重视。其中有许多是我的老同事老朋友，如杨兆林、甘礼乐、贺友直、顾炳鑫等。能在海外一家出版社的会议桌上，第一次见到这样一本书，真像看到自己亲人一样，我情不自禁地"啊呀！"一声喊了出来。坐在我对面的主人瞪着眼看我，我才发觉有些失礼，随即就作了自我介绍。我说，我曾在上海人民美术出版社工作过几年，我对连环画一直是很感兴趣的。于是大家松了一口气，接着相视大笑，会谈气氛此后更加随便活跃了。刘杲团长便把我在三十年代在鲁迅引导和帮助下，所做的一点改革当时连环画的史话略作介绍，于是话题又引到"小人书"上去。相贺彻夫问我们，"听说中国连环画过去叫'小人书'就是因为专给儿童看的，现在是否还是这样？"刘杲团长作了这样的答复："在我们国内，连环画的读者对象是否应限于少年儿童，曾有过争论，但大多数人至今还认为主要应当是儿童读物。"日方告诉我们小学馆出版了为各个年级学童阅读的教育技术专门期刊，销路极广，这是在日本国内具有悠久历史的辅导少儿学习的读物,大都通过连环画的形式,我们在底层展览厅里就曾看到分别为一、二、三年级学生编印的花花绿绿厚厚一册的小人期刊。相贺彻夫还专门提了一个问题:"中国的小人书何时改称连环画的?"为了答复这一问题,当团长把我的新著《编辑忆旧》作为礼物送给相贺彻夫以后,我把该书翻到第一百二十五页,指给他看,根据第一手资料,应当是一九二七年,上海世界书局出版成套《三国志》,最早在封面上写上《连环图画三国志》。他们对此很感兴趣,连声说:"原来是这样,过去没有听说过。"我向他们打听《中国成语故事》日译本的销数,他们没有立即答复,大约是向业务部门查问后,才告诉我们约二万本。

相贺彻夫社长那天的谈话,有三点给我印象较深。第一,他坦率地感叹日本出版社最近几年面临困境,退货率杂志部分高达百分之三十,书籍达百分之二十(日本实行试销方式,发行者卖不出去的书都可退回出版社)。第二,他认为出版社应当多出有益于读者的书刊,这和我们是有共同语言的。第三,连环画在日本统称漫画,读者对象,现在除儿童外,成人读者的比重越来越大,包括商店职员、公务员、大中学生、家庭妇女等,几乎深入社会各阶层。他说:"外国朋友称日本为连环画王国是不无理由的。你们在日本各地旅游时,会从实际生活中接触到这一普遍现象,连环画在日本早已不是小人书,将来中国实现现代化以后,成人们也会逐渐爱看连环画这一出版形式的,这仅仅是我个人的想法而已。"

此后旅行途中,我就随时随地注意这件事,果然发现是这样。例如每辆出租汽车司机座位旁,经常堆放着几本新出的连环画册。在去各旅游点后,或去风景区途中,接待人员常把我们带到路旁小咖啡店饮茶休息时,经常可在靠窗下面的书架上,找到许多厚达五六毫米的连环画合订本,有一题一本的,有一种刊名,几个月合订成一册的,内容不外侦探、冒险、武功、爱情和科幻等等,也有历史、科学、文学、艺术的。翻阅者多,书页边上早已变了色。地下铁道和新干线沿路车站上,都设有售书亭,最引人注目的门口,总是放着成堆的新出连环画,各中小城市的零售书店或杂货铺,情况也如此,除了文库本,就是连环画册。

九月十日下午,我们去访问东京八重州书籍中心,那是东京一家备书最多、规模最大的综合性门市部,有五层大楼供应各科书刊,据说在全世界的门市书店中名列第三位。社长河相全次郎彬彬有礼,完全不像一位商人,谈吐间,我发现他对中国古典文学很有研究,对现代中国文坛情况,也了如指掌。他对鲁迅和郭沫若两位著名作家所作的比较评介,颇有见地。他自己介绍说,至今还是一位编辑,集资一百亿日元开办这个书籍中心,目的不在谋利,而是把有益的读物介绍给日本青年。他自负地说,"那种内容低级下流的漫画期刊,即连环画册,在八重州书籍中心的书架上是没有它们的地位的"。这说明风靡全日本的连环画册的内容是良莠不齐的,有良心的经售商也有他们自己的看法。

二

从日本回国后,我设法搜集近年来国内报刊所载有关报道欧美、日本连环画的文字资料,其间曾得到姜维朴同志的赞助。现在就我所得,分国叙述如下,以供参考。仍先谈日本的。

美国纽约《华侨日报》曾发表过一篇题为《日本大中学生争看连环画》的文章说："连环画一向被认为没有地位,在日本,近年不仅孩子,社会上成年人也看,在书店,一大群人争购连环画。在现实经济压力下,连纪伊国屋等有名书店也开始出售。据一九七八年统计,全年出售连环画杂志单本八亿二千七百万册,占全年总数四分之一,而最大顾客不是儿童而是大中学生,早稻田大学有连环画学会,日本青年平均每月看十本,支出三万五千日元。过去日本父母不喜欢孩子看连环画,现在内容提高,连环画占有了重要地位。"香港《成报》上一篇题为《日本成连环画王国》的文章中,作者分析日本连环画的兴起是二次世界大战以后几年的事,那时上电影院和看舞台戏都是一种高消费的娱乐,而日本有大量的纸张,可以印刷廉价刊物,因此不需要花费许多时间,便可获得惊险紧张刺激等满足精神需要的连环画,就应运而生。

日本现代连环画所以产生的社会原因,倒和发生在一九一八年的旧上海颇有相似之处。当时因丹桂第一台开始在舞台上搬上《狸猫换太子》等连台本戏,从事小人书经营的弄堂出版商才从抢新闻题材而改抢京戏题材。通过连环画这一出版形式来满足当时无力买门票上电影院、京戏院的贫苦市民的文娱享受。

据《华侨日报》文章报道,"日本当代著名连环画作家有两位:四十多岁的松本棣治和三十多岁的女画家池田良子。前者的绘画富于科学幻想,他创作的《银河铁道999》,开始在杂志连载,后来编成十一辑,总销量超过六百万册,日本影视界曾把此书拍成动画片和电影。后者擅长绘画历史题材的连环画,如著名的《凡尔赛宫的红玫瑰》,故事围绕十八世纪法国大革命前统治法国的路易十六的皇后曼丽·安东尼蒂的生活，辑成十卷，销九百万册，也被拍成电视和电影。据说松本棪治现在每月要画三百多幅，经常工作到天亮"。这又引起我回想赵宏本同志谈起旧社会里，老连环画家每天要画几十幅画才能填饱肚皮，虽然松本棪治是为个人可以得到的高稿酬而拼命干的。除池田良子外，据美国《时代》周刊报道，日本现有三千多名专业女连环画家，或称女漫画家。她们专为家居无聊的家庭妇女（这是日本特有的一种社会现象）画专供她们消遣的连环画，对画中人物服装非常讲究，内容不突出暴力和大胆，让读者从中进入一个幻想世界，暂时脱离男人主宰的王国，画中男女都画成白人模样。有一种专为妇女看的连环画期刊，刊名《彼此相爱》，发行五十万份。新出的妇女连环画，销数有高达三百万份的，这是一批新兴的读者群。专供妇女看的连环画期刊一九八三年已有十一种。

还有一个值得在此一谈的有关日本的连环画出版资料，据说日本最著名的中央公论社，它从一九八三年十一月起发行一套十五卷的《世界历史》，用连环画代替文字，系统介绍几千年的世界史。这是十分引人深思的。

其次谈谈法国的连环画。据美国《新闻周刊》的报道，在题为《法国连环画狂》一文中说，"法国文化部一位教育专家皮埃尔·勒雷说：'在美国，连环画已降低到供卡车司机和半文盲的孩子阅读；在欧洲，连环画是一种严肃的民间艺术流派。'法国每年在南部昂古莱姆举行连环画节，十四万连环画家、作家、出版者和爱好者汇集在一起，热闹三天。法国连环画普通每本售二美元，还有售价为九十三美元的烫金豪华精装本。法国总统密特朗是连环画的热心读者，有时读得废寝忘食。法国出版的连环画其内容既有突出男女爱情、暴力、科幻或富有传统风采的通俗读物，也有严肃的学术性读物，如巴黎出版商菲利普·奥祖最近推出的一套全部用连环画形式编绘的《百科全书》，共有四十九卷。法国政府一九八三年还首次颁发连环画大奖。执政的社会党用连环画形式编了一部《法国社会主义史》作为竞选时的宣传工具"。蒋淑均在《连环画论丛》第五期上详细介绍并翻译复印《世界的发现》一书，共有一千余面，每面有二至五幅大小不同的画,每两个故事出版一本软皮精装本，每六个故事合订成一本硬皮精装本，全书合共精装八大卷。出版者是国际出版界有名的法国最大的辞书出版社——拉鲁斯出版社。可见连环画这一出版形式已在国外受到了出版社的如此重视，这对我来说也是很出意外的。

美国的连环画，除了在报刊上连载和以单行本形式供一般读者消遣娱乐的通俗读物外，也有一部值得一提的供成人看的大型连环画册，一九八〇年春季美国创刊了一份名为《史诗》的成人连环画季刊，是美国最著名的连环画出版集团所创办。季刊标明是"成人幻想及科幻探险的新经验"，封面是美国著名画家法拉捷达所作，总编辑是科幻作家史坦·李。这部季刊一半以上以彩色印刷，绘画十分精美，这是欧美、日本供成人看的连环画的普遍特点，由于他们制版印刷工业发达，因此具有这个吸引读者的优越条件！

至于英国的连环画，有一篇题为《英国人爱看连环画》的报道，文中谈到最近统计，英国人中有百分之四十以上特别爱看连环画，近几年来，爱看者的总人数又增加了一倍，社会学者认为这种对连环画日益增长的偏爱表明人们渴望摆脱现实生活的烦扰，向往虚幻世界。据说，英国每年平均出版新连环画四十五种,总印数达二千一百万册。

在南美洲的墨西哥也并不例外,据一九八三年一月二十三日埃菲通讯社的一条电讯,根据该国全国消费者协会的一份报告说,他们每月发行一亿多册各种形式的连环画,墨西哥人每年花费一亿七千万美元在这种出版物上,它拥有大量的读者,甚至一些知识分子,也对它开始感到兴趣。该国公共教育部为了占领这个理想的广大读者市场,有意识地编印了一系列有关墨西哥历史的连环画,并将一些文学名著绘成连环画,一些墨西哥连环画画家还编绘了墨西哥和国际形势的政治性连环画。墨西哥首都自治大学最近出版一题为《这里鼓声阵阵》的连环画,介绍大学生的各种生活,获得好评。

三

日本一位研究现代世界各国连环画发展史的专家光吉夏弥曾写过《世界各国的连环画——从诞生到现在》一文,证明西欧各国盛行的连环画,最早都是由有插图的儿童读物开始的。以后由于胶版印刷术的发明,廉价的彩色连环画成为儿童最喜爱的读物,有名的童话作家格林和安徒生的故事,经过几代人之后,仍然是世界儿童爱读的作品。所以连环画这一出版品种,在世界各国,一般都像在中国一样,最早、最广大的读者还是儿童。我国把连环画的主要读者对象仍定为少年儿童是完全正确的。我过去也把外国的连环画仅仅看做是一种无聊的消遣读物,是一种 Comic,未予重视,这次去日本亲眼看了一下,又做了些调查研究,才改变了看法,特别是法、美、日、墨西哥等国所出版那些严肃的选题,通过连环画这一群众容易接受的出版形式来普及文化知识；因此，我想，我们为什么不可以在这方面进行些改革，在已有的基础上，打破些旧框框，闯出一条新路子呢？

图像出版事业，在工业发达国家，随着摄影、制版、印刷技术的高度现代化，已有了飞跃的发展。随着电视的普及，人类获取知识的方法，已在逐渐变换，随着生活的现代化，人们正在"远离书本"，改变了读文字书的习惯，越来越要看形象化的东西，如摄影图像、绘画和连环画等等，这与人们生活节奏紧张，时间不够有关。访日代表团成员之一万大鸥同志最近已从日本学成回国，她是专攻编辑出版学的，最近发表的一篇《漫话日本出版界现状》的长文，她谈到日本出版界对读者现状的两点对策。她说："使图书与映画连动，或者说把铅字文化和映像文化结为一体。"她举角川书店为例，说明角川老板把群众欢迎的电影电视改写成书籍发行，同时又把出版的书籍，改编成电视节目或拍成电影。她又报道了日本现在盛行杂志热，用编杂志的方法去编书，或按书的开本要求编杂志。这类出版物的特点是图文并茂，形式活泼。过去的书刊以文字为中心，文多图少；现在发展的倾向是以图为主，辅以必要的简短的文字说明，这样的书刊，据说很适合一些不爱看书人的口味，销售量大。如果我们根据上述分析，再环顾我国近三千余种杂志封面画的彩色化，文艺小说插图的大量增加，通俗文学期刊的销数远超出纯文学和学术刊物，所有这些迹象不是都足以说明我国读者的兴趣，也在趋向爱看图画和图像吗？

我认为从世界范围来说，读者爱看图像的倾向是必然趋势。在工业发达国家，"远离书本"早已成为不可轻视的社会现实。上海《书讯报》有一篇关于日本出版界现状的报道，用了这样一个题目《从"读"的书变成"看"的书》(1984年12月15日出版），确实是非常形象化的说法！

我们国家正在经历一场经济上的大革命，在实现四个现代化的过程中，万千读者的读书习惯也会发生变化，图书读物肯定会受到欢迎。我国连环画工作者，可否运用我们手中掌握的武器，把连环画出版事业来一次改革，来一次突破，使它为四化事业，为十亿读者更好地服务呢？我建议：

第一，突破六十四开豆腐干式的传统小开本，用十六开大本，先从形式上面向成人。但也不妨留一部分仍用传统形式。北京《连环画报》已在这方面迈出了成功的一步。"上海人美"把《中国成语故事》分印成十六开本上中下精装本三大卷更是一个可喜的开端。

第二，把连环画的内容扩大到传播科学知识的各个部门，参照国外的选题，也可出中外历史、国际问题、名人传记、百科知识，等等。

第三，中华人民共和国成立后把编创合一改为编创严格分工，这是一大进步；但现在优秀的有艺术创作才能的大批连环画家已涌现出来，今后可否试行由画家本人去选择题材，深入生活后，自编自创一些连环画文艺作品呢？

第四，可以创办一些大型期刊，或把一部连续故事，像电视连续剧那样分期出版，最后编订成一大厚本，加上精装封面。

总之，改革天地广阔，国外的出版选题，大可以选其精华，为我所用。连环画也要在国际文化交流中，面向世界，打破锁国自满现象，开创一个新天地！

1985.5.10

麦绥莱勒的木刻连环图画故事到中国

一

一九三二年九月初我第一次去谒见鲁迅先生。他答应把《竖琴》列为"良友文学丛书"的第一种。他为这个译本写的前记成于九月十日。这一年发生了"一·二八"事变,是鲁迅杂文写得最少的一年,只有十篇。其中《〈竖琴〉前记》是第四篇。一个月后的十月十日,他写了第五篇杂文,题为《论"第三种人"》。由于胡秋原、杜衡讥笑左翼作家企图利用旧连环画这一民族形式进行改造,作为文艺大众化的一个试验园地,因而说:"提倡连环图画就是没出息。"鲁迅在本文中,就说了一句今天每个连环画工作者都能背得出来的话:"连环图画可以产生密开朗其罗、达文西那样伟大的画手的。"不料杜衡又在另一篇文章中把连环画一笔抹杀;于是引起鲁迅的无比愤慨,十月二十五日,写了第六篇题为《"连环图画"辩护》的重要檄文。从题目上就明显看到鲁迅挺身而出,为受到侮辱的连环画进行辩护来了。同时,第一次向中国读者介绍德国的珂勒惠支和比利时的麦绥莱勒创作的一批木刻组画的书名,"举出事实，证明了连环图画不但可以成为艺术，并且已经坐在'艺术之宫'里面去了"。①这三篇接连写成于九、十两月的杂文，引起我许多有关翻印麦绥莱勒作品的回忆。

九月初我去见鲁迅时，我们谈话的范围很广。鲁迅经常走过坐落在北四川路良友图书公司的门市部大橱窗，那里挂满了用时装美女做封面的画报、画片之类。他爱好美术，又关心美术出版事业。那天谈到如何出好美术画册时，他认为"良友"过去出的美术或摄影画册格调不高，鲁迅就向我建议，为什么不利用自有印刷设备的优越条件，出版一些高质量的美术画册呢？鲁迅的话给了我启发。所以当我在《文学月报》上初次读到《"连环图画"辩护》一文时，心中突然涌起了一个念头。麦绥莱勒创作的多达数十幅或百余幅的木刻组画，如能得到原本，把它翻印，既可以扩大中国艺术界的视野，增长艺术知识，对文艺大众化的争论提供正面资料；在"良友"的美术出版物中，也可以开创一个新品种。至于珂勒惠支和梅斐尔德的木刻组画，每种仅数幅，未加考虑。

一九三三年春，有一次见到鲁迅先生时，我提到麦绥莱勒的木刻组画"良友"是否可以翻印出版？鲁迅对此很感兴趣。最近几年，因写作史料关系，与上海鲁迅纪念馆接触较多，才知道当时鲁迅藏书库中已藏有这类画册。至今鲁迅故居中，还藏有一九二〇年德国库尔特·沃尔夫出版社出版的《光明的追求》（或译《太阳》）的普及本。另有一部名贵的限印本，书名《众生相与鬼脸》，编号为六十九号。其他已移交北京鲁迅博物馆。我今天在想，如果我当时大胆启口，向鲁迅先生借来翻印，也许不会遭到拒绝。但那时我和他仅有几个月的交往，

---

① 《鲁迅全集》，第4卷，第443页。

这样鲁莽的行为，我这个青年编辑是不敢想，也不敢做的。此后，我便去上海江西路德国人开的壁恒书店找寻原本。我过去写的回忆史料中，一直以为是我自己去德国书店买到的。最近几年才发现史实有误，今天乘此机会作一更正。

"良友"版《麦绥莱勒木刻连环图画故事》于一九三三年九月出书，共计四种，由四个人作序。《一个人的受难》，鲁迅序；《我的忏悔》，郁达夫序；《光明的追求》，叶灵凤序；《没有字的故事》的序，由我自己担任。吴泰昌于一九七九年间，曾来信向我提出一个疑问，以后又在他写的文章中说："不解的是赵家璧为何邀请叶灵凤？叶虽是名家，又酷爱版画木刻，但稍稍读过鲁迅著作的人都知道要将他和鲁迅联在一起，总得有点因缘。我一直在惦记解释这个谜，冰释这个疑窦。"[①] 我当时未加仔细回忆，也没有进行什么调查研究，直率地告诉他：三十年代"良友"的取稿标准，主要争取革命的和进步的作家，但也并非清一色。对不同流派的作家，只要不是极端反动的，也给以一席之地。一家民办出版社要保住自己的阵地，这也是一种必要的策略。而且我和《现代》杂志主编施蛰存既是同乡，又是同道；我为《现代》写文章，"良友"为施蛰存出版小说集。同样，在现代书局当编辑的叶灵凤，为我们的《木刻连环图画故事》写一篇序言，完全是不足为奇的。引起吴泰昌怀疑的主要因素是鲁迅曾多次在文章中嘲讽批评过叶灵凤，因而从今天的角度来衡量，似乎会引起这样几个问题。叶灵凤怎么可能和鲁迅并列在一套丛刊里写序呢？赵家璧怎么会作出这样安排呢？鲁迅又怎么会同意呢？现在回顾，确实会使吴泰昌感叹。在当时的文坛上，情况"异常复杂，活动在其中的人

[①] 吴泰昌著《艺文轶话》，第76页，安徽人民出版社。

也够复杂"。① 但从我来说，像我这样一个无党无派的青年编辑，事情也异常简单：我有随意选择作者的自由。鲁迅先生呢？他同我的许多接触中，除了热情扶植我这个文学青年编辑以外，从不过问或干预我的编辑计划；郑伯奇对我也是这样。编辑尊重作家，作家也尊重编辑。如果把鲁迅想象得超乎常人，或把今天的社会制度，工作方法，生活习惯去套三十年代的上海文坛，有些事确实会引起我们的怀疑和不解的。

事有凑巧，吴泰昌在无意中竟然找到了六十年代叶灵凤发表在香港刊物上一篇题为《关于麦绥莱勒的木刻故事集》的文章（叶早于前几年病逝香港）。其中说：

> 一九三三年夏天，我在上海一家德国书店里买了几册《麦绥莱勒木刻故事集》，给当时良友图书公司的赵家璧见到了，当时良友公司正在除了画报以外，转向印新文艺书籍，赵家璧想翻印这几本木刻集，拿去征求鲁迅先生的意见。鲁迅先生认为可以，并且答应写一篇序……我因为是这几本书的"物主"，我自己又一向喜欢木刻，便分配到了一本《光明的追求》，也写了一篇序。

吴泰昌根据这个资料，于一九八○年七月，写成《叶灵凤与麦绥莱勒木刻连环故事集》一文，现已收在他的《艺文轶话》一书中。他所惦记的谜终于在"物主"二字上解开了。原来德国书店到了一批《麦绥莱勒的木刻故事集》，等我闻风去购时，早已被懂行的人捷足先得，其中就有在现代书局任编辑的叶灵

---

① 以下引文均同上。

凤。我请鲁迅和郁达夫写序的德文本，原来是我向叶借用的，并非如我过去所写是自己买到的。我在《鲁迅与连环图画》一文中的误记虽关系不大，但究竟不符合史实，在此向吴泰昌严格考证的精神表示钦佩和感谢。也顺便对读过拙作的读者表示歉意。

一九八二年，花城出版社重印一九三五年孔另境编《现代作家书简》（生活书店版），他的女儿孔海珠赠我一册。我在翻阅重印本时，又发现了一个重要的旁证。原来三十年代，孔另境编纂此书时，由我向他提供了作家书简十三封，而叶灵凤向他提供的书简中，有我于一九三三年写给他的一封，内容所谈，恰恰是有关借用麦绥莱勒木刻集的事。我写给叶的信中是这样说的：

> 你答应我们借用你的木刻书，真是万分的感激。现在我们预备出一套木刻故事丛书，除了麦绥莱勒(原译马斯利尔——注)以外，另外又找了几部。……今天写这封信来，就预备请你挑选一本或二本写序……原书因为制版时已弄污了许多，将来排版时还需要它，恐怕不能如我以前所答应的原物归赵，而弄污了的书又不便还给你。现在我们想照价连邮，托你去另订一份。

从此信中可见，我不但借用了叶灵凤的原书，还因制版关系而把原书搞坏了。以后如何赔偿这笔损失，我已记不起来。所以把麦绥莱勒作品首次介绍给中国读者，叶灵凤是立有殊勋的。当年我请叶灵凤撰写序文的历史背景，终于弄个水落石出了。

二

麦绥莱勒木刻连环图画故事翻印本出版后对我国革命木刻青年和连环画工作者所起的影响是很大的。最近读到一九八一年法国画家皮埃尔·沃姆斯写的《鲁迅与麦绥莱勒》[1]一文时,感想颇多。

此文作者是法国巴黎一座著名画廊的主持人,麦绥莱勒和他友谊甚笃,麦氏作品经常在他的画廊展出。一九三四年就在他的画廊里展出过《革命的中国之新艺术》,共有中国革命木刻家新作五十八幅,这批作品就是由鲁迅在沪亲自筹划与准备的。所以他对我们新中国早具好感,而当时他已从新中国木刻艺术作品中发现一个值得他惊异的事实。他在文章中说:"同麦绥莱勒的某些作品有着渊源关系——不仅在取材上,甚至在技巧上。"二十四年之后,一九五八年十月,他陪同麦绥莱勒来到中国,在北京、上海、武汉作巡回展出。他先到北京,中国主人立即告诉他:"麦绥莱勒的许多《图画故事》,在近二十五年中一版再版,而最早则由鲁迅倡导的,所以,这种表现形式为许多画家和版画家所十分熟悉。"[2]

按国际惯例,未得艺术家或他的出版商同意,把国外的艺术作品擅自翻印,一般被视为盗印,是对作者的不敬行为。我国虽至今没有参加国际版权条约,法律上不受任何限制,但想到我最先在三十年代的"良友",四十年代的晨光出版公司,五十年代的上海人民美术出版社,曾主持翻印过他创作的木刻

---

[1] 译文见《世界美术》,1981年3月号。
[2] 译文见《世界美术》,1981年3月号。

图画故事,心中不免感到有些惭愧不安。而这位法国友人在文章中既未单纯从保护作者版权利益的角度来责备我们这些翻印者,反而从革命艺术作品的共同的崇高使命出发,写下了下面一段美好的语言。他的文章中叙述了一九三三年良友图书公司于九月一日出版四种《图画故事》后,紧接着说:

> 这些几乎同时出版的图书,当然,弗朗·麦绥莱勒和他的欧洲出版者未被征求过意见,是鲁迅要向中国的年轻版画家和造型艺术家表明,木刻是一种朴素的方便的有力的艺术形式,它可以把广泛的思想和口号传播给大众,即使他们粗野,即使他们不识字。……凡此种种,都是为着同一个目的,把进步的和革命的青年艺术家引向木刻,尤其鼓励他们以弗朗·麦绥莱勒和凯绥·珂勒惠支为楷模。

读完这段话,我真是既感且愧。再看文章作者如何描写麦绥莱勒本人对此事的最初反应,更加令人钦佩。

> 但等弗朗·麦绥莱勒抵达北京的时候,我还没有来得及把主人们向我宣示的事情告诉他,他却先从自己的口袋里掏出一本中国出版的他的小画册《一个人的受难——二十五幅木刻》,这是一九三三年在上海出版的,是他刚才从一位到机场迎接他的中国艺术家那里得到的礼物。过了不久,当我们正千方百计地找寻一些这类出版物的其他版本的时候,他们对我们说,麦绥莱勒的几种《图画故事》早就绝版了,眼下

他们手头也没有，无法赠送给我们，不过，他们要尽量去为我们搜罗搜罗看。

这使我想起一九三三年九月，把四种《木刻连环图画故事》用硬纸面厚纸各印二千册；一九三六年八月，用白报纸印普及版又各印一千册，质量较差。我把普及版样书送给鲁迅时，他已重病在身，九月九日复我的最后第二封信中，作了婉转的批评。信中说："普及本木刻，亦收到。随便看固可，倘中国木刻者以此为范本，是要上当的。"一九四九年我在晨光出版公司工作时又各印一版一千册。中华人民共和国成立后，我参加上海人美，一九五七年又把《一个人的受难》和《我的忏悔》两种重印一版，各印五千册。由于上海新华书店库存较多，所以皮埃尔·沃姆斯写道："在上海，正当我在安排我的朋友们取道北京飞回法国以后的展览事宜，人家送给我们每一个人每种几本再版的图画故事《一个人的受难》和《我的忏悔》，这是由我们正在作客的城市的人民美术出版社于一九五七年五月出版的。""人美"的这个版本，比起"良友"的最早版本来，印制质量都有所不及，但重印这两种书的时候，已是一场反右斗争暴风雨来临的前夕了。

从报上看到麦绥莱勒来华访问，在上海美术展览馆举行展览会的一九五八年十月，我名义上虽还在上海人美工作，但由于个别领导的极"左"作风，早被刮倒在地，抬不起头来。随后在党的关怀下，幸得安度难关。但当时患的一场大病，连这样一个展览会我都无缘参加，成为生平一大遗憾。现在读到这篇《鲁迅与麦绥莱勒》的文章，过去的悲欢往事，忽然一件件涌上心头。今天整个文艺界风和日暖，百花盛开，连环画工作者欢欣鼓舞,正在庆祝自己的研究会的成立,回头谈谈这些已一去不复返的往事,也足以说明任何一种出版物,如果符合时代和人民的要求,不论时隔几十年,地跨数万里,它将永远在社会上发挥它的积极效果。鲁迅支持我们翻印麦绥莱勒的四种木刻连环画,它在国际文化交流上起了多么大的作用?而一本小小的《一个人的受难》,它又具有多么旺盛的生命力啊!

据参加接待工作的卜维勤同志最近告诉我,麦氏访问期间,曾于北京与中国木刻家李桦、王琦合摄一影,对于鲁迅于一九三三年介绍他的作品给中国读者表示感谢。麦氏尊称鲁迅为世界第一流艺术大师。他说,他同鲁迅是站在同一条战线上的战友,共同反对世界上一切最反动、最丑恶和最阴暗的东西的。访问结束时,陈毅副总理曾代表中国政府接见麦氏一行,并把我国出版的麦氏作品《木刻连环图画故事》四种送给他。他高兴地接受了,并且说,"这是人类的四分之一对我艺术的支持"。①

这是中比两国文化交流史上珍贵的一页。

1985.6. 修订重写

---

① 《麦绥莱勒木刻选集》,马克·卜维勤代序,1980年,上海人民美术出版社。

后　记

　　三十年代开始一直"为他人作嫁衣裳"的我,"文革"后期退休在家,"四人帮"下台,在党的拨乱反正和尊重知识分子英明政策号召下,我开始写编辑回忆。一九八四年,北京三联书店主动向我约稿,出版了文集《编辑忆旧》。不但意外地得到了现代文学史、出版史研究者的好评,还荣获一九八九年冬新闻出版总署颁发的首届编辑出版理论优秀图书奖。

　　一九八五年底,经范用同志推荐,应香港三联之约,又出版了编辑回忆《书比人长寿》,列入"读者良友文库";却因限于条件,未能在大陆发行,引以为憾。

　　一九八八年,北京三联书店又同意为我出版《编辑忆旧续集》,那两年,我写了有关老舍、茅盾、靳以、巴金回忆故旧的重点文章;而港版中所收关于"编辑和作家"和"国际文化交流"两类旧作中,出版者认为极大部分都值得向大陆广大读者介绍。因此仍按港版体例,重加修订编选。书名改称《文坛故旧录》,以《编辑忆旧续集》作副题,内容虽然都是以写作家的人和事为主,却也有我这个编辑近六十年来的甘苦经历,带有些自传意味在内。

1990.12.23 上海

图书在版编目（CIP）数据

文坛故旧录 / 赵家璧著. — 西安：西北大学出版社，2019.3
（中国现代出版家论著丛书 / 郝振省主编）
ISBN 978-7-5604-4321-8

Ⅰ.①文… Ⅱ.①赵… Ⅲ.①编辑工作-中国-史料 ②出版工作-中国-史料 Ⅳ.①G239.29

中国版本图书馆CIP数据核字(2019)第048014号

中国现代出版家论著丛书

文坛故旧录

赵家璧　著

出版发行：西北大学出版社
地　　址：西安市太白北路229号　　邮　编：710069
网　　址：http://nwupress.nwu.edu.cn　　邮　箱：xdpress@nwu.edu.cn
电　　话：029-88302590
经　　销：全国新华书店
印　　装：陕西博文印务有限责任公司
开　　本：890毫米×1240毫米　1/32
印　　张：12.75
字　　数：295千字
版　　次：2019年3月第1版　2019年3月第1次印刷
书　　号：ISBN 978-7-5604-4321-8
定　　价：68.00元

如有印装质量问题，请与西北大学出版社联系调换。
电话：029-88302966

版权所有　　侵权必究